编写指导单位

中华人民共和国人力资源和社会保障部人力资源市场司

编写组织单位

北京大学人力资源开发与管理研究中心

Blue Paper
for Human Resources Service Industry in China

中国人力资源服务业

蓝皮书

2017

萧鸣政 等 编著

人民出版社

《中国人力资源服务业蓝皮书 2017》
组 织 委 员 会

顾问委员会

赵履宽　徐颂陶　潘金云

专家委员会

王通讯	何　宪	余兴安	吴　江	刘福垣	田小宝	刘燕斌
莫　荣	刘学民	高小平	鲍　静	张　德	董克用	曾湘泉
郑功成	杨河清	廖泉文	赵曙明	石金涛	关培兰	车宏生
郑日昌	时　勘	王二平	叶忠海	沈荣华	王　磊	梁均平
孙建立	王克良	毕雪融	王建华	陈　军	樊进生	毛大力
萧鸣政	顾家栋	袁伦蕖	段兴民	赵永乐		

编辑委员会

萧鸣政	王周谊	李　震	陆　军	董　杲	张　满	王艳涛
李　净	胡　鹏	郝　路	史洪阳	范文琦	武雪健	徐　珊
林　禾	张智广					

目　　录

第三部分　人力资源服务机构及部分研究成果名录

CONTENTS

前　　言

　　未来的三年，是决胜全面建成小康社会奋斗目标的关键年，是进入新时代中国特色社会主义建设与基本建成社会主义现代化强国的基础年。在小康社会建设与新时代中国特色社会主义建设事业中，经济发展是基础，服务人力资源与人才的创新创业、促进人力资源协同发展的服务产业体系是关键。因此，党的十九大非常重视人才与人力资源问题，把包括人才在内的人力资源提高到了民族振兴与国际竞争战略资源的地位，十九大报告中有十个地方直接与间接提及发展人力资源服务业的问题。党的十九大报告明确指出，加快要素价格市场化改革，放宽服务业准入限制，完善市场监管体制，加快发展现代服务业。人力资源服务业，是现代服务业发展中的重要产业。对于人力资源服务业的发展，一是必须坚持质量第一、服务优先。要以供给侧结构性改革为主线，提高全要素生产率，通过人力资源服务业着力促进实体经济、科技创新、现代金融等现代服务业的全面发展，不断增强我国经济创新力和竞争力。二是从人力资源服务转向人力资本服务。人力资源服务业的发展，要从数量转向质量，既要关注大众的普遍服务，又要重视高端人才的群体服务，更要关注人力资本的投资、转化与提升服务，促进传统产业优化升级，推进人力资本与先进制造业的有机结合，推动互联网、大数据、人工智能和实体经济的深度融合，创新引领，培育经济新增长点，形成新动能。三是要瞄准国际标准，提高人力资源服务水平。一方面要大幅度放宽市场准入，让国外人力资源服务业适当进入；另一方面扩大服务业对外开放，中国人力资源服务业要走出去，为"一带一路"战略实施服务，形成面向全球的贸易、投融资与生产的人力资源服务网络，加快培育国际经济合作和竞争新优势。四是要以服务经济发展为主体，以服务民生为中心。我们党的执政要以人民为中心，我们的人力资源服务业就要以民生为中心，以服务就业创业为中心。因此，要坚持就业优先战略和积极就业政策，实现更高质量和更充分就业。大规模开展职业技能培训,注重解决结构性就业矛盾,鼓励创业带动就业。提供全方位公共就业服务,促进高校毕业生等青年群体、农民工多渠道就业创业。要完善失业、工伤保险制度。建立全国统一的社会保险公共服务平台,统筹城乡社会救助体系,完善最低生活保障制度。

为了推动人力资源服务业的发展,人社部于 2017 年 10 月印发《人力资源服务业发展行动计划》,就当前和今后一个时期促进人力资源服务业发展工作进行部署。《行动计划》提出,要围绕国家重大战略,针对人力资源服务业发展中的重大问题和关键环节,实施"三计划"和"三行动"。"三计划"即"骨干企业培育计划""领军人才培养计划""产业园区建设计划";"三行动"即"'互联网+'人力资源服务行动""诚信主题创建行动""'一带一路'人力资源服务行动"。《行动计划》为全面贯彻党的十九大精神,深入贯彻实施就业优先战略和人才强国战略,推动人力资源服务业快速发展,实现充分就业和优化配置人力资源提供了重要保障。

在党和国家的引导和支持下,我国人力资源服务业发展取得了明显成效,产业地位已经确立,服务产品日益丰富,服务能力进一步提升,服务体系基本形成。截至 2016 年底,全国共有各类人力资源服务机构 2.67 万家,从业人员 55.3 万人,行业全年营业收入 1.18 万亿元,连续保持了近几年 20%左右的增长态势。人力资源服务业发展迅速,但与我国经济社会发展对人力资源服务业的要求相比,与世界先进水平相比,还有一定差距。因此,对我国人力资源服务业进行系统研究,了解其发展的现状、探究其发展过程中存在的问题、探索其未来的发展趋势,并采取有效措施,推动人力资源服务业发展,具有重要战略意义。

为全面贯彻党的十九大精神,进一步助力人力资源服务业的健康发展,提高人力资源服务业对实施人才强国战略的助推作用,在国家人力资源和社会保障部人力资源市场司的大力支持与指导下,北京大学继续推出《中国人力资源服务业蓝皮书 2017》。我们继续秉承推动人力资源服务业更好更快发展的宗旨,对 2016—2017 年度中国人力资源服务业的发展状况进行了深入调查与系统梳理,并从理论高度对实践进行了诊断分析,通过事实描述、数据展现、案例解读、理论归纳和科学预测等方式,力图更加全面地展现当前中国人力资源服务业的发展现状、重点领域和最新进展。

《中国人力资源服务业蓝皮书 2017》与往年相比，全书对于结构进行了一些创新性的调整，并对内容又进行了大量的更新、补充和丰富，主要表现在以下几个方面。

第一，继续关注人力资源服务业相关政策法规的出台和调整变化。蓝皮书继续秉承传统，摘录和分析了 2016—2017 年度对我国人力资源服务业具有重大影响的法律法规政策，并解读了其新变化。与往年不同的是，2017年蓝皮书一方面在分类方法上进行了一定改进，将所有的政策法规划分为四类去阐述，包括简政放权、优化管理方面，就业与人力资源开发方面，社会保障方面以及人员开发优化和民生方面；另一方面，除了详细解读政策本身外，还重点解读了相关政策法规对人力资源服务业带来的影响，包括对人力资源服务市场中供需变化、交易成本、监管措施等各个方面的短期和长期的影响，力求使读者能够快速掌握每条政策对人力资源服务业影响的传导路径。

第二，持续关注我国人力资源服务业的业态发展状况和新机遇。在全新政策、经济环境下，我国人力资源服务业发展迅速，业态日渐丰富，开始逐渐呈现出新的发展态势。蓝皮书首先根据人力资源和社会保障部《2016年人力资源市场统计报告》的数据，分析了我国人力资源服务机构及其从业人员、业务开展的现状，指出人力资源服务机构未来的发展必须能够满足不同层级、不同区域、不同所有制企业的特性化人才需求，更好地发挥调节人才市场的作用。其次，基于当前新技术、"共享经济"等的发展对我国人力资源服务业的业态发展新机遇进行了总体分析，并从人力资源招聘、职业指导、人力资源和社会保障事务代理、人力资源培训、人才测评、劳务派遣、高级人才寻访、人力资源外包、人力资源管理咨询、人力资源信息软件服务十种具体业态的角度出发对其未来发展机遇等逐一展开分析。

第三，继续关注人力资源服务业发展的量化评价模型。蓝皮书增加了对非政府组织的关注，创新性地从公众、政府、非政府组织三大群体的视角出发，通过大数据方法和文本分析方法对主流社交媒介、纸质媒介、网站、各省政府工作报告以及相关政策法规、规划文件进行数量统计和内容分析，来阐述人力资源服务业在我国各省市受到的重视程度及发展情况；延续使用过去几年蓝皮书设计并得到验证的人力资源服务业发展状况评价指标体系,在搜集相关数据基础上,依托这一指标体系利用主成分分析法等对各地区人力资源服务业发展状况进行了排序、分类,并对相关的数据分析结果进行了阐释与说明。通过采用量化数据,蓝皮书的评价模型更为准确,对人力资源服务业的评价结果更为科学和可靠。

第四,关注人力资源服务产业园在我国的发展概况。作为推动现代服务业发展的重要增长极,人力资源服务产业园是人力资源市场化进程和产业取向相结合的基础平台,是促进人力资源服务产业集聚和培育市场化力量的战略性新兴产业载体,是构成现代服务业创新体系的重要组成部分。蓝皮书从我国人力资源服务产业园的产生与发展、人力资源服务产业园典型案例介绍和人力资源服务产业园发展中存在的问题及应对对策三个方面出发,对我国人力资源服务产业园发展概况进行了总结与评述。

第五,继续关注人力资源服务技术创新与应用。新技术不仅改变了人们的沟通方式,而且重塑了新的商业模式,无论是制造企业还是服务企业,无论是生产过程还是销售过程,都在被新技术重新塑造和定义。互联网、大数据、云技术、人工智能以及 VR、AR、MR 等技术正在逐渐改变企业人力资源管理的方式,也在创造更多新的人力资源服务模式。蓝皮书从大数据和企业移动管理平台在人力资源服务业的应用、企业大学在人力资源服务业中发挥的作用等多角度对这一问题进行了探讨,并总结了人力资源服务创新技术应用的发展趋势。

第六,继续关注人力资源服务业十大事件评选。人力资源服务业十大事件的评选旨在展现中国人力资源服务业发展的延续性,让世人了解中国人力资源服务业在产、学、研三方面这一年来取得的突破性进展与重要成绩,大事件评选过程本身也能够提高全社会对人力资源服务业的关注和重视。蓝皮书秉承传统,优化了人力资源服务业十大事件部分的评选方式与流程,将原有正文中的"事件评述"部分拆分为"事件点评"和"重要启示"两部分,继续在专家评价和公共参与的基础上,进行了人力资源服务业发展十大事件评选。

蓝皮书共分为三个部分,具体结构如下:

第一部分为年度报告篇,共分为三章。第一章梳理了年度内对人力资源服务业发展有重大影响的相关政策法规及其新变化。本章将政策法规划分为四类,包括简政放权、优化管理方面,就业与人力资源开发方面,社会保障方面和人员开发优化、民生方面,继续从政策背景、政策内容和政策解读三部分对相关政策法规进行阐述分析。

第二章介绍了人力资源服务机构与人员及其发展趋势。首先,介绍了我国人力资源服务机构与发展概况,根据人力资源和社会保障部《2016年人力资源市场统计报告》的数据,分析了我国人力资源服务机构及其从业人员、业务开展的现状。其次,基于国内外人力资源服务业的发展现状,预测了人力资源服务机构未来的发展趋势和前景。最后,系统梳理了近年来我国人力资源服务业经营理念及其变化,包括企业经营宏观战略上的业务领域从本土化到国际化、组织结构从科层化到网格化、产品从单一化到多元化、服务从统一化到专业化,以及微观战略上的基于大数据的企业内部管理、基于云计算的人力资源服务平台、基于"互联网+"的人力资源服务等方面的变化。

第三章介绍了人力资源服务业现状及其发展趋势。首先,从总体上分析了我国人力资源服务业态发展的新机遇,并进一步对人力资源招聘、职业指导、人力资源和社会保障事务代理、人力资源培训、人才测评、劳务派遣、高级人才寻访、人力资源外包、人力资源管理咨询、人力资源信息软件服务十种具体业态的发展机遇及趋势进行了逐一分析。其次,从大数据和企业移动管理平台在人力资源服务业的应用、企业大学在我国企业的发展等角度探讨了人力资源技术创新与应用,并总结了人力资源服务业创新技术应用的发展趋势。最后,以广西锦绣前程人力资源有限公司和北京外企人力资源服务有限公司为案例进行介绍,以期给国内的人力资源服务机构提供参考借鉴。

第二部分为专题报告篇,共分为四章。第一章进行了人力资源服务业各省市重视度与发展度评价。从公众、政府、非政府组织三大群体的视角出发,通过大数据方法和文本分析方法对主流社交媒介、纸质媒介、网站、各省政府工作报告以及相关政策法规、规划文件进行数量统计和内容分析,来阐述人力资源服务业在我国各省市受到的重视程度及发展情况。

第二章进行了各地人力资源服务业发展状况评价。通过设计人力资源服务业发展状况评价指标体系,在搜集各省区市相关数据基础上,依托这一指标体系利用主成分分析法等对各地区人力资源服务业发展状况进行了排序、分类,并对相关的数据分析结果进行了阐释与说明。研究结果显示:我国人力资源服务业区域性发展差异显著,中西部地区行业发展空间广阔;对于人力资源服务业的发展来讲,政府积极、及时的政策扶持与宏观调控是至关重要的;人力资源服务业发展水平较高地区的辐射带动作用尚未充分发挥,未来需进一步关注地区行业互动机制的建立;应正确理解地区人力资源服务业的发展与经济发展间的相互协同关系;增强企业活力也是行业健康发展的重要手段等。

第三章介绍了人力资源服务产业园概况。首先,介绍了中国人力资源服务业产业园的产生和发展,在回顾了产业园产生的背景,梳理了产业园的发展现状后,着重介绍了人力资源服务产业园的特征、类型和作用。其次,介绍了当前阶段人力资源服务产业园发展的典型案例,其中选取了上海、苏州、烟台和重庆四个国家级人力资源服务产业园和天津滨海新区、宁波市两个省级代表性人力资源服务产业园,重点分析了其目标定位、经营管理特色、规划布局和发展趋势等。最后,分析总结了当前人力资源服务产业园发展中存在的问题,针对这些问题提出了具体化的应对策略,并对园区未来发展的趋势作出了一定的判断。

第四章评选了人力资源服务业十大事件。本章延续以往蓝皮书传统,对2016—2017年促进人力资源服务业发展的十大事件进行了评选,继续记载中国人力资源服务业的发展历程,旨在让世人了解中国人力资源服务业在政策、学术和行业三方面一年来取得的突破性进展。本章中首先介绍了大事件评选的指导思想、评选目的与意义、评选的原则与标准以及评选的方式与程序,接下来则是对年度十大事件进行述评,主要包括事件提要、事件点评和重要启示三个组成部分。

第三部分选编了我国部分人力资源服务网站、人才市场、服务企业名录,以及过去一年度的部分研究成果名录,供读者查阅了解更深入的信息。

蓝皮书由北京大学人力资源开发与管理研究中心负责组织编写,萧鸣政教授担任主编,董杲博士后协助主编完成了大量的综合协调与统稿工作。

李净、胡鹏、郝路、范文琦、徐珊等同志参与了第一部分的编写工作;林禾、董杲、张智广、武雪健等同志参与了第二部分的编写工作;范文琦参与了

第三部分的编写工作。董杲、王艳涛、史洪阳等同志参与了前言、各章节英文标题、英文摘要的翻译工作。

特别感谢国家人力资源和社会保障部人力资源市场司孙建立司长一直以来对北京大学在中国人力资源服务业方面研究的关注与大力支持,尤其对于本书以及未来研究提出的一系列指导性意见。感谢中国劳动保障科学研究院原院长田小宝研究员,上海市对外服务有限公司原总经理顾家栋、原党委副书记人力资源部经理邱健,以及索尔维原全球人力资源总监蓝红波等专家学者对本书提出的宝贵建议。

人才是国家发展的战略资源,人才强则科技强、国家强。伴随着人力资源配置的市场化改革进程,我国人力资源服务业从无到有,多元化、多层次的人力资源服务体系初步形成,服务产品日益丰富,服务能力进一步提升。展望未来,人力资源服务业正面临前所未有的发展机遇。国家创新驱动战略的实施、"互联网+"时代的来临以及"一带一路""京津冀协同发展"等重大战略的实施都为人力资源服务业的发展提供了新的切入点、着力点和增长点,中国人力资源服务业将迎来新一轮跨越式发展。面对难得的发展机遇,我们继续秉承客观反映、系统提示、积极推动、方向探索的宗旨,希望《中国人力资源服务业蓝皮书2017》能够对中国人力资源服务业的发展起到一定的参考和推动作用,助力人才强国战略和中国梦的实现。

北京大学人力资源开发与管理研究中心主任

萧鸣政

2017 年 11 月

Preface

The coming three years will be the pivotal years for building a moderately prosperous society in all respects and the foundation years for entering socialism with Chinese characteristics for a new era and for basically building China into a great modern socialist country. In the construction of a moderately prosperous society and in the cause of building socialism with Chinese characteristics for a new era, economic development is the foundation, the innovation and entrepreneurship which serve for human resources and talents, and the industrial service system which promotes coordinated development of human resources are the essential elements. Therefore, the 19th National Congress of the Communist Party of China pays considerable attention to the issue of talents and human resources, raising the human resources including talent resources to the status of strategic resources for national rejuvenation and international competition. In the reports of 19th National Congress of the CPC, there are ten places directly or indirectly referred to the development of human resources service industry. The reports of the 19th National Congress of the CPC made it clear that in the future we should speed up the reform of market-based pricing of factors of production, relax control over market access in the service sector, improve market oversight mechanisms and accelerate development of modern service industries. Human resources service industry (hereinafter referred to as HRSI) is a critical industry in the development of modern service industries. For the development of HRSI, firstly, we must put the quality first and give priority to service. We should pursue supply-side structural reform as our primary task. We need to raise total factor productivity and work to promote the all-round development of modern service industries such as the real economy, technological innovation and modern finance through HRSI, and continuously enhance our economic creativity and competitiveness. Secondly, turning human resources services into human capital services. The development of the human resources service industry should shift from quantity to quality. We should not only give attention to the universal service of the general public but also attach importance to the group service of high-end talents. We must also pay attention to the investment, transformation and promotion of human capital, promote the optimization and upgrading of traditional industries, and promote human capital and advanced manufacturing industries, and promote the in-depth integration of the Internet, big data, artificial intelligence and real economy. We should make innovation-driven development and foster new economic growth points to create additional momentum. Thirdly, we must aim at global standards and improve the level of human resources services. On the one hand, market access should be drastically relaxed and foreign service industries for human resources should be correctly entered. On the other hand, the opening up fields should expand, China human resources services should go out, and serve for the Belt and Road Initiative, forming a global-oriented trade, investment and financing services network of human resources, accelerating the development of new international economic cooperation and competitive advantages. Fourthly, the main body of the HRSI is to serve the economic development, and the center of the human resources service is to serve people's livelihood. The governance of our party must take the people at the center so our human resources service industry must take people's livelihood as the center and take employment at the service center. Therefore, we must give high priority to employment and pursue a proactive employment policy, striving to achieve fuller employment and create better quality jobs. We will launch vocational skills training programs on a large scale, give particular attention to tackling structural unemployment, and create more jobs by encouraging business startups. We will provide extensive public employment services to open more channels for college graduates and other young people as well as migrant rural workers to find jobs and start their own business. We must improve unemployment insurance and work-related injury insurance. We will establish a unified national platform for social security public services. We will promote the coordinated development of the social assistance systems for urban and rural residents, and improve the subsistence allowances system.

To promote the development of the HRSI, the Ministry of Human Resources and Social Security issued the *Action Plan for the Development of the Human Resources Service Industry* in October 2017 to deploy the promotion of the development of the human resources service industry at present and in the coming period. The "Action Plan" proposes that the "three plans" and the "three actions" should be implemented in the light of major national strategies and in response to major issues and strategic links in the development of the HRSI. "Three plans" are "the backbone of enterprise incubation program" "Leading talents training plan" and "Industrial park construction plan"; "Three actions" are " 'Internet +' Human Resources Services Action" "Integrity topic Creating Action" and "Belt and Road Human Resources Services Action". The "Action Plan" provides an essential guarantee for the full implementation of the 19th National Congress of the CPC, thorough implementation of the employment priority strategy and the strategy on developing a quality workforce, promoting the rapid development of the HRSI, realizing full employment and optimizing the allocation of human resources.

Under the guidance and support of the party and the government, the development of China's HRSI has achieved remarkable success. The industrial status has been established, the service products have been increasingly enriched, the service capabilities further enhanced, and the service system has taken shape. By the end of 2016, there were all kinds of human resource services agencies around 26700, employing 55. 3 million people, the industry annual revenue of 1. 18 trillion yuan, and continuously maintained about 20% of the growth in recent years. The HRSI developed rapidly. However, compared with the requirements of our country's economic and social development of the HRSI, there is still a specific gap compared with the world's advanced level. Therefore, it is of strategic importance to systematically study the HRSI in our country, understand the status quo of its development, explore the existing problems in its development, explore its future development trend and take effective measures to promote the development of the HRSI.

In order to fully implement the spirit of the 19th National Congress of the CPC, further promote the sound development of HRSI, and boost the HRSI to boost the implementation of the strategy on developing a quality workforce, under the active support of the Human Resources Marketing Department of the Ministry of Human Resources and Social Security, Peking University continue to launch the *Blue Paper* 2017 *for Human Resources Service Industry in China* (hereinafter referred to as *Blue Paper* 2017). We continue adhering to the objective of promoting better and faster development of the HRSI. We conducted an in-depth investigation and systematic review of the development of China's HRSI in 2016– 2017 and conducted a diagnostic analysis of the practice from a theoretical perspective. Description, data presentation, case interpretation, theoretical induction and scientific prediction have been employed in an attempt to more fully present the current situation of China's HRSI, critical areas, and the latest developments.

Compared to previous years, the structure of the *Blue Paper* 2017 makes some innovative adjustments, and many content updates, supplements were added, which is mainly expressed in the following aspects.

First, *Blue Paper* 2017 continued to pay attention to the promulgation and readjustment of relevant policies and regulations of the HRSI. *Blue Paper* 2017 continued upholding the tradition, excerpting and analyzing laws, regulations and policies of the year 2016 – 2017 which have the significant impact on our country's HRSI, and interpreting its recent changes. There are still some differences with previous years. On the one hand, *Blue Paper* 2017 makes some improvements in the classification methods, and divides all the policies and regulations into four categories: (1) policies and regulations aim to streamline and optimize administration and delegate powers, (2) policies and regulations aim to promote employment and human resources development, (3) policies and regulations aim to promote social security, (4) policies and regulations aim to improving the personnel optimization and people's wellbeing. On the other hand, in addition to the in-depth interpretation of policies themselves, finally, we also elaborate the impact of policies on the human resources service industry, including the short-term and long-term effects on market changes of supply and demand, transaction costs, regulatory measures in every aspect of the human resources service industry. Such efforts are given to facilitate a quicker understanding to the readers on the influence transmission mechanism of each policy on the development of the human resources service industry.

Second, *Blue Paper* 2017 continued to focus on the development of the forms of HRSI and new opportunities. Under the new policies and economic environment, the HRSI in our country has been developing rapidly with increasingly affluent forms and has gradually shown a new development trend. First, according to the data of 2016 *Human Resources Market Statistics Report* released by the Human Resources and Social Security Department, *Blue Paper* 2017 analyzes the present situation of China's HRSI, pointed out that the future development of human resources services must be able to meet the various human resources demands of Different levels, regions, and enterprises with various ownership characteristics. Then the human resources services can regulate the talent market better. Secondly, based on the developments of current technology and "sharing economy", *Blue Paper* 2017 analyzes and summarizes the new opportunities for the future development of China's HRSI overall, and analyzes ten sectors in sequence include human resources recruitment, vocational mentor-ship, human resources and social security agency, human resources training, performance evaluation, labor allocation, the search for executives, human resources outsourcing and the human resources information system.

Third, *Blue Paper* 2017 continues to emphasize the quantitative evaluation model of the development of HRSI. *Blue Paper* 2017 increases the concern of non-governmental organizations, employs the methods of big data analysis and content analysis, analyzes the mainstream social media, paper media, websites, provincial government work reports and relevant policies, regulations and planning documents, from three different perspectives of the public, government and non-governmental organizations, to describe the degree of attention and development situation of human resources services in China's provinces and cities. *Blue Paper* 2017 continues to use the proven evaluation index system designed by previous Blue Papers. Based on the collection of relevant data and materials, *Blue Paper* 2017 uses the principal component analysis (PCA) method to rank and classify the development status of HRSI in various regions through the design of evaluation index system of HRSI development status, the data analysis results are defined and explained.

Fourth, *Blue Paper* 2017 pays attention to the general development situation of the human resources service industrial park in China. As an essential growth pole in promoting the development of modern service industry, the human resources service industrial park is the primary platform for combining the marketization process of human resources with orientation of the industry. It is also a strategic emerging carrier of the industry that promotes the gathering of HRSI and fostering marketization. The human resources service industrial park is an integral part of the modern service industry innovation system. *Blue Paper* 2017 makes summary and commentary about the general development situation of human resources service industrial park in China from three aspects: introduction of the emergence and development of China's human resources service industrial park, introduction of the typical case of the human resources service industrial park in the current stage, analyzation of the problems existing in the development of the current human resources service industrial park.

Fifth, *Blue Paper* 2017 continues to concentrate on human resources services technology innovation and application. New technologies have not only changed the way people communicate but also reshape modern business models. Whether manufacturing or service business, whether the productive process or sales process is being reshaped and defined by the new technologies. Internet, big data, cloud technology, artificial intelligence and VR, AR, MR technology are changing the way that companies manage human resources, and creating innovative human resources service model. The *Blue Paper* 2017 explores this issue from multiple perspectives such as the application of big data and enterprise mobility management platform in the HRSI and the role played by the university in the HRSI. *Blue Paper* 2017 also summarizes the development trend of innovative technologies in HRSI.

Sixth, *Blue Paper* 2017 continue to pay close attention to the HRSI Top Ten Events selection. The poll for the Top Ten Events of the Development of the HRSI is designed to reveal the development process of China's HRSI, shedding light on the breakthroughs and accomplishments China's HRSI has achieved in production, scholarship and research over the past year. The poll itself can also enhance public attention and support for the development of the HRSI. *Blue Paper* 2017 upholds the tradition and optimizes the selection methods and procedures for the Top Ten Events in the HRSI. The "event review" is divided into two parts: "event comments" and "key revelation". The poll for the Top Ten Events was conducted by experts rating and public participation.

Blue Paper 2017 *for Human Resources Service Industry in China* is divided into three units, and the specific structure is as follows:

The first unit is the yearly report, divided into three chapters. The first chapter reviews the laws, regulations and policies and their new changes that have a significant impact on China's human resources service industry enacted by the state between August 2016 and July 2017. This chapter first makes some improvements in the classification methods, and divides all the policies and regulations into four categories: (1) policies and regulations aim to streamline and optimize administration and delegate powers, (2) policies and regulations aim to promote employment and human resources development, (3) policies and regulations aim to promote social security, (4) policies and regulations aim to improving the personnel optimization and people's wellbeing. This chapter analyzes the relevant policies and regulations of the backgrounds, contents and expert interpretations.

The second chapter introduces the human resources service agencies and personnel and their development tendency. First of all, we introduce the general situation of China's HRSI and their development. According to the data of 2016 Human Resources Market Statistics Report released by the Human Resources and Social Security Department, this chapter analyzes the present situation of China's HRSI, their employees and business development situation. Secondly, based on the contemporary development of HRSI at home and abroad, it is reasonable to predict the future development trend and the prospect of HRSI. At last, we discuss the change of business concept in HRSI over the past few years in detail, including the change from domestic market to international market, from bureaucratic organization structure to networked structure, from single products to diversified products, from unified service to professionalized service, as well as new changes in big-data based intra-organizational management, cloud-computing based HR services platform and "Internet-plus" based HR services etc.

The third chapter introduces the current situation of HRSI and its development trend. First of all, this chapter analyzes and summarizes the new opportunities for the future development of China's human resources service industry overall. This chapter analyzes ten sectors in the sequence include human resources recruitment, vocational mentor-ship, human resources and social security agency, human resources training, performance evaluation, labor allocation, the search for executives, human resources outsourcing and the human resources information system. Secondly, this chapter discusses the innovation and application of human resources technology from the perspective of big data technology and mobile enterprise management platforms in the human resources service industry and the development of enterprise universities in China's enterprises, then we summarize the development trends of innovation in human resources service industry. Finally, this chapter introduces Guangxi Bright Future Human Resources Co., Ltd. and Beijing Foreign Enterprise Human Resources Service Co., Ltd. as examples to provide references for domestic HR service organizations.

The second unit is the thematic reports, made up of four chapters. The first chapter has carried on the appraisal of recognition level and developmental evaluation of HRSI in different provinces and cities. This chapter employed the methods of big data analysis and content analysis, analyzed the mainstream social media, paper media, websites, provincial government work reports and relevant policies, regulations and planning documents, from three different perspectives of the public, government and non-governmental organizations, to describe the degree of attention and development situation of Human Resources services in China's provinces and cities.

The second chapter evaluated the development of human resources service industry in different regions. Based on the collection of relevant data and materials, this chapter uses the principal component analysis (PCA) method to rank and classify the development status of HRSI in various regions through the design of evaluation index system of HRSI development status, and the data analysis results are defined and explained. The result of research indicates that there are significant differences among the HRSI of different areas and there is broad space for industrial development in Mid-west areas of China. The positive and timely policy support, as well as the macro adjustments and controls by the government, is of great significance for the development of HRSI. The leading role of areas in which the development of human resources service is at a high level has not been entirely played. Regional industry interaction mechanism should be further established in the future, and the synergy relationship between HRSI and economic development should be correctly understood. Meanwhile, to enhance the vitality of enterprises is also an important method to promote the sound development of the industry.

The third chapter introduces the overview of human resources service industrial park. Firstly, this chapter introduces the emergence and development of Chinese human resources service industrial park; this chapter reviews the background of the industry park, combines the development status of industry park, emphatically introduces the characteristic, the function and the type of human resources service industrial park. The second part of this chapter is the introduction of the typical case of the human resources service industrial park in the current stage, which selected four local industrial park (Shanghai, Suzhou, Yantai and Chongqing) as a national representative industry park, focuses on the analysis of four industry parks aims, management characteristics, layout and development trend etc. Thirdly, this chapter analyzes and summarizes the problems existing in the development of the current human resources service industrial park through four aspects, and put forward concrete proposals for these four aspects. Also, it makes a judgement of the future development trend of the park.

The fourth chapter reports the poll for the Top Ten Events of HRSI. This chapter adopts the tradition of blue papers, selects the Top Ten Events which facilitate the development of HRSI. This chapter continues to record the development process of China's HR service industry, shedding light on the breakthroughs and accomplishments China's HR service industry has achieved in policy guidance, academic research and industrial development over the past year. First of all, this chapter introduces the guiding ideology of the Top Ten Event selection, purpose, and significance of the selection, the methods and procedures as well as the principles and criteria of selection. Then this chapter reviews the Top Ten Events from three aspects: event summary, expert comments and event enlightenment.

The third unit of *Blue Paper* 2017 selects part of our human resources service website, talent market directory, service business directory, as well as a list of research results of the past year, which serve for readers to consult and understand detailed information.

Blue Paper 2017 *for Human Resources Service Industry in China* was written and edited by Center for Human Resources Development and Management Research of Peking University. Professor Xiao Mingzheng served as editor-in-chief, post-doctoral Dong Gao served as the assistant editor and completed a large number of coordinate work and compile work.

Li Jing, Hu Peng, Hao Lu, Fan Wenqi and Xu Shan participated in the writing of Part I. Lin He, Dong Gao, Zhang Zhiguang, Wu Xuejian participated in the writing of Part II; Fan Wenqi participated in the writing of Part III. Dong Gao, Wang Yantao, Shi Hongyang undertook the translation work of the preface, the chapter title and the abstract.

Special thanks go to Sun jianli, the director of the market department of Ministry of Human Resources and Social Security for his great support and guidance to Peking University's research on HRSI in China, especially for a series of guiding advice for this book. We also appreciate the advice come from Tian Xiaobao, the former president of Academy of Labor Science, Gu Jiadong, the former manager of Shanghai Foreign Service Co., Ltd., Qiu Jian, the former deputy party secretary of Shanghai Foreign Service Co., Ltd., and Lan Hongbo, the former CHO of Solvay.

Talent is a strategic resource for national development, well-equipped talents lead to a powerful country and sophisticated technology. With the progress of market-oriented reform in the allocation of human resources, HRSI in our country has taken shape from scratch. Diversified and multi-level human resources service systems have been constructed, increasingly enriched service products and service capabilities have further development. Looking forward to the future, the HRSI is facing unprecedented opportunities for development. The implementation of the innovation-driven development strategy, the advent of "Internet+" era as well as the implementation of the Belt and Road Initiative and the coordinated development of the Beijing-Tianjin-Hebei region provide the new entry point, the new focus and the new growth point for China's HRSI. China's HRSI will usher in a new round of significant leap forward development. In the face of rare opportunities for development, we continue to uphold the goal of real reflection, regular reminder, active promotion and direction exploration. We hope that *Blue Paper* 2017 *for Human Resources Service Industry in China* can give some reference and impetus to the development of China's HRSI, and can help to carry out the strategy on developing a quality workforce and to realize the

Chinese Dream of national rejuvenation.

Director of Center for Human Resources Development and
Management Research of Peking University
Xiao Mingzheng
November 2017

第一部分

年度报告篇

第一章 人力资源服务业相关政策法规

【内容摘要】

本章主要摘录和分析了 2016 年 8 月—2017 年 7 月我国人力资源服务业有重大影响的法律法规政策及其新变化。本章通过对这些法律法规政策进行深入解读,使读者能够及时掌握人力资源服务业所处的政策环境新变化和新动向。

今年继续"政策背景"部分的创新,深入探索每项政策实施的原因和发展路径。今年本章除了对政策进行解读外,首先,在分类方法上进行了一定改进,将所有的政策法规划分为四类阐述,包括简政放权、优化管理方面,就业与人力资源开发方面,社会保障方面和人员开发优化、民生方面。其次,本章扩大了信息收集的来源,除了中央政府、地方政府和国家部委的政策外,还把一些基本有结论、正在进行发布程序的政策也纳入范围。最后,除了详细解读政策本身外,本章还重点解读了政策对人力资源服务业带来的影响,包括对人力资源服务市场中供需变化、交易成本、监管措施等各个方面的短期和长期的影响,力求使读者能够快速掌握每条政策到人力资源服务业的影响传导路径。

Chapter 1 Major Regulations and Policies Concerning Human Resources Services

【Abstract】

This chapter outlines and analyzes the laws, regulations and policies and their new changes that have significant impact on China's human resources service industry enacted by the State between August 2016 and July 2017. In-depth interpretation of these laws, regulations and policies enables us to grasp the new changes and new trends in policies and regulations concerning the HR service industry.

In addition to the introduction and interpretation of relevant policies, this chapter of the Blue Paper continue the innovation of "Policy Background" to deeply explore the causes and development path of every policy. This year, apart from the interpretation of the policy, this chapter first makes some im-provements in the classification methods, and divides all the policies and regu-lations into four categories: (1) policies and regulations aim to streamline and optimize administration and delegate powers, (2) policies and regulations aim to promote employment and human resource development, (3) policies and regulations aim to promote social security, (4) policies and regulations aim to improving the personnel optimization and people's wellbeing. Apart from the policies that have been released by the Central Government, local government and state ministries, we also take some policies that have already derived some basic conclusions and are in the release processes into account.

In addition to the in-depth interpretation of policies themselves, finally we also elaborate the impact of policies on the human resources service industry, including the short-term and long-term effects on market changes of supply and demand, transaction costs, regulatory measures in every aspect of the human re-sources service industry. Such efforts are given to facilitate a quicker under-standing to the readers on the impact transmission mechanism of each policy on the development of the human resources service industry.

一、促进简政放权、优化管理的相关政策法规

（一）人力资源和社会保障部《关于做好人力资源和社会保障领域简政放权放管结合优化服务改革工作有关问题的通知》

2016 年 8 月 4 日，人力资源和社会保障部印发了《关于做好人力资源

和社会保障领域简政放权放管结合优化服务改革工作有关问题的通知》①（以下简称《通知》）。

政策背景：

2016 年是"十三五"规划开局之年，也是推进供给侧结构性改革的攻坚之年。2016 年推进简政放权、放管结合、优化服务改革的总体要求是：全面贯彻党的十八大和十八届二中、三中、四中、五中全会精神，认真落实中央经济工作会议和《政府工作报告》部署，按照创新、协调、绿色、开放、共享的发展理念，紧紧扭住转变政府职能这个"牛鼻子"，在更大范围、更深层次，以更有力举措推进简政放权、放管结合、优化服务改革，使市场在资源配置中起决定性作用和更好发挥政府作用，破除制约企业和群众办事创业的体制机制障碍，着力降低制度性交易成本，优化营商环境，激发市场活力和社会创造力，与大众创业、万众创新和发展壮大新经济紧密结合起来，进一步形成经济增长内生动力，促进经济社会持续健康发展。

政策内容：

《通知》要求，各级人力资源和社会保障部门要充分认识推进人力资源和社会保障领域"放管服"改革的重要意义，从促进就业创业出发，坚持简政放权、放管结合、优化服务协同推进，以"放管服"改革的实际成效助推人力资源和社会保障工作实现"十三五"良好开局。

《通知》要求，应持续简政放权，促进就业创业。

1. 继续深化行政审批改革。继续加大放权力度，把该放的权力放出去，该取消的取消。对确需下放给基层的审批事项，要确保基层接得住、管得好。对保留的行政审批事项，要统一标准、简化手续、优化流程，制定审查工作细则，公布服务指南和流程图。积极推行一个窗口受理、网上集中预受理和预审查，创造条件推进网上审批。加强政府部门信息共享，对能从共享系统中获得的信息，不得要求行政管理相对人提供，切实减少不必要的证明。所有行政审批事项都要严格按法定时限做到"零超时"。对部本级和中央指定地方实施行政许可事项进行梳理论证，按照审改办的要求继续做好取

---

① 人力资源和社会保障部网站，http://www.mohrss.gov.cn/gkml/xxgk/201608/t20160808_245046.html。

消和下放工作。进一步清理和规范行政许可事项证照及相关年检,研究将部分年检改为年度报告。加强对确需保留年检事项的研究论证工作,积极延长年检周期。

2.扎实做好职业资格改革。2016 年分批取消职业资格许可和认定事项,使国务院部门设置的职业资格削减比例达到原总量的 70%以上。建立国家职业资格目录清单管理制度,向社会公布国家职业资格目录清单,目录清单定期调整、动态更新。目录清单之外一律不得开展职业资格许可认定,目录清单之内除准入类职业资格外一律不得与就业创业挂钩。研究制定职业资格框架体系。

3.推行"五证合一、一照一码"。积极配合有关部门推进"五证合一、一照一码"登记制度改革,完善社会保险登记流程,统一登记指标项目和登记证编码规则,通过工商行政部门核发加载法人和其他组织统一社会信用代码的营业执照,完成企业社会保险登记。及时修订涉及社会保险登记管理的相关规范性文件,取消社会保险登记证定期验证和换证制度,改为企业按规定自行向工商部门报送年度报告并向社会保险经办机构开放共享。建立用人单位基础信息库,掌握各类用人单位的基础登记信息,通过技术手段,与工商行政管理等部门共享用人单位设立、变更、注销和社会保险参保登记信息。经办机构要充分利用用人单位基础信息库和部门信息共享平台,加强"五证合一"登记信息和企业年度报告的分析应用,做好企业社会保险登记与职工参保登记和缴费工作的衔接,切实维护职工权益。

4.扩大高校和科研院所职称评审、薪酬分配自主权。按照深化职称制度改革的总体要求,科学界定、合理下放职称评审权限,推动有条件的高校、科研院所按照管理权限自主开展职称评审,并根据事业单位岗位管理制度要求实行自主评聘。对于开展自主评审的单位,政府部门不再审批评审结果,改为事后备案管理。结合完善适应事业单位特点的工资制度,充分考虑高校和科研院所知识技术密集、高层次人才集中等特殊性,调整绩效工资水平时予以重点倾斜。在核定的绩效工资总量内,由高校和科研院所按照规范的程序和要求进行自主分配。支持高校和科研院所探索对高层次人才实行年薪制、协议工资或项目工资等灵活多样的分配方法。配合有关部门落实支持教学科研人员创业创新的股权期权激励等相关政策。

5. 为科研人员从事创新创业创造宽松条件。鼓励高校和科研院所参与"双创"示范基地建设。高校和科研院所科研人员在履行本单位岗位职责、完成本职工作的前提下,经所在单位同意,可到企业兼职。鼓励支持高校和科研院所按照创新创业部署要求和企业需求,积极选派符合条件的科研人员到企业挂职或者参与项目合作。经所在单位同意,高校和科研院所科研人员可以离岗创办、领办企业,享受国家创业有关扶持政策。

6. 以政务公开推动减权放权。推进地方各级人力资源和社会保障部门公布权力清单和责任清单。加快编制国家职业资格、基本公共服务事项等各方面清单,并及时主动向社会公开。坚持"公开为常态,不公开为例外",全面推进决策、执行、管理、服务、结果公开和就业、社保等重点领域信息公开。落实行政许可、行政处罚等信息自作出行政决定之日起7个工作日内上网公开的要求。加大政府信息数据开放力度,除涉及国家安全、商业秘密、个人隐私的外,都应向社会开放。及时公开突发敏感事件处置信息,回应社会关切。

《通知》要求,应创新监管方式,提高监管效能。(1)深化劳动保障监察执法体制改革和创新执法方式。推进劳动保障监察执法体制改革,强化劳动保障监察执法在人力资源和社会保障领域的综合执法职能,厘清不同层级人力资源和社会保障部门的劳动保障监察职责,解决多头执法和多层重复执法。研究制定推广随机抽查规范事中事后监管的指导意见和企业劳动保障守法诚信等级评价办法,严格限制执法自由裁量权,加强企业分类监管,提高执法的针对性和有效性。加大劳动保障监察执法保障力度,满足监察执法在经费、装备和基础建设等方面的需要。(2)加强人力资源市场事中事后监管。认真贯彻落实《人力资源和社会保障部关于"先照后证"改革后加强人力资源市场事中事后监管的意见》(人社部发〔2016〕49号),依法规范实施人力资源市场行政许可,创新人力资源市场事中事后监管方式,实施随机抽查监管制度,构建守信激励和失信惩戒机制,开展人力资源市场秩序清理整顿专项行动,促进市场在人力资源配置中起决定性作用和更好发挥政府作用。

《通知》指出,要进一步优化公共服务,提升服务效率。(1)提高"双创"服务效率。积极配合有关部门打造"双创"综合服务平台,为企业开办和成长"点对点"提供就业创业、技能培训、人才流动、社会保险等方面的服务,为扩大就业、培育新动能、壮大新经济拓展更大发展空间,促进新生市场主体增势不减、活跃度提升。(2)简化优化公共服务流程。认真贯彻落实《人力资源和社会保障部关于加强和改进人力资源社会保障领域公共服务的意见》(人社部发〔2016〕44 号),全面梳理规范人力资源和社会保障领域面向群众的公共服务事项,近期采取切实措施取消不必要的证明材料和手续,中长期简化优化公共服务流程,创新改进公共服务方式,加强公共服务平台建设,不断提升公共服务水平和群众满意度。统筹实施"互联网+"、大数据等国家战略部署,加快推动"互联网+人社"行动计划,促进人力资源和社会保障领域数据资源和服务资源的聚集、整合和共享,充分发挥社会保障卡的民生服务能力,增强公共服务供给能力和社会创新活力。

政策解读:

推进行政体制改革,是全面深化改革、完善社会主义市场经济体制的重要内容,也是提高政府现代治理能力的关键举措,是政府的自身改革。党的十八大以来,党中央高度重视有关工作,提出明确要求。十八届二中全会指出,转变政府职能是深化行政体制改革的核心。十八届三中全会强调,经济体制改革的核心问题是处理好政府和市场的关系,使市场在资源配置中起决定性作用和更好发挥政府作用,其关键就是转变政府职能。政府牢牢扭住转变政府职能这个"牛鼻子",先是着力推进简政放权、放管结合,2015 年又将优化服务纳入其中,"放管服"三管齐下、协同推进,中央和地方上下联动、合力攻坚,不断将改革推向深入。推进人力资源和社会保障领域"放管服"改革对于降低制度性交易成本、推进供给侧结构性改革、激发市场活力和社会创造力、促进就业创业具有重要意义。

(二) 人力资源和社会保障部《关于印发"互联网+人社"2020 行动计划的通知》

2016 年 11 月 1 日,人力资源和社会保障部发布了《关于印发"互联网+人社"2020 行动计划的通知》①(以下简称《行动计划》)。

---

① 人力资源和社会保障部网站,http://www.mohrss.gov.cn/gkml/xxgk/201611/t20161108_258976.html。

政策背景：

为贯彻落实《国务院关于积极推进"互联网+"行动的指导意见》(国发〔2015〕40号)和《国务院关于印发促进大数据发展行动纲要的通知》(国发〔2015〕50号)精神,结合国务院推进"互联网+政务服务"有关要求,人社部研究制定了《"互联网+人社"2020行动计划》。"互联网+人社"是贯彻落实"互联网+"、大数据等国家重大战略,推进"互联网+政务服务",加快人力资源和社会保障领域简政放权、放管结合、优化服务改革的重要举措,对于增强人力资源和社会保障工作效能,提升公共服务水平和能力,具有重要意义。

政策内容：

《行动计划》分为总体要求、工作任务、保障措施、组织实施4个部分。本着"以人为本、融合创新、开放共享、安全有序"4项原则,深度挖掘人社工作与互联网融合发展潜力,开创管理服务的新模式,打造开放包容的新形态,形成推动人社事业进步的新动力,并按照试点示范、逐步推广的模式分阶段推进"互联网+人社"建设。在任务安排上,人社部把"互联网+人社"行动划分为基础能力提升、管理服务创新、社会协作发展3类子行动,提出了48项行动主题,将从三个层次开展行动,即通过推动业务上网,改善服务体验,提升人社部门面向群众的直接服务能力;通过推动资源共享,向社会借力,促进民生服务衔接,提升政府部门的间接服务能力;通过推动数据开放和服务开放,向市场赋能,激发社会创新能力,鼓励发展更加多元的民生服务。《行动计划》在保障措施及组织实施方面,要求各级人社部门高度重视、加强组织领导,形成工作合力,积极探索适应"互联网+人社"发展要求的政策制度,确保行动计划实施成效。推广政府和社会资本合作等模式,形成资金保障机制。加强人社部门与政府其他部门、社会各方面的沟通协调,使各项行动计划有效衔接,相互促进,良性互动。建立适应"互联网+人社"要求的创新型人才队伍。

《行动计划》要求,坚持以人为本。紧紧围绕人民群众诉求,面向各类服务人群,构建人人参与、人人享有、人人获益、人人便利的"互联网+人社"发展格局。坚持融合创新。推动人力资源和社会保障工作与互联网的创新理念、创新模式、先进技术深度融合,加快业务创新与服务方式变革,引领制度创新和体制机制创新,形成"互联网+人社"新模式。坚持开放共享。推进人力资源和社会保障领域服务资源、数据资源和基础设施资源平台化,完善各类资源的开放共享机制,鼓励社会力量参与民生服务,形成公众参与、社会共建的新形态。坚持安全有序。正确处理创新发展与保障安全的关系,强化信息安全和个人隐私保护,健全网络安全保障体系,夯实信息化支撑能力,确保"互联网+人社"健康、安全发展。

《行动计划》提出,按照试点示范、逐步推广的模式分阶段推进"互联网+人社"建设。2018年之前,着力推进"互联网+人社"试点示范工作:初步建成促进"互联网+人社"发展的创新能力体系,优选一批行动主题纳入应用示范,探索形成一批可持续、可推广的创新发展模式。2020年之前,实现"互联网+人社"多元化、规模化发展:建成较为完善的创新能力体系,形成线上线下融合、服务衔接有序、规范安全高效的"互联网+人社"发展格局,各项行动主题全面深化。形成开放共享的"互联网+人社"生态环境,社会参与程度大幅提升,服务资源得到充分开发利用,群众满意度显著提升。

《行动计划》由基础能力提升、管理服务创新和社会协作发展三项行动计划组成,共包括48个行动主题。基础能力提升行动要求促进人力资源和社会保障领域数据资源和服务资源的聚集、整合和共享,形成基于大数据的"互联网+"基础能力,为管理服务创新行动和社会协作发展行动提供基础支撑。管理服务创新行动要求广泛应用基础能力提升行动的建设成果,引领管理服务模式创新,形成适应"互联网+"的人力资源和社会保障工作新形态。依托"人社信用体系",建立业务分类处理新模式,对诚实守信主体实行信用承诺、优先办理、简化程序等激励措施。探索通过社保卡查询核验持卡人信用情况,分级授权网上业务范围,分类设定创业担保贷款额和贷款周期等。推动公务员录用、荣誉表彰等业务环节同步审查信用情况。加强对用人单位、人力资源服务机构、社会保险协议服务机构的信用管理,依法打击用人单位违法行为,惩处"黑中介"和协议机构的违规、欺诈、骗保等失信行为,引导社会诚信文化。社会协作发展行动要求面向社会输出基础能力提升行动的建设成果及人力资源社会保障系统的服务资源,鼓励社会力量参与创新服务,支持大众创业、万众创新。

《行动计划》强调,围绕人力资源和社会保障改革创新要求,进一步完善政策法规制度,优化"互联网+人社"发展环境。支持电子数据、电子签章的使用,保障各项业务的线上全流程办理。规范社保卡发行和使用,保障持卡人线上线下的用卡权益。制定人力资源和社会保障公共数据资源开放共享与使用管理制度。简化优化业务经办流程与公共服务流程,减少处理环节,缩短办理时限。整合优化服务窗口,实行综合柜员制。按照权力清单和责任清单,全面梳理编制公共服务事项目录,推动人力资源和社会保障领域管理服务标准化。全面清理公共服务事项涉及的证明材料和业务单据,探索免填单业务经办方式。建立跨领域、跨部门的公共服务事项协同办理机制。推进人力资源和社会保障信息系统省级集中,构建全国一体化的"人社云",加快信息网络向基层延伸。制定基础信息库、云平台、公共服务信息平台等方面的信息技术标准,规范接入接口,确保各系统、各应用的有序对接和第三方应用的安全接入。

政策解读:

党中央、国务院先后颁布实施了"互联网+"、大数据发展战略,又出台了推进"互联网+政务服务"的指导意见及试点实施方案,明确了"互联网+"在政务服务方面的安排部署。李克强总理2016年9月14日主持召开国务院常务会议时,特别强调"互联网+政务服务"是深化"放管服"改革的关键之举,要以政府自身改革更大程度利企便民。"互联网+人社"就是人社系统响应党中央、国务院这一决策部署的具体行动。作为重要的民生部门,必须紧抓"互联网+"的战略机遇,挖掘全系统的资源优势,顺势而上,加快创新发展,更好地为人民群众服务。人社信息化经历"十二五"的全面发展,已初步建成覆盖各项业务的"大系统"、涵盖各类人员全生命周期的"大数据"、支撑各项应用的基础设施"大平台",近10亿的社保卡进一步强化了发展基础,也极大地提升了人社部门的管理服务水平。然而,随着人社事业改革的不断深入,在网络日益走进百姓生活的背景下,广大群众对公共服务也提出了越来越多的诉求,他们渴望人社部门能够提供更加便捷、舒心的服务。"互联网+人社"就是人社系统顺应群众期盼,实现人社信息化转型升级的行动纲领。我们必须坚持以人为本的理念,树立互联网思维和大数据思维,在人社信息化工作中更加注重用户体验,更加注重开放共享,在推进人社工作与互联网的深度融合中创新发展。近年来,许多地区人社部门积极开展基层网点服务创新,主动探索网上经办、移动应用、电话咨询、自助终端等线上服务,初步构建了"+互联网"的人社信息化公共服务体系,也为推动人社工作与互联网创新理念、创新模式、先进技术的深度融合,为实现从"+互联网"到"互联网+"的飞跃,积累了实践经验。一些省份还先行制定了本地区的"互联网+人社"行动计划,在"互联网+人社"的路上迈出了探索的步伐。但是也要看到,"互联网+人社"面临着统筹规划与顶层设计不够、数据开放共享不足、服务创新能力不强、政策制度不相适应等挑战。为此,在广泛征求各地人社部门、行业专家及相关企业意见的基础上,结合人社信息化工作实际和地方实践经验,人社部制定了这样一个《行动计划》,目的就是为了形成统一规划、稳步实施的推进格局,避免出现一哄而上、各自为战、相互分割的局面,推动"互联网+人社"健康有序发展。

《行动计划》的基本思路是"聚能发力""开放融合""引领创新"。具体地讲,就是要汇聚整合人社领域及其他政府部门、社会的优质资源,形成推动"互联网+人社"发展的"势能",并调动人社系统、社会公众及创业者等方面的积极性作为发展的"动能",针对群众办事的难点痛点问题,持续精准发力,让更多创新成果更好地造福人民;开放共享人社领域的服务资源、数据资源和基础设施资源,在人社系统内部形成线上线下衔接、全国协同联动的工作新形态,促进业务与技术的融合,优化管理服务模式,并向社会借力、向市场赋能,激发全社会创新创造的巨大潜力,形成推动人社事业进步的新动力;还要注重技术创新应用,加快业务创新与服务方式变革,引领制度创新和体制机制创新,形成适应"互联网+人社"发展的政策保障环境。在此基础上,《行动计划》积极响应国家政务信息化建设方面的各项要求,确保各项建设成果与国家战略布局相衔接。比如,全国统一建设的社会保障卡持卡人员基础信息库、用人单位基础信息库,要与国家人口基础信息库、法人单位基础信息库对接,实现"一数一源";依托社保卡及持卡库建设的个人身份认证平台,要实现"单点登录、全网通办",并与国家统一建设的用户身份认证体系实现互联互通;"人社信用体系"将全面对接国家信用体系,实现信用信息互通、评价规则互认;等等。

《行动计划》将引导各级政府人社部门充分运用"互联网+"和大数据思维,全面发挥我国互联网应用规模优势及人力资源和社会保障数据资源优势,深度挖掘人力资源和社会保障工作与互联网融合发展潜力,增强创新能力,改进公共服务供给模式,激发社会创新活力,破解民生热点难点问题,推动人力资源和社会保障事业创新发展。

(三) 国务院《关于取消一批职业资格许可和认定事项的决定》

2016 年 12 月 1 日,经李克强总理签批,国务院印发了《关于取消一批职业资格许可和认定事项的决定》①(以下简称《决定》),再次公布取消 114 项职业资格许可和认定事项。

政策背景:

党的十八大和十八届三中、五中全会对全面深化改革、加快转变政府职能作出了部署,提出了明确要求。国务院把简政放权作为全面深化改革的"先手棋"和转变政府职能的"当头炮",采取了一系列重大改革措施。自 2014 年以来,国务院先后分六批取消了 319 项职业资格许可和认定事项,加上本次取消的 114 项,至此,国务院部门设置的职业资格许可和认定事项已取消 70%以上,基本完成确定的目标任务。

政策内容:

《决定》指出,减少职业资格许可和认定事项是推进简政放权、放管结合、优化服务改革的重要内容,也是深化人才发展体制机制改革和推动大众创业、万众创新的重要举措。

本次取消的职业资格许可和认定事项中,专业技术人员职业资格 7 项,其中准入类 3 项,水平评价类 4 项,涉及公路水运工程监理、防雷、管理咨询等领域;技能人员职业资格 107 项,均为水平评价类,涉及机械设备、食品加工和农业、文化、轻工等多个领域。

国务院要求,各地区、各部门要从全面深化改革特别是供给侧结构性改革的大局出发,进一步转变职能、转变观念、提高认识,加大职业资格许可和认定事项清理力度,不断降低人才负担和制度成本,持续激发市场和社会活力,促进就业创业。对已经取消的职业资格许可和认定事项,人力资源和社

---

① 中央人民政府网,http://www.gov.cn/zhengce/content/2016-12/08/content_5144980.htm。

会保障部要会同有关部门加强跟踪督查,及时组织"回头看",确保清理到位,防止反弹。要抓紧公布实施国家职业资格目录清单管理制度,清单之外一律不得许可和认定职业资格,清单之内除准入类职业资格外一律不得与就业创业挂钩。要加强对职业资格设置、实施的监管和服务,对违法违规设置、实施的职业资格事项,发现一起、查处一起。要推动职业资格信息共享,提高信息化服务水平,逐步建立持证人员信用管理体系,严肃查处证书挂靠、寻租等行为。要妥善处理职业资格许可和认定事项取消后续工作,研究制定职业标准和评价规范,搞好政策衔接,确保人才队伍稳定。

此外,国务院建议取消 1 项依据有关法律设立的职业资格许可和认定事项,将依照法定程序提请全国人民代表大会常务委员会修订相关法律规定。

政策解读:

减少职业资格许可和认定事项是推进简政放权、放管结合、优化服务改革的重要内容,也是深化人才发展体制机制改革和推动"大众创业、万众创新"的重要举措。2016 年 11 月 23 日,国务院常务会议决定再取消一批职业资格许可和认定事项。这意味着,该领域已实现"七连消"。"七连消"的职业资格许可和认定事项数量累计已占到总数 70% 以上,达到李克强总理提出的削减目标。李克强总理在力推简政放权的同时,反复强调事中事后监管。所谓"管"与"放",一方面,只有管得住,才能放得开;另一方面,让人有可以守的规则才是真正有效的规则,合理放,再严格监管。目前看,"捆"在个人和企业身上的无形枷锁还有不少,亟须破除。职业资格虽然已达到削减 70% 的目标,但今后还要仔细梳理,该取消的继续取消;已取消的要"回头看",防止换个名目死灰复燃,而这些均依赖于"职业资格目录清单"的建立,清单之外不得随意设置。

二、促进就业与人力资源开发的相关政策法规

(一)人力资源和社会保障部《关于同意中国重庆人力资源服务产业园正式挂牌的批复》

2016 年 11 月 10 日,人力资源和社会保障部发布《关于同意中国重庆

人力资源服务产业园正式挂牌的批复》①,同意中国重庆人力资源服务产业园正式挂牌。

政策背景:

2011年7月,人社部批准重庆筹建中国(重庆)人力资源服务产业园。经过多年建设,中国(重庆)人力资源服务产业园已经具备正式挂牌条件。人社部旨在通过建设重庆产业园,进一步完善国家级人力资源服务产业园区总体布局,促进重庆人力资源服务业跨越式发展,带动中西部乃至全国人力资源服务业加快发展。

政策内容:

人力资源和社会保障部复函重庆市人民政府,同意中国重庆人力资源服务产业园正式挂牌。要求中国重庆人力资源服务产业园围绕更好服务就业优先战略和人才强国战略,贯彻落实国家关于加快发展现代服务业和人力资源服务业的要求,坚持发挥市场在资源配置中的决定性作用和更好发挥政府作用,加强组织引导,健全管理制度,完善基础设施,加强队伍建设,改进管理服务,充分发挥园区"培育、孵化、展示、交易"的功能,为促进行业健康快速发展提供优质高效服务,为促进全国人力资源服务业转型升级加快发展积累宝贵经验、作出积极贡献。

政策解读:

人力资源服务业因其高技术含量、高人力资本、高附加值和高成长性的特点,被誉为21世纪的"朝阳产业",在国民经济和社会发展中的地位和作用日益突出。中国重庆人力资源服务产业园的建设是人社部探索完善人力资源服务产业园全国战略布局,带动中西部乃至全国人力资源服务业加快发展的重大战略举措。园区在西部乃至全国都具有行政上的层级优势、改革中的先发优势、行业内的战略优势,具备打造全国一流人力资源服务产业园,服务一流人力资源服务企业的基础和条件。

重庆是中国中西部唯一的直辖市,国家重要的现代制造业基地,全国统筹城乡综合配套改革试验区。随着"长江经济带""一带一路"等国家发展

---

① 人力资源和社会保障部网站,http://www.mohrss.gov.cn/gkml/xxgk/201611/t20161122_259963.html。

战略的实施,凭借黄金水道"桥头堡"之优、"渝新欧"铁路起点之便,重庆正昂首阔步走向世界大舞台。重庆经济社会的快速发展,为人力资源服务业发展提供了广阔的空间和巨大的潜力。重庆已初步具备人力资源服务产业集聚发展的基础,成为西部乃至全国一片难得的"蓝海"。重庆人力资源服务产业园所在的空港国际新城,定位"两江核心区、主城新中心、国家中心城市形象展示区",是两江新区的行政中心和商贸金融中心。中国重庆人力资源服务产业园将成为一个机构聚集区,具有集聚产业、拓展服务、孵化企业、培育市场、推广品牌等功能,对于促进重庆人力资源服务业加快发展、创新发展具有重大意义。

(二) 国务院《关于印发"十三五"促进就业规划的通知》

2017 年 1 月 26 日,经李克强总理签批,国务院印发了《"十三五"促进就业规划的通知》①(以下简称《规划》)。《规划》明确了"十三五"时期促进就业的指导思想、基本原则、主要目标、重点任务和保障措施,对全国促进就业工作进行全面部署。

政策背景:

"十二五"以来,面对复杂严峻的国内外形势,党中央、国务院准确把握发展大势,不断创新宏观调控思路和方式,全面深化改革,激发了经济发展内生动力和就业创业活力,就业规模不断扩大、结构持续优化,创业带动就业能力显著增强,劳动者素质明显提高,就业质量进一步提升。

"十三五"时期,做好促进就业工作机遇和挑战并存。一方面,我国发展仍处于可以大有作为的重要战略机遇期,新型工业化、信息化、城镇化、农业现代化孕育巨大发展潜力,新一轮科技革命和产业变革正在兴起,新兴产业、新兴业态吸纳就业能力不断增强,"大众创业、万众创新"催生更多新的就业增长点,为促进就业奠定了更加坚实的物质基础。另一方面,国际经济形势依然复杂多变,国内一些长期积累的深层次矛盾逐步显现,经济发展新常态和供给侧结构性改革对促进就业提出了新的要求,劳动者素质结构与

---

① 中央人民政府网,http://www.gov.cn/zhengce/content/2017-02/06/content_5165797.htm。

经济社会发展需求不相适应、结构性就业矛盾突出等问题凸显。就业是最大的民生,也是经济发展最基本的支撑。坚持实施就业优先战略,全面提升劳动者就业创业能力,实现比较充分和高质量的就业,是培育经济发展新动能、推动经济转型升级的内在要求,对发挥人的创造能力、促进群众增收和保障基本生活、适应人们对自身价值的追求具有十分重要的意义。

国务院依据《中华人民共和国国民经济和社会发展第十三个五年规划纲要》编制《"十三五"促进就业规划》,旨在进一步加强战略引领、明确主要任务、细化政策重点,成为"十三五"时期指导全国促进就业工作的战略性、综合性、基础性规划。

政策内容:

《规划》提出,要实施就业优先战略和人才优先发展战略,把实施积极的就业政策摆在更加突出的位置,贯彻劳动者自主就业、市场调节就业、政府促进就业和鼓励创业的方针,不断提升劳动者素质,实现比较充分和更高质量的就业,为全面建成小康社会提供强大支撑。坚持总量与结构并重、供需两端发力、就业政策与宏观政策协调、统筹发挥市场与政府作用、普惠性与差别化相结合的基本原则。到 2020 年,实现就业规模稳步扩大,就业质量进一步提升,城镇新增就业共计 5000 万人以上,全国城镇登记失业率控制在 5% 以内;创业环境显著改善,带动就业能力持续增强;人力资源结构不断优化,劳动者就业创业能力明显提高。

《规划》提出五个方面的重点任务。一是增强经济发展创造就业岗位能力。积极培育新的就业增长点,着力缓解困难地区困难行业就业压力。二是提升创业带动就业能力。畅通创业创富通道,扩大创业带动就业效应。三是加强重点群体就业保障能力。切实做好高校毕业生就业工作,促进农村劳动力转移就业,统筹好困难群体、特定群体就业及过剩产能职工安置工作。四是提高人力资源市场供求匹配能力。规范人力资源市场秩序,提升人力资源市场供求匹配效率。五是强化劳动者素质提升能力。提升人才培养质量,提高劳动者职业技能,培养良好职业素养。《规划》还确定了支持发展共享经济下的新型就业模式、城乡居民增收行动、重点地区促进就业专项行动、创业创新人才引进计划、结合新型城镇化开展支持农民工等人员返乡创业试点、创业培训计划、重点人群就业促进计划、人力资源服务业发展推进计划、新型职业农民培育工程等 9 个专项任务。

《规划》包含了具体的"人力资源服务业发展推进计划"：第一，人力资源服务机构建设。重点培育一批有核心产品、成长性好、竞争力强的企业集团，推动人力资源服务产品创新、管理创新和服务创新。推进人力资源服务业和互联网技术融合，开展"互联网+人力资源服务"行动。第二，人力资源服务产业园建设。加强顶层设计，建设一批有特色、有规模、有活力、有效益的人力资源服务产业园，充分发挥园区集聚发展和辐射带动作用。第三，人力资源服务队伍建设。开展人力资源服务机构经营管理人员培训，加大人力资源服务业高层次人才培养和引进力度。实施人力资源服务业领军人才培养计划。

《规划》强调，要不断强化各类政策协同机制，优化社会资本带动机制，完善就业创业服务机制，健全劳动关系协调机制，构建就业形势综合监测机制，形成更有力的保障支撑体系。加强部门协调，明确职责分工；加强上下联动，压实各方责任；加强督促检查，抓好规划评估；确保规划重点任务、主要措施、工程建设落到实处。

政策解读：

"十二五"以来，面对错综复杂的国际形势，党中央、国务院审时度势、科学决策，坚持稳中求进工作总基调，深入实施就业优先战略，把促进就业放在经济社会发展优先位置，加快完善更加积极的就业政策体系，就业形势总体平稳、稳中向好。

增加就业的根本在于经济发展。当前，我国经济由高速转向中高速增长，处于新旧动能转换的关键时期，经济下行压力较大，对促进就业工作带来一定挑战。为此，要坚持就业优先战略，既要以大众创业、万众创新和新动能培育带动就业，也要保护能带动就业的传统动能，通过创造多样化需求带动就业，在新旧动能接续转换中促进就业。

《规划》的核心内容是增强经济发展创造就业岗位能力、提升创业带动就业能力、加强重点群体就业保障能力、提高人力资源市场供求匹配能力、强化劳动者素质提升能力等"五个能力"。

一是增强经济发展创造就业岗位能力。坚持就业优先战略，以大众创业、万众创新和新动能培育带动就业，保护和改造提升能带动就业的传统动能,引导劳动密集型企业向中西部和东北地区转移,大力发展制造业和服务业,通过创造多样化需求带动就业,在新旧动能接续转换中促进就业。

二是提升创业带动就业能力。坚持深化"放管服"改革,降低市场准入门槛和制度性交易成本,破除制约劳动者创业的体制机制障碍,加快形成有利于劳动者参与创业的政策环境,畅通创业创富通道。强化创业服务,打通"创业—创新—经济和就业增长点"培育链条,扩大创业带动就业效应。

三是加强重点群体就业保障能力。坚持突出重点,继续把高校毕业生就业摆在就业工作首位,促进农村劳动力转移就业,强化困难群体就业援助,高度重视化解过剩产能职工安置工作,统筹做好军队转业干部、青年群体、残疾人、退役运动员等特定群体就业工作,兜住民生底线。

四是提高人力资源市场供求匹配能力。坚持发挥市场在人力资源配置中的决定性作用,加快建立统一开放、竞争有序的人力资源市场体系,提高公共就业服务能力,培育壮大人力资源服务产业,切实提升人力资源市场供求匹配效率。

五是强化劳动者素质提升能力。坚持人才优先,加快教育结构调整,深化教学改革,研究建立终身职业技能培训制度,打造覆盖全体、贯穿终身的劳动者素质持续提升机制,着力提升人才培养质量、提高劳动者职业技能,增强劳动者就业创业能力。

通过编制《规划》,谋划好新时期促进就业工作,具有十分重要的意义。

一是有利于全面建成小康社会,更好保障和改善民生。就业是最大的民生。通过编制《规划》,进一步完善促进就业的政策体系,有助于实现比较充分和更高质量的就业,促进群众增收、脱贫致富和保障基本生活,为全面建成小康社会、更好保障和改善民生提供重要支撑。

二是有利于加快实施创新驱动发展战略,推动经济转型升级。通过编制《规划》,营造有利于创业的政策环境,打造覆盖全体、贯穿终身的劳动者素质持续提升机制,有助于激发全社会支持创业、参与创业的积极性,提升人才培养质量,加快培育形成新的人口红利,为加快实施创新驱动发展战略、推动经济转型升级提供动力之源和智力支持。

三是有利于促进社会和谐稳定,进一步带动就业增收。就业是社会的"稳定器"。通过编制《规划》,增强经济发展创造就业岗位能力和加强重点群体就业保障能力,有助于稳定和扩大就业规模,织密筑牢社会保障安全网,兜住民生底线,为促进社会和谐稳定、进一步带动就业增收提供基础保障。

（三）人力资源和社会保障部鼓励专业技术人员创新创业

2017 年 3 月 10 日,人力资源和社会保障部发布《关于支持和鼓励事业单位专业技术人员创新创业的指导意见》①（以下简称《指导意见》）。《指导意见》的出台,是为了贯彻落实党中央、国务院关于加快实施创新驱动发展战略、深化人才发展体制机制改革、大力推进大众创业万众创新和做好新形势下就业创业工作的总体部署和要求,发挥事业单位在科技创新和大众创业万众创新中的示范引导作用,激发高校、科研院所等事业单位专业技术人员科技创新活力和干事创业热情,促进人才在事业单位和企业间合理流动,营造有利于创新创业的政策和制度环境。

政策背景:

习近平总书记、李克强总理等中央领导同志支持和鼓励科技人员创新创业工作,在多次讲话中提出明确要求。《中共中央、国务院关于深化体制机制改革加快实施创新驱动发展战略的若干意见》、中共中央《关于深化人才发展体制机制改革的意见》等文件,也提出了明确要求。

支持和鼓励事业单位专技人员创新创业,破除制约专技人员创新创业的体制机制障碍,解除他们的后顾之忧,营造支持鼓励创新创业的制度政策环境,形成推动科技创新强大合力,是促进和强化科技同经济对接、创新成果同产业对接、创新项目同现实生产力对接的重要举措,是鼓励事业单位专技人员合理利用时间,挖掘创新潜力的重要举措,是提高人才流动性,最大限度激发和释放创新创业活力的重要举措,也是促进事业单位全面参与国家创新体系建设,充分发挥事业单位人才和技术资源优势,加快科技创新的重要举措。近年来,部分地区在具体实践中探索了挂职、参与项目合作、兼职、离岗创业等多种形式,支持和鼓励事业单位专技人员创新创业,在推动

---

① 国务院新闻办公室网站,http://www.scio.gov.cn/xwfbh/gbwxwfbh/xwfbh/rlzyhshbzb/Document/1545853/1545853.htm。

促进创新创业方面取得了明显成效。贯彻落实中央领导同志指示精神和党中央、国务院文件精神,总结各地区实践中的成功经验和做法,人力资源和社会保障部在广泛调研、充分征求各方面意见的基础上,研究制定了《指导意见》。

政策内容:

1. 支持和鼓励事业单位选派专业技术人员到企业挂职或者参与项目合作。事业单位选派符合条件的专业技术人员到企业挂职或者参与项目合作,是强化科技同经济对接、创新成果同产业对接、创新项目同现实生产力对接的重要举措,有助于实现企业、高校、科研院所协同创新,强化对企业技术创新的源头支持。事业单位专业技术人员到企业挂职或者参与项目合作期间,与原单位在岗人员同等享有参加职称评审、项目申报、岗位竞聘、培训、考核、奖励等方面权利。合作期满,应返回原单位,事业单位可以按照有关规定对业绩突出人员在岗位竞聘时予以倾斜;所从事工作确未结束的,三方协商一致可以续签协议。专业技术人员与企业协商一致,自愿流动到企业工作的,事业单位应当及时与其解除聘用合同并办理相关手续。事业单位选派专业技术人员到企业挂职或者参与项目合作,应当根据实际情况,与专业技术人员变更聘用合同,约定岗位职责和考核、工资待遇等管理办法。事业单位、专业技术人员、企业应当约定工作期限、报酬、奖励等权利义务,以及依据专业技术人员服务形成的新技术、新材料、新品种以及成果转让、开发收益等进行权益分配等内容。

2. 支持和鼓励事业单位专业技术人员兼职创新或者在职创办企业。支持和鼓励事业单位专业技术人员到与本单位业务领域相近企业、科研机构、高校、社会组织等兼职,或者利用与本人从事专业相关的创业项目在职创办企业,是鼓励事业单位专业技术人员合理利用时间,挖掘创新潜力的重要举措,有助于推动科技成果加快向现实生产力转化。事业单位专业技术人员在兼职单位的工作业绩或者在职创办企业取得的成绩可以作为其职称评审、岗位竞聘、考核等的重要依据。专业技术人员自愿流动到兼职单位工作,或者在职创办企业期间提出解除聘用合同的,事业单位应当及时与其解除聘用合同并办理相关手续。

3. 支持和鼓励事业单位专业技术人员离岗创新创业。事业单位专业技术人员带着科研项目和成果离岗创办科技型企业或者到企业开展创新工作（简称"离岗创业"），是充分发挥市场在人才资源配置中的决定性作用，提高人才流动性，最大限度激发和释放创新创业活力的重要举措，有助于科技创新成果快速实现产业化，转化为现实生产力。事业单位专业技术人员离岗创业期间依法继续在原单位参加社会保险，工资、医疗等待遇由各地各部门根据国家和地方有关政策结合实际确定，达到国家规定退休条件的，应当及时办理退休手续。创业企业或所工作企业应当依法为离岗创业人员缴纳工伤保险费用，离岗创业人员发生工伤的，依法享受工伤保险待遇。离岗创业期间非因工死亡的，执行人事关系所在事业单位抚恤金和丧葬费规定。离岗创业人员离岗创业期间执行原单位职称评审、培训、考核、奖励等管理制度。离岗创业期间取得的业绩、成果等，可以作为其职称评审的重要依据；创业业绩突出，年度考核被确定为优秀档次的，不占原单位考核优秀比例。离岗创业期间违反事业单位工作人员管理相关规定的，按照事业单位人事管理条例等相关政策法规处理。事业单位对离岗创业人员离岗创业期间空出的岗位，确因工作需要，经同级事业单位人事综合管理部门同意，可按国家有关规定用于聘用急需人才。离岗创业人员返回的，如无相应岗位空缺，可暂时突破岗位总量聘用，并逐步消化。离岗创业人员离岗创业期间，本人提出与原单位解除聘用合同的，原单位应当依法解除聘用合同；本人提出提前返回的，可以提前返回原单位。离岗创业期满无正当理由未按规定返回的，原单位应当与其解除聘用合同，终止人事关系，办理相关手续。

4. 支持和鼓励事业单位设置创新型岗位。在事业单位设置创新型岗位，是促进事业单位全面参与国家创新体系建设的重要举措，有助于充分发挥高校、科研院所等事业单位人力资源和技术资源优势，加快推动科技创新。事业单位可根据创新工作需要设置开展科技项目开发、科技成果推广和转化、科研社会服务等工作的岗位（简称"创新岗位"），并按规定调整岗位设置方案。通过调整岗位设置难以满足创新工作需求的，可按规定申请设置特设岗位，不受岗位总量和结构比例限制。创新岗位人选可以通过内部竞聘上岗或者面向社会公开招聘等方式产生，任职条件要求具有与履行岗位职责相符的科技研发、科技创新、科技成果推广能力和水平。事业单位根据创新工作实际，可探索在创新岗位实行灵活、弹性的工作时间，便于工作人员合理安排利用时间开展创新工作。事业单位绩效工资分配应当向在创新岗位作出突出成绩的工作人员倾斜。创新岗位工作人员依法取得的科技成果转化奖励收入,不纳入单位绩效工资;取得的技术项目开发、科技成果推广和转化、科研社会服务成果,应当作为职称评审、项目申报、岗位竞聘、考核、奖励的重要依据。事业单位应当与创新岗位工作人员订立或者变更聘用合同,聘用合同内容应当符合创新工作实际,明确合同期限、岗位职责要求、岗位工作条件、工资待遇、社会保险、合同变更、终止和解除的条件、违反合同的责任等条款,双方协商一致,可以约定知识产权保护等条款。事业单位可以设立流动岗位,吸引有创新实践经验的企业管理人才、科技人才和海外高水平创新人才兼职。事业单位设置流动岗位,可按规定申请调整工资总额,用于发放流动岗位人员工作报酬。流动岗位人员通过公开招聘、人才项目引进等方式被事业单位正式聘用的,其在流动岗位工作业绩可以作为事业单位岗位聘用和职称评审的重要依据。事业单位应当与流动岗位人员订立协议,明确工作期限、工作内容、工作时间、工作要求、工作条件、工作报酬、保密、成果归属等内容。

政策解读:

《指导意见》的适用范围主要是高校、科研院所的专技人员。除高校、科研院所之外的事业单位的专技人员,符合不同创新创业方式要求的,也可以提出申请。《指导意见》适用的创新创业活动突出围绕创新这一主题,涉及的创业也是与创新有关的创业。在政策要求上,主要体现在:采取挂职、参与项目合作、兼职等方式的,所到企业应与事业单位业务领域相近;在职创办企业的,创业项目须与本人在事业单位所从事专业相关;离岗创业的,须离岗带着科研项目和成果创办科技型企业或者到企业开展创新工作。通过这些规定,既支持和鼓励符合条件的专技人员积极参与创新创业,又避免一哄而起、"一窝蜂"式的离岗潮,对事业单位正常开展工作造成影响。

需要特别说明的是,事业单位所属企业,包括独资企业或控股企业,都不在挂职、参与项目合作、兼职、离岗创业的范围内。这主要考虑的原因一是与《中共中央国务院关于深化体制机制改革加快实施创新驱动发展战略的若干意见》有关"逐步实现高等学校和科研院所与下属公司剥离,原则上高等学校、科研院所不再新办企业,强化科技成果以许可方式对外扩散"的规定精神相一致；二是与事业单位改革事企分开的目标相一致；三是避免出现一些地方和部门担心的规避国家收入分配政策规定的行为。

（四）两部委贯彻落实国务院办公厅《关于改革完善博士后制度的意见》

2017 年 3 月 13 日，人力资源和社会保障部、全国博士后管理委员会印发文件，贯彻落实国务院办公厅《关于改革完善博士后制度的意见》①。

政策背景：

博士后制度是我国培养高层次创新型青年人才的一项重要制度。改革完善博士后制度，提高博士后培养质量，推动博士后事业科学发展的一项重要举措，是贯彻党的十八大精神，深入实施人才优先发展战略，加快建设人才强国的根本要求。2015 年 11 月，国务院办公厅印发了《关于改革完善博士后制度的意见》（国办发〔2015〕87 号），对今后一段时期的博士后制度改革提出了总体要求，指明了发展方向。

政策内容：

1. 优化博士后工作平台建设

按照国务院推进简政放权、放管结合、转变政府职能的要求，进一步优化博士后工作平台建设。博士后科研流动站（以下简称"流动站"）在五年内获得过综合评估优秀等次的，其设站单位中具有博士学位一级学科授予权或建有国家重点科研平台的非设站学科，经省级博士后管理部门推荐，全国博士后管委会办公室（以下简称"全国博管办"）备案后，可招收博士后人员。博士后科研工作站（以下简称"工作站"）设站 3 年以上、近 3 年累计招收博士后人员不少于 6 人、博士后工作成效突出的，经省级博士后管理部门推荐、全国博管办核准，可独立招收博士后人员。园区类工作站设立、注销分站，由省级博士后管理部门核准，报全国博管办备案。流动站、工作站严重违反博士后工作有关规定或丧失设站条件的，可由相应博士后管理部门提出建议，报全国博管办注销。

2. 严格博士后人员招收管理

明确博士后人员定位，进一步加强博士后人员的招收管理。年龄在 35

① 人力资源和社会保障部网站，http://www.mohrss.gov.cn/gkml/xxgk/201703/t20170327_268599.html? keywords＝。

周岁以下、获得博士学位一般不超过 3 年的人员,可申请从事博士后研究工作。申请进入工作站、人文社会科学领域或人才紧缺的自然科学领域流动站的人员,年龄可适当放宽。严格控制设站单位招收本单位同一一级学科、超龄、在职的博士后人员比例。不得招收党政机关领导干部在职从事博士后研究工作。规范博士后人员挂职锻炼,博士后人员在设站单位全职从事研究工作的时间不得少于两年,减少自然科学领域博士后挂职锻炼数量。

对通过出站考核的博士后人员发放《博士后证书》。《博士后证书》一般由省级博士后管理部门或设站单位印发。获得博士后创新人才支持计划、博士后国际交流计划等国家专项计划资助的博士后人员的《博士后证书》由全国博士后管理委员会印发。

规范博士后人员退站管理。具有下列情形之一,设站单位在告知本人或公告后须予以退站:进站半年后仍未取得国家承认的博士学位证书的;提供虚假材料获得进站资格的;中期或出站考核不合格的;严重违反学术道德,弄虚作假,影响恶劣的;被处以刑事处罚的;因旷工等行为违反所在单位劳动纪律规定,符合解除劳动(聘用)合同情形的;因患病等原因难以完成研究工作的;出国逾期不归超过 30 天的;合同(协议)期满,无正当理由不办理出站手续或在站时间超过 6 年的;其他情况应予退站的。人事档案、户口转至设站单位的博士后人员退站后,应将人事档案按照有关规定转至人事(劳动)关系接收单位或公共就业和人才服务机构,将户口按照有关规定迁移至进站前常住户口所在地。

3. 提升博士后工作服务水平

按照《意见》要求认真落实博士后人员相关待遇,提升博士后工作服务水平。作为具有流动性质的科研人员,博士后人员在站期间享受设站单位职工待遇,计算工作年限。进站前无工作经历的博士后人员参加工作时间从进站之日起计算。事业单位性质的设站单位所招收的博士后人员,实行岗位绩效工资制度,执行专业技术人员基本工资标准。对进站前未进行过职称评定的博士后人员,设站单位应予以认定中级职称,在博士后人员期满出站前,可对其进行职称评定或提出评定意见。博士后人员在站期间的科研成果应作为在站或出站后评定职称的依据。设站单位应按有关规定为博士后人员缴纳社会保险。

规范博士后人员及其家属户口档案办理。未将人事档案转至设站单位的博士后人员,不予办理其进出站户口迁落手续及出站时配偶、未成年子女的户口随迁手续。博士后人员期满出站后,未办理工作派遣手续的,其户口和人事档案按规定转至其进站前常住户口所在地及当地公共就业和人才服务机构。

4. 发挥博士后设站单位主体作用

充分发挥高校、科研院所、企业在博士后人员招收培养中的主体作用。设站单位应与博士后人员签订事业单位聘用合同或企业劳动合同(在职博士后人员签订工作协议),结合科研项目要求签订科研计划书。流动站博士后合作导师应具有博士生指导教师资格或正高级专业技术职务,工作站博士后合作导师应具有高级专业技术职务。设站单位可根据研究项目需要,在 2—4 年内灵活确定博士后人员在站时间。对进站后承担国家重大科技项目的博士后人员,经设站单位同意,可根据项目期限和承担任务调整在站时间。从事博士后研究工作的总期限不得超过 6 年。

政策解读①:

博士后制度是我国培养高层次创新型青年人才的一项重要制度,自 1985 年建立以来,培养了一批高层次创新型人才,取得了一批重要科研成果,为推动科技进步和经济社会发展作出了积极贡献。2015 年国务院办公厅的《关于改革完善博士后制度的意见》的提出主要是为了进一步深入实施创新驱动发展战略和人才优先发展战略,在人才发展体制改革和政策创新上有所突破。主要政策是以解决制约博士后事业发展的重大问题为导向,以提高博士后研究人员培养质量为核心,创新符合青年人才成长规律及博士后研究人员特点的管理制度,完善体制机制,健全服务体系,提升国际化水平,推动博士后事业科学发展。《意见》主要是为了充分发挥博士后制度在高校和科研院所人才引进中的重要作用、设站单位在博士后研究人员培养使用中的主体作用、博士后研究人员在科研团队中的骨干作用,推动博士后制度成为吸引、培养高层次青年人才的重要渠道。近期目标是到 2020

---

① 国务院办公厅印发《关于改革完善博士后制度的意见》,http://news.xinhuanet.com/2015−12/03/c_1117342952.htm。

年,重点高校、科研院所新进教学科研人员和国家重大科技项目中博士后研究人员比例有明显提高,外籍和留学回国博士新进站人数进一步增加,人才吸引效应显著增强。

(五) 国务院《关于做好当前和今后一段时期就业创业工作的意见》

2017 年 4 月 13 日,国务院印发《关于做好当前和今后一段时期就业创业工作的意见》①(国发〔2017〕28 号,以下简称《意见》)。

政策背景:

就业是最大的民生问题,也是经济发展最基本的支撑。党中央、国务院坚持把就业放在经济社会发展的优先位置,强力推进简政放权、放管结合、优化服务改革,营造鼓励大众创业、万众创新的良好环境,加快培育发展新动能,就业局势保持总体稳定。但也要看到,当前经济社会发展中还存在不少困难和问题,部分地区、行业、群体失业风险有所上升,招工难与就业难并存的结构性矛盾加剧,新就业形态迅速发展对完善就业政策提出了新要求。面对就业形势的新变化和新挑战,必须把就业作为重中之重,坚持实施就业优先战略和更加积极的就业政策,坚决打好稳定和扩大就业的硬仗,稳住就业基本盘,在经济转型中实现就业转型,以就业转型支撑经济转型。现就进一步做好就业创业工作提出以下意见。

国务院出台新一轮就业创业政策的背景:一是适应形势变化,进一步加强和改善民生的需要。当前,总的来看就业局势是稳定的,但是总量压力依然存在,就业的结构性矛盾也更加突出,部分地区、部分行业、部分群体的失业风险有所攀升,这些都需要进一步加大就业的政策支持力度,兜好民生的底线。二是适应经济社会发展的需要。在经济社会发展过程中,注意到一些新兴的业态不断涌现,新的就业形态也不断出现,这些都对于就业政策的完善提出了新的要求。比如对相关的用工、社保、就业扶持政策,对于新兴业态、新就业形态如何支持和引导,需要新的政策予以进一步明确。三是落实党中央、国务院的决策部署。党中央、国务院对就业工作一直是高度重视

---

① 中央人民政府网,http://www.gov.cn/zhengce/content/2017-04/19/content_5187179.htm。

的,在 2017 年政府工作报告中也明确提出了要大力促进就业创业,完善就业政策。

政策内容:

1. 坚持实施就业优先战略

(1)促进经济增长与扩大就业联动。稳增长的主要目的是保就业,要创新宏观调控方式,把稳定和扩大就业作为区间调控的下限,保持宏观政策连续性稳定性,促进经济中高速增长,增强对就业拉动能力。若城镇新增就业大幅下滑、失业率大幅攀升,要加大财政政策和货币政策调整实施力度,促进经济企稳向好,确保就业稳定。

(2)促进产业结构、区域发展与就业协同。优化发展环境,推进实施政府和社会资本合作,大力发展研究设计、电子商务、文化创意、全域旅游、养老服务、健康服务、人力资源服务、服务外包等现代服务业。结合区域发展战略实施,引导东部地区产业向中西部和东北地区有序转移,落实完善中西部地区外商投资优势产业目录,支持中西部地区利用外资,引导劳动者到重点地区、重大工程、重大项目、重要领域就业。

(3)发挥小微企业就业主渠道作用。落实小微企业降税减负等一系列扶持政策和清理规范涉企收费有关政策。着力推进小微企业创新发展,推动小微企业创业创新示范基地建设,搭建公共服务示范平台。加大科研基础设施、大型科研仪器向小微企业开放力度,为小微企业产品研发、试制提供支持。

(4)缓解重点困难地区就业压力。促进资源型城市转型发展,实施替代产业培育行动计划,扶持劳动密集型产业、服务业和小微企业发展。补齐基础设施短板,加大对商贸流通、交通物流、信息网络等建设和改造项目的倾斜力度,完善公共服务设施,实施西部和东北地区人力资源市场建设援助计划。

2. 支持新就业形态发展

(1)支持新兴业态发展。以新一代信息和网络技术为支撑,加强技术集成和商业模式创新,推动平台经济、众包经济、分享经济等创新发展。改进新兴业态准入管理,加强事中事后监管。将鼓励创业创新发展的优惠政策面向新兴业态企业开放,符合条件的新兴业态企业均可享受相关财政、信贷等优惠政策。推动政府部门带头购买新兴业态企业产品和服务。

（2）完善适应新就业形态特点的用工和社保等制度。支持劳动者通过新兴业态实现多元化就业，从业者与新兴业态企业签订劳动合同的，企业要依法为其参加职工社会保险，符合条件的企业可按规定享受企业吸纳就业扶持政策。其他从业者可按灵活就业人员身份参加养老、医疗保险和缴纳住房公积金，探索适应灵活就业人员的失业、工伤保险保障方式，符合条件的可享受灵活就业、自主创业扶持政策。加快建设"网上社保"，为新就业形态从业者参保及转移接续提供便利。建立全国住房公积金异地转移接续平台，为跨地区就业的缴存职工提供异地转移接续服务。

3. 促进以创业带动就业

（1）优化创业环境。持续推进"双创"，全面落实创业扶持政策，深入推进简政放权、放管结合、优化服务改革。深化商事制度改革，全面实施企业"五证合一、一照一码"、个体工商户"两证整合"，部署推动"多证合一"。进一步减少审批事项，规范改进审批行为。指导地方结合实际整合市场监管职能和执法力量，推进市场监管领域综合行政执法改革，着力解决重复检查、多头执法等问题。

（2）发展创业载体。加快创业孵化基地、众创空间等建设，试点推动老旧商业设施、仓储设施、闲置楼宇、过剩商业地产转为创业孵化基地。整合部门资源，发挥孵化基地资源集聚和辐射引领作用，为创业者提供指导服务和政策扶持，对确有需要的创业企业，可适当延长孵化周期。各地可根据创业孵化基地入驻实体数量和孵化效果，给予一定奖补。

（3）加大政策支持。继续实施支持和促进重点群体创业就业的税收政策。对首次创办小微企业或从事个体经营并正常经营1年以上的高校毕业生、就业困难人员，鼓励地方开展一次性创业补贴试点工作。对在高附加值产业创业的劳动者，创业扶持政策要给予倾斜。

（4）拓宽融资渠道。落实好创业担保贷款政策，鼓励金融机构和担保机构依托信用信息，科学评估创业者还款能力，改进风险防控，降低反担保要求，健全代偿机制，推行信贷尽职免责制度。促进天使投资、创业投资、互联网金融等规范发展，灵活高效满足创业融资需求。有条件的地区可通过财政出资引导社会资本投入,设立高校毕业生就业创业基金,为高校毕业生创业提供股权投资、融资担保等服务。

4. 抓好重点群体就业创业

(1)鼓励高校毕业生多渠道就业。实施高校毕业生就业创业促进计划,健全涵盖校内外各阶段、就业创业全过程的服务体系,促进供需对接和精准帮扶。教育引导高校毕业生树立正确的就业观念,促进他们更好参与到就业创业活动中,敢于通过创业实现就业。实施高校毕业生基层成长计划,引导鼓励高校毕业生到城乡基层、中小微企业就业,落实学费补偿、助学贷款代偿、资金补贴等政策,建立高校毕业生"下得去、留得住、干得好、流得动"的长效机制。

(2)稳妥安置化解钢铁煤炭煤电行业过剩产能企业职工。鼓励去产能企业多渠道分流安置职工,支持企业尽最大努力挖掘内部安置潜力,对不裁员或少裁员的,降低稳岗补贴门槛,提高稳岗补贴标准。

(3)健全城乡劳动者平等就业制度。农村转移劳动者在城镇常住并处于无业状态的,可在城镇常住地进行失业登记。公共就业服务机构要为其提供均等化公共就业服务和普惠性就业政策,并逐步使外来劳动者与当地户籍人口享有同等的就业扶持政策。

(4)完善就业援助长效机制。全面落实各项扶持政策,促进结构调整、转型升级中的失业人员再就业。合理确定就业困难人员范围,强化分类帮扶和实名制动态管理,确保零就业家庭、有劳动能力的成员均处于失业状态的低保家庭至少有一人稳定就业。

(5)促进退役军人就业创业。认真做好军队转业干部安置工作,大力扶持自主择业军队转业干部就业创业,积极开展就业服务、职业培训、创业孵化等服务活动,按规定落实相关扶持政策。

5. 强化教育培训和就业创业服务

(1)提高教育培训质量。坚持面向市场、服务发展、促进就业的人力资源开发导向,着力化解就业结构性矛盾。深入推进高校创新创业教育改革,加快高校学科专业结构调整优化,健全专业预警和动态调整机制,深化课程体系、教学内容和教学方式改革。更好发挥职业教育和职业培训作用,推进职业教育和职业培训精准对接产业发展需求、精准契合受教育者需求,加快发展现代职业教育,着力提高学生的就业能力和创造能力。

(2)完善职业培训补贴方式。根据产业发展和市场需求,定期发布重点产业职业培训需求、职业资格和职业技能等级评定指导目录,对指导目录内的职业培训和技能鉴定,完善补贴标准,简化审核流程。

(3)强化公共就业创业服务。着力推进公共就业创业服务专业化,合理布局服务网点,完善服务功能,细化服务标准和流程,增强主动服务、精细服务意识。创新服务理念和模式,根据不同群体、企业的特点,提供个性化、专业化的职业指导、就业服务和用工指导。加强公共就业创业服务从业人员职业化建设,建立定期培训、持证上岗制度。

(4)推进人力资源市场建设。加强人力资源市场法治化建设,逐步形成完善的市场管理法规体系。深化人力资源市场整合改革,统筹建设统一规范、竞争有序的人力资源市场体系,打破城乡、地区、行业分割和身份、性别、残疾、院校等歧视。建立与经济社会发展需求相适应的人力资源供求预测和信息发布制度。开展人力资源市场诚信体系建设,加快出台人力资源市场各类标准,创新事中事后监管方式,营造规范有序的市场环境。

政策解读:

这是国务院继印发《"十三五"促进就业规划》后对就业创业工作作出的又一重大部署,充分体现了党中央、国务院对就业创业工作的高度重视。这一轮新政策与以往的政策相比,既是继承,更有发展。积极的就业政策从2002年实施以来,随着形势的变化,不断对相关的政策予以调整和完善。2002年只是对国有企业的下岗失业人员提出相关政策;在2008年转向了统筹城乡各类就业的群体;在金融危机期间,又增加了应对突发性、周期性失业的有效举措;2015年又明确把创业和就业结合起来,形成了一整套支持创业的有关政策。这一轮新的政策是在以往的基础上,立足经济新常态、经济结构调整加深的大背景,一方面,围绕稳定就业的基本盘,调整完善宏观经济与就业政策的协同、创业资金的支持、重点群体的就业创业、失业风险的防范等;另一方面,又围绕拓展就业的新空间,适应新就业形态的特点,提出了支持新就业形态发展的一些政策取向。所以,这一轮的政策既是对以往有效政策的全面继承,更是在新形势下,面对新挑战、新要求的创新发展,也可以说它是一个升级版的更加积极的就业政策①。

《意见》全文有 23 条,涉及就业创业工作的各个方面和领域,主要侧重在以下几个方面:一是坚持实施就业优先战略。促进经济增长与扩大就业联动,把稳定和扩大就业作为区间调控的下限。加强经济政策与就业政策衔接,在制定财税、金融、产业、贸易、投资等重大政策时,要综合评价对就业失业的影响。二是支持新就业形态发展。将鼓励创业创新发展的优惠政策面向新兴业态企业开放,推动政府部门带头购买新兴业态企业产品和服务。三是促进以创业带动就业。优化创业环境,深化商事制度改革,进一步减少审批事项。发展创业载体,加快创业孵化基地、众创空间等建设,允许各地对创业孵化基地给予一定奖补。鼓励地方对首次创办小微企业或从事个体经营的高校毕业生、就业困难人员开展一次性创业补贴试点。四是抓好重点群体就业创业。鼓励高校毕业生多渠道就业,扩大高校毕业生求职创业补贴对象范围,实施留学人员回国创新创业启动支持计划。稳妥安置化解过剩产能企业职工,促进分流职工转岗就业创业。五是强化教育培训和就业创业服务。提高教育培训质量,加快发展现代职业教育,大力发展技工教育。推进公共就业创业服务专业化、信息化建设,促进妇女、残疾人等公平就业。

三、促进社会保障的相关政策法规

(一)人力资源和社会保障部《关于做好企业"五证合一"社会保险登记工作的通知》

2016 年 8 月 22 日,人力资源和社会保障部公布了《关于做好企业"五证合一"社会保险登记工作的通知》②(以下简称《通知》)。

政策背景:

政府持续推进商事制度改革,进一步放宽市场准入,继续大力削减工商

①　国务院新闻办公室网站,http://www.scio.gov.cn/34473/34515/Document/1547456/1547456.htm。

②　人力资源和社会保障部网站,http://www.mohrss.gov.cn/gkml/xxgk/201608/t20160829_246184.html。

登记前置审批事项,2016年再取消三分之一,削减比例达到原总量的90%以上,同步取消后置审批事项50项以上。在全面实施企业"三证合一"基础上,再整合社会保险登记证和统计登记证,实现"五证合一、一照一码",降低创业准入的制度成本。为贯彻落实《国务院办公厅关于加快推进"五证合一、一照一码"登记制度改革的通知》(国办发〔2016〕53号)精神和《工商总局等五部门关于贯彻落实〈国务院办公厅关于加快推进"五证合一"登记制度改革的通知〉的通知》(工商企注字〔2016〕150号)要求,人社部要求各级人社部门切实做好企业"五证合一"社会保险登记工作。

政策内容:

《通知》指出,从2016年10月1日起,在工商部门登记的企业和农民专业合作社(以下统称"企业")按照"五证合一、一照一码"登记制度进行社会保险登记证管理。国家机关、事业单位、社会团体等未纳入"五证合一、一照一码"登记制度管理的单位仍按原办法,到社会保险经办机构办理社会保险登记,由社会保险经办机构核发社会保险登记证,并逐步采用统一社会信用代码进行登记证管理。

《通知》要求,简化优化企业社会保险登记业务流程。各地要及时建立适合"五证合一、一照一码"登记制度的企业社会保险登记业务流程,为企业提供更加方便快捷的登记服务。新成立的企业在办理工商注册登记时,同步完成企业的社会保险登记。实行"五证合一"制度改革前办理社会保险登记时要求企业提供的银行账号等指标项目,改革后由企业在为职工办理社会保险登记时提供。企业办理"五证合一"登记后,社会保险经办机构应及时接收工商部门交换的数据,生成企业的《社会保险登记表》,并按规定存档。企业登记信息变更或注销后,社会保险经办机构应依据工商部门的交换数据及时更新企业的社会保险登记信息。其中,已参加社会保险的企业办理工商注销登记后,仍需到社会保险经办机构办理注销登记。社会保险经办机构对工商部门交换数据有疑义的,要及时反馈工商部门。同时做好社会保险登记与就业失业登记、劳动用工备案等其他人力资源和社会保障业务的信息共享和业务协同。

《通知》指出,社会保险经办机构要充分利用工商部门提供的共享信息,实现企业社会保险登记与职工参保登记业务的有机衔接,切实做好扩面征缴工作。接收工商部门共享的企业社会保险登记信息后,社会保险经办机构要通过公开信、公告、短信等多种方式,提醒、督促已办理"五证合一"营业执照的企业在产生用工后 30 日内,依法及时到社会保险经办机构为职工办理参保登记手续。逾期仍不办理职工参保登记手续的,经办机构提请有关部门依法要求用人单位履行职工参保缴费义务。企业为职工办理参保登记手续时,社会保险经办机构应核对"五证合一"营业执照。对于已从工商部门获取数据信息的企业,社会保险经办机构可直接调取该单位基本信息,补充开户银行账号等有关资料,完成职工参保登记。职工参保登记时补充的相关信息发生变更的,由企业向社会保险经办机构办理变更手续。

《通知》要求,登记是社会保险经办管理的重要环节,在简化企业社会保险登记证办理流程、取消社会保险登记证定期验证换证规定后,社会保险经办机构要深化共享登记信息的比对和分析应用,继续做好年度缴费基数的申报和核定,切实加强跟踪管理。原社会保险登记证定期验证时,要求企业填报的参加社会保险人数、缴费工资总额、缴费金额、欠缴社会保险费等情况,纳入企业年度报告,由企业自行向工商部门报告并向社会公示。对于工商部门提供的企业基本信息、年度报告信息、经营异常名录信息和严重违法失信企业名单信息,社会保险经办机构要及时分析,准确掌握企业的存续、经营和履行社会保险缴费义务等情况。对企业年报数据与实际参保缴费数据不一致、企业公示相关情况与参保缴费规模不匹配的,要及时与企业沟通,查找原因,作出处理。建立健全企业社会保险诚信管理制度,规范企业登记和参保缴费行为。对已取得"五证合一"营业执照并产生用工的企业,应通过查看参保缴费证明和社会保险个人权益记录单等方式,核验是否依法履行参保缴费义务。大力推广网上办事、掌上社保和自助服务,方便企业和个人查询和打印单位参保缴费证明和社会保险个人权益记录单。对存在虚假公示、申报社会保险参保缴费等情况的,要督促企业更正;情节严重的,应商有关部门开展联合惩戒。

政策解读:

根据《国务院办公厅关于加快推进"五证合一、一照一码"登记制度改革的通知》要求,改革将全面实现"五证合一",全面实行"一套材料、一表登记、一窗受理"的工作模式,申请人办理企业注册登记时只需填写"一张表格",向"一个窗口"提交"一套材料"。从用户的角度来看,办理企业注册登记只需要填写一张表格,向一个窗口提交一套材料,注册速度应该加快,相关的服务费用也应该下降。从深层次的角度来看,不管是"三证合一"还是"五证合一",其背后的基本前提是,政府以前独立的各个职能部门,现在系统已经打通,数据已经可以共享了。其中,最重要的就是工商系统和税务系统的打通,税务系统和社保系统的打通。在企业和农民专业合作社"三证合一、一照一码"的基础上全面实行"五证合一、一照一码"登记模式,整合社会保险登记证和统计登记证,由工商行政管理部门核发加载法人和其他组织统一社会信用代码的营业执照,社会保险登记证和统计登记证不再另行发放。

此次"五证合一"改革,是"简政放权"改革的产物。"简政放权"这两年取得了很多成效,以前登记办证要挨个部门跑,费时费力。从 2016 年开始,推行"三证合一"方便了老百姓注册登记,现在国务院进一步推进改革,把五个部门都统一成"一照一码",这是优化服务改革的结果。现在推行"五证合一"后将继续整合政府部门的服务职能、监管职能,降低行政成本,减少老百姓办事费时费力的现象。同时,"放管结合"可以降低门槛,让企业进入市场,增加创业积极性,并通过事中事后监管更好地优化服务。

（二）人力资源和社会保障部《关于印发机关事业单位基本养老保险关系和职业年金转移接续经办规程（暂行）的通知》

2017 年 1 月 18 日,人力资源和社会保障部印发了《关于印发机关事业单位基本养老保险关系和职业年金转移接续经办规程（暂行）的通知》①（以下简称《通知》）。

政策背景：

为统一规范机关事业单位基本养老保险关系和职业年金转移接续业务经办流程,确保转移接续衔接顺畅,按照《国务院关于机关事业单位工作人员养老保险制度改革的决定》（国发〔2015〕2 号）和《关于机关事业单位基

---

① 人力资源和社会保障部网站,http://www.mohrss.gov.cn/gkml/xxgk/201701/t20170119_265262.html。

本养老保险关系和职业年金转移接续有关问题的通知》(人社部规〔2017〕1号)确定的基本原则和主要政策,人力资源和社会保障部制定了《机关事业单位基本养老保险关系和职业年金转移接续经办规程(暂行)》。

政策内容:

《通知》指出,机关事业单位基本养老保险关系和职业年金转移接续工作是社会保险经办机构的一项新业务,经办规程既包括机关事业单位基本养老保险关系,也包括职业年金转移接续;既涉及机关事业单位之间、机关事业单位与企业之间基本养老保险关系转移接续,也涉及职业年金与企业年金之间的转移接续。各级社会保险经办机构要认真掌握转移接续的政策依据、适用范围和责任主体等内容;严格执行经办规则和相关要求,遵守经办服务职责、流程、标准和时限;准确理解职工基本养老保险关系和职业年金转入转出信息、资金等项目的指标解释,正确使用各种账表卡册;重点掌握职业年金转移涉及的补记、记实、保留以及企业年金等衔接办法;熟悉多次转移、欠费、重复缴费等情形的处理办法,保证机关事业单位基本养老保险关系和职业年金转移接续经办工作有章可循、精准实施。

《通知》要求,参保人员符合以下条件的,应办理基本养老保险关系和职业年金的转移接续:(1)在机关事业单位之间流动的;(2)在机关事业单位和企业(含个体工商户和灵活就业人员)之间流动的;(3)因辞职辞退等原因离开机关事业单位的。各地要细化省内转移接续规程,优化转移接续流程,简化办事环节和手续,拓展服务渠道,创新服务方式,提高经办管理质量和服务水平。要加强机关事业单位基本养老保险个人账户和职业年金个人账户管理,规范账户项目,强化分项管理,分类做好基本养老保险个人账户资金、缴费形成的职业年金、参加本地机关事业单位养老保险试点的个人缴费本息划转的资金、补记的职业年金和企业年金等记账管理工作,确保分得清、记得准、转得动、接得上,维护参保人员的合法权益。要加强经办能力建设,适当充实经办力量,配置必要工作设施,落实工作经费。抓紧改造本地业务信息系统,实现地方与部级转移接续信息系统无缝衔接,推动跨区域信息互联互通,充分应用信息系统提高转移接续效率。加快推进"互联网+公共服务",方便参保人员办理关系转移手续和查询咨询相关业务。切实加强地区之间、社会保险经办机构之间和部门(单位)之间的沟通协调,强化责任,上下联动,左右协调,形成工作合力,为参保单位和参保人员提供方便、快捷、优质的服务。

《通知》强调,做好机关事业单位基本养老保险关系和职业年金转移接续工作,直接关系到参保人员的切身利益,事关改革发展稳定大局。各级人力资源和社会保障部门要高度重视,加强组织领导,精心筹划实施。各地社会保险经办机构要严格按照经办规程的要求,结合本地区工作实际,研究制定贯彻落实的工作实施方案,明确任务、明确责任、明确时限、明确要求,并加强督促检查,确保落实到位。

政策解读:

人社部、财政部发布了《关于机关事业单位基本养老保险关系和职业年金转移接续有关问题的通知》后,人社部发布了《关于印发机关事业单位基本养老保险关系和职业年金转移接续经办规程(暂行)的通知》,今后全国约 4000 万机关事业单位职工,在不同单位、行业间流动时,养老保险关系转移接续的办法,终于有规可依。参保人员在同一统筹范围内的机关事业单位之间流动,只转移基本养老保险关系即可;在机关事业单位养老保险制度内跨统筹范围流动,在转移养老关系的同时,还需转移基金。从机关事业单位流动到企业的情况,同样需要既转关系又转基金。

机关事业单位养老保险改革之后,同时按个人缴 4%,单位缴 8% 的方式,为相关人员建立了职业年金。值得注意的是,《通知》还明确了职业年金的转移接续办法。个人缴费的实账部分,按规定转移;单位缴费采取记账方式管理的部分,则按不同情况分别规定:在同级财政全额供款的单位之间流动时,继续记账管理;流动到企业、在非同级财政全额供款单位之间,或由财政全额供款单位流动到非全额供款单位,应先把账做实后再转移接续。所谓随时做实,就是以前在全额拨款的单位是个账,并没有钱到位,但是一旦转的时候,按照记账的数额,钱得到位。转到哪里,钱就带到哪里,以保证职工权益。

做好机关事业单位基本养老保险关系和职业年金的转移接续工作,有利于保障参保人员流动时的养老保险权益,促进机关事业单位养老保险制度改革顺利推进。制定和施行统一规范的经办规程,是贯彻落实机关事业单位养老保险制度改革的配套文件,是经办职工养老保险关系转移接续的基本遵循,也是规范经办管理服务工作的根本保证。

(三) 国务院《残疾预防和残疾人康复条例》

2017 年 2 月 7 日,国务院总理李克强签署国务院令,签署了《残疾预防和残疾人康复条例》①(以下简称《条例》),《条例》自 2017 年 7 月 1 日起施行。

政策背景:

我国现有残疾人总数约为 8500 万。残疾人群体的生存、发展状况影响到全国近五分之一家庭的生活状态。全面建成小康社会、实现第一个百年奋斗目标,残疾人的小康是不可或缺的一部分。党和政府一贯高度重视残疾人事业,大力推动残疾人事业与经济社会协调发展,在开展残疾预防工作,避免和减少残疾的发生,促进康复事业发展,切实保障残疾人享有康复服务权利等方面取得了显著成效。但是,相对于经济社会发展水平而言,我国的残疾预防与残疾人康复工作总体滞后,还存在一些有待解决的问题:一是对残疾预防重视不够。预防意识淡薄、预防知识欠缺,儿童、孕妇等重点人群的残疾预防工作亟待加强。二是残疾人康复服务体系不完善。康复机构不健全,专业人才培养薄弱,服务不够规范。三是残疾预防和残疾人康复工作的协作配合有待加强。有关部门各负责一摊或一段,相互之间缺乏有机联系。四是需要进一步加强对残疾预防和残疾人康复工作的支持、扶持与宣传力度。全国范围内,残疾预防和残疾人康复保障水平整体偏低,且缺少广泛、有效的宣传,相关政策的社会知晓率不高。此次《条例》的制定,就是为了从制度层面推动解决上述问题,促进我国残疾预防和残疾人康复事业持续健康发展。

政策内容②:

《条例》分总则、残疾预防、康复服务、保障措施、法律责任、附则六大部分共 36 条。

---

① 中央人民政府网站,http://www.gov.cn/guowuyuan/2017 - 02/27/content_5171402. htm。

② 《李克强签署国务院令公布〈残疾预防和残疾人康复条例〉》,http://politics.people. com.cn/n1/2017/0228/c1001-29111316.html。

《条例》明确了各级政府的职责,要求加强对残疾预防和残疾人康复工作的领导;组织做好对主要致残因素的动态监测和重点预防,对致残风险较高的地区、人群、行业、单位的优先干预等工作;合理配置残疾人康复资源,建立、完善残疾人康复服务体系。

《条例》规定了残疾预防工作的基本原则,要求覆盖全人群和全生命周期,以社区和家庭为基础,坚持普遍预防和重点防控相结合;建立残疾人信息收集、共享制度,以解决残疾人信息不全、底数不清的问题;明确将残疾预防融入疾病防控、母婴保健、交通安全、生产安全等相关行业管理服务之中。

《条例》明确了残疾人康复服务的基本要求,明确了康复机构及其工作人员的法定条件及要求,以规范康复服务行为、保障康复服务质量。县级以上人民政府应当优先开展残疾儿童康复工作,实行康复与教育相结合。

《条例》加大了对残疾预防和残疾人康复事业的扶持力度,包括加强对残疾人的医疗保障,尤其是强化了对0—6岁残疾儿童、城乡贫困残疾人、重度残疾人等特殊残疾群体的保障力度;明确政府要对从事残疾预防和残疾人康复服务的机构给予资金、物资方面的支持等。此外,《条例》还给有条件的地区实施高于国家规定水平的残疾人康复保障措施预留了制度空间。

政策解读:

《条例》有利于我国形成全过程、全生命周期的残疾预防和康复体系,对于全面建成小康社会目标的实现、实现全体中国人民幸福生活有着重要意义。一是强化全社会的残疾预防意识非常重要,残疾预防涉及医疗、教育、安全生产、职业病防治等多个领域,《条例》重申了这些领域的残疾预防工作。在强调相关部门在依法履职过程中要考虑致残因素、减少残疾发生的同时,对医疗机构、具有高度致残风险的单位、公民个人、未成年人的监护人等提出了要求。二是从现阶段经济社会发展水平出发,重点保障残疾人的基本康复需求,提高康复服务能力,落实政府保障责任。三是处理好《条例》与相关法律、行政法规的关系,厘清相关部门的职责边界。对已有法律、行政法规规范的残疾预防和残疾人康复事项,《条例》只作衔接性规定,不改变部门原有职责,避免交叉、冲突。

（四）三部委试点生育保险和职工基本医疗保险合并工作

2017 年 3 月 17 日，人力资源和社会保障部办公厅、财政部办公厅、国家卫生计生委办公厅联合下发《关于做好生育保险和职工基本医疗保险合并实施试点有关工作的通知》（以下简称《通知》）文件，推进生育保险和职工基本医疗保险合并改革①。

政策背景：

这次合并实施试点不是简单地将两项保险在制度层面合并，不涉及生育保险待遇政策的调整，而是在管理运行层面合并实施。目的在于，通过整合两项保险基金及管理资源，强化基金共济能力，提升管理综合效能，降低管理运行成本。2010 年和 2012 年国家分别颁布《中华人民共和国社会保险法》《女职工劳动保护特别规定》。用人单位按照职工工资总额不超过 1%的比例缴纳生育保险费，个人不缴费。女职工生育和计划生育手术所发生的符合政策的医疗费用，由生育保险基金按规定支付。国家规定的产假期间工资，由生育保险基金以生育津贴的形式支付。截至 2016 年底，全国生育保险参保 1.84 亿人，当期基金收入 519 亿元，支出 527 亿元，累计结余 676 亿元，全国享受生育保险待遇 808 万人次。

此次试点方案明确提出推进两项保险合并实施，主要是考虑两项保险在运行操作层面具有合并实施的条件，且时机成熟。一是医疗服务项目上有共同之处，特别是在医疗待遇支付上有很大共性。二是管理服务基本一致，执行统一的定点医疗机构管理，统一的药品、诊疗项目和服务设施范围。三是地方有实践基础。近年来，部分地区按照生育保险与医疗保险协同推进工作思路，实行两项险种统一参保登记，统一征缴费用的管理模式，效果良好。

生育保险与医疗保险相比具有不同的功能和保障政策，作为一项社会保险险种，还有保留必要。前者具有维护女性平等就业权益和女职工劳动保护的独特功能，除了待遇上符合规定的医疗费实报实销，还包括生育津贴，目前占基金支出的 60%以上。

---

① 中央人民政府网站，http://www.gov.cn/zhengce/content/2017 - 02/04/content_5164990.htm;《十二个城市上半年启动试点　生育保险和医保合并实施后待遇不变（政策解读）》，《人民日报》2017 年 2 月 5 日。

政策内容：

试点方案明确了"四统一、一不变"。一是统一参保登记。参加职工基本医疗保险的在职职工同步参加生育保险。人社部有关负责人表示，统一参保登记，有利于进一步扩大生育保险覆盖的职业人群，发挥社会保险的大数法则优势。二是统一基金征缴和管理。生育保险基金并入职工基本医疗保险基金，统一征缴。这有利于提高征缴效率，扩大基金共济范围，也没有增加用人单位的缴费负担；同时明确设置生育待遇支出项目，既可保障女职工生育保险待遇，也为进一步完善生育保险待遇政策奠定基础。三是统一医疗服务管理。四是统一经办和信息服务，为职工提供更加方便快捷的服务。

"一不变"是职工生育期间生育保险待遇不变。两项保险合并实施，不会导致参保职工的生育保险待遇降低，随着基金共济能力的提高，还有利于更好地保障参保人员待遇。

《通知》主要包括五个方面：（1）统一参保登记。参加职工基本医疗保险的在职职工同步参加生育保险。实施过程中要完善参保范围，结合全民参保登记计划摸清底数，促进实现应保尽保。（2）统一基金征缴和管理。生育保险基金并入职工基本医疗保险基金，统一征缴。试点期间，可按照用人单位参加生育保险和职工基本医疗保险的缴费比例之和确定新的用人单位职工基本医疗保险费率，个人不缴纳生育保险费。同时，根据职工基本医疗保险基金支出情况和生育待遇的需求，按照收支平衡的原则，建立职工基本医疗保险费率确定和调整机制。职工基本医疗保险基金严格执行社会保险基金财务制度，两项保险合并实施的统筹地区，不再单列生育保险基金收入，在职工基本医疗保险统筹基金待遇支出中设置生育待遇支出项目。探索建立健全基金风险预警机制，坚持基金收支运行情况公开，加强内部控制，强化基金行政监督和社会监督，确保基金安全运行。（3）统一医疗服务管理。两项保险合并实施后实行统一定点医疗服务管理。医疗保险经办机构与定点医疗机构签订相关医疗服务协议时，要将生育医疗服务有关要求和指标增加到协议内容中，并充分利用协议管理，强化对生育医疗服务的监控。执行职工基本医疗保险、工伤保险、生育保险药品目录以及基本医疗保险诊疗项目和医疗服务设施范围。生育医疗费用原则上实行医疗保险经办机构与定点医疗机构直接结算。(4)统一经办和信息服务。两项保险合并实施后,要统一经办管理,规范经办流程。生育保险经办管理统一由职工基本医疗保险经办机构负责,工作经费列入同级财政预算。充分利用医疗保险信息系统平台,实行信息系统一体化运行。原有生育保险医疗费结算平台可暂时保留,待条件成熟后并入医疗保险结算平台。完善统计信息系统,确保及时准确反映生育待遇享受人员、基金运行、待遇支付等方面情况。(5)职工生育期间的生育保险待遇不变。生育保险待遇包括《中华人民共和国社会保险法》规定的生育医疗费用和生育津贴,所需资金从职工基本医疗保险基金中支付。生育津贴支付期限按照《女职工劳动保护特别规定》等法律法规规定的产假期限执行。

政策解读:

《通知》提出生育保险基金并入职工基本医疗保险基金,涉及突破《中华人民共和国社会保险法》有关规定。为此,国务院已提请全国人大常委会授权国务院在试点期间暂时调整实施相关法律规定,体现了本次试点严格遵循依法行政的要求。

开展生育保险和职工基本医疗保险(以下简称两项保险)合并实施试点,是贯彻党的十八届五中全会精神和《中华人民共和国国民经济和社会发展第十三个五年规划纲要》的一项重要举措,对于进一步完善社会保障体系,更好地保障参保人员待遇,提升社会保险综合效能具有重要意义。各试点地区要紧紧围绕《通知》要求统筹推进试点,通过整合两项保险基金及管理资源,强化基金共济能力,提升管理水平,降低管理成本,探索适应我国经济发展水平、优化管理资源、促进两项保险合并实施的制度体系和运行机制。

(五) 人力资源和社会保障部全面实施全民参保登记

2017年3月20日,人力资源和社会保障部发布《关于全面实施全民参保登记工作的通知》(以下简称《通知》)。

政策背景:

全面实施全民参保登记是实施全民参保计划的前提和重要基础,是加快构建、扩面工作长效机制的有力抓手,也是确保实现党的十八大确定的社会保障全民覆盖目标的关键环节,对进一步深化社保制度改革,提高精确、精准、精细化管理水平具有重大意义。全面实施全民参保登记工作,有利于社会保障体系从制度全覆盖迈向人员全覆盖,有重要的政治和战略意义。自2014年全民参保登记工作启动试点以来,全民参保登记工作取得积极进展,积累了宝贵经验,目前在全国范围内全面实施全民参保登记工作的条件已经具备①。

政策内容:

《通知》所指出的目标任务为:2017年所有省份都要在全省范围内全面启动全民参保登记工作,年底前要全面完成辖区内全部目标人群的登记工作,基本实现参保登记数据省级集中管理,为建立国家级全民参保登记信息库,完成各省登记数据联网入库做好准备。

未启动或未全面启动的省份要进行动员部署和组织实施。加快登记信息库建设,通过开展内部和外部信息比对、基础数据采集以及入户调查等途径,完成登记数据"全入库"工作,并结合"五险合一"业务信息系统建设和省级数据大集中等工作,尽快实现登记数据省级集中管理。已完成省级信息库建设的地区,要尽快开展与国家库的对接和入库工作,实现跨省信息比对;探索建立数据动态管理机制,实现与业务生产库数据的实时对接,建立部门间信息定期比对共享机制,并通过建立入户调查常态化机制,及时发现、采集未入库人员基本信息。

已初步完成上述全民参保登记目标任务的地区,在此基础上进一步推进参保扩面工作,通过建立大数据分析平台和定期分析报告制度,实施精准扩面;开展登记成果分析应用与转化,在支撑宏观决策、精确管理、动态评估等方面发挥积极作用。做好全民参保登记信息库与异地就医备案人员信息库、社保卡持卡库的衔接,实现全民参保登记与异地就医联网结算、发放社保卡等工作的有机协同。结合中小微企业从业人员、灵活就业人员、城乡流动就业居住农民、在城镇稳定就业农民工、高风险行业从业人员以及网络就业、创业等新型业态群体特点,及时清除不合理的地方性政策壁垒,加大政策

---

① 人力资源和社会保障部网站,http://www.mohrss.gov.cn/SYrlzyhshbzb/shehuibao-zhang/zcwj/201703/t20170328_268661.html。

创新力度,引导各类符合条件的人群参加社会保险,确保参保扩面不留死角。

政策解读:

全民参保计划是依据社会保险法等法律法规规定,以社会保险全覆盖和精确管理为目标,通过信息比对、数据采集、入户调查、数据集中管理和动态更新等措施,对各类人员参加社会保险情况进行记录、补充完善和规范管理,推进全民全面、持续参保的基础性、战略性行动安排。实施全民参保计划的有着重要的意义,一是有利于加快实现社会保险全覆盖目标,推动建立健全全民共享、公平可及的社会保障体系;二是有利于适应城镇化进程和社会流动性特征,更好维护各类参保人员跨地区、跨制度转移接续社保关系的合法权益;三是有利于加强基本公共服务,创新社会管理,提高公共资源使用效率,促进社会保险事业健康发展。对于个人而言,开展全民参保计划也有几个好处:一是可以使广大城镇职工和城乡居民了解自身参保状况,维护自身权益;二是有利于政府了解掌握广大城镇职工和城乡居民参保状况,制定和完善相关政策法规,实现全民参保目标;三是有利于社保部门为参保人员记录一生、服务一生、保障一生,确保广大城镇职工和城乡居民老有所养、病有所医。该《通知》将进一步贯彻落实党的十八届五中全会和国家"十三五"规划纲要关于"实施全民参保计划,基本实现法定人员全覆盖"的部署要求。

(六) 人力资源和社会保障部、财政部调整退休人员基本养老金

经国务院批准,人社部、财政部于 2017 年 4 月 13 日印发《关于 2017 年调整退休人员基本养老金的通知》,决定从 2017 年 1 月 1 日开始,提高退休人员基本养老金水平 5.5 个百分点①。

政策背景:

2005 年到 2014 年,我国连续 10 年以超过 10%的幅度上调企业退休人员养老金,2015 年总体涨幅在 6.5%左右。针对我国近年来经济增速、职工工资增长率都在放缓、居民消费价格指数逐年走低的情况,未来的增长幅度将会再度降调。今后我国将结合养老保险制度的顶层设计,研究建立一个

---

① 人力资源和社会保障部网站,http://www.mohrss.gov.cn/gkml/xxgk/201704/t20170414_269473.html? keywords =;凤凰资讯、央广网,http://news.ifeng.com/a/20170415/50943155_0.shtml。

兼顾各类退休人员的养老金调整机制。

政策内容：

第一，调整范围。2016 年 12 月 31 日前已按规定办理退休手续并按月领取基本养老金的退休人员。第二，调整水平。总体调整水平按照 2016 年退休人员月人均基本养老金的 5.5% 左右确定。第三，调整办法。要兼顾企业和机关事业单位退休人员，按照调整办法大体统一的原则，采取定额调整、挂钩调整与适当倾斜相结合的办法。定额调整要体现公平原则；挂钩调整要体现"多工作、多缴费、多得养老金"的激励机制，可与退休人员本人缴费年限（或工作年限）、基本养老金水平等因素挂钩；对高龄退休人员、艰苦边远地区企业退休人员，可适当提高调整水平。继续确保企业退休军转干部基本养老金不低于当地企业退休人员平均水平。要合理确定定额调整、挂钩调整与适当倾斜三部分比重，增强调整办法的激励性导向。第四，资金来源。调整基本养老金所需资金，参加企业职工基本养老保险的从企业基本养老保险基金中列支，参加机关事业单位工作人员基本养老保险的从机关事业单位基本养老保险基金中列支。对中西部地区、老工业基地、新疆生产建设兵团和在京中央国家机关及所属事业单位，中央财政予以适当补助。未参加职工基本养老保险的，调整所需资金由原渠道解决。

政策解读：

此次调整，同步提高企业和机关事业单位退休人员养老金，预计惠及 8500 多万企业退休职工和 1700 多万机关事业单位退休人员。定额调整，主要指同一地区上调标准基本一致，体现公平性；挂钩调整，主要是在职期间多缴费、长缴费的退休人员可以相应多增加一些养老金，体现激励机制。调整退休人员基本养老金，体现了党中央、国务院对广大退休人员的亲切关怀，直接关系各类退休人员的切身利益，涉及面广，政策性强，敏感度高。我国各地区由于经济增长水平和工资物价水平不同，在国家统一部署下有各地区的具体实施方案。

（七）人力资源和社会保障部、财政部统一和规范职工养老保险个人账户记账利率办法

2017 年 4 月 13 日，人力资源和社会保障部、财政部联合印发了《统一和规范职工养老保险个人账户记账利率办法的通知》(以下简称《办法》),统一和规范职工养老保险个人账户记账利率办法①。

政策背景:

按照党中央、国务院关于完善个人账户制度的部署,为进一步促进养老保险制度的公平统一,增强参保缴费的激励约束作用,制定统一和规范职工养老保险个人账户记账利率办法。

政策内容:

1. 统一和规范记账利率的基本原则。一是坚持制度公平性,统一确定机关事业单位和企业职工基本养老保险个人账户记账利率。二是增强制度激励作用,引导参保人员积极参保和足额缴费。三是保证合理待遇水平,保证职工基本养老保险个人账户养老金和职业年金合理的替代率水平,保障参保人员退休后的基本生活。四是坚持制度可持续发展,体现精算平衡,科学确定职工基本养老保险和职业年金个人账户记账利率的规则和水平。

2. 统一职工基本养老保险个人账户记账利率。统一机关事业单位和企业职工基本养老保险个人账户记账利率,每年由国家统一公布。记账利率应主要考虑职工工资增长和基金平衡状况等因素研究确定,并通过合理的系数进行调整。记账利率不得低于银行定期存款利率。

3. 确定职业年金个人账户记账利率办法。职业年金个人账户记账利率根据实账积累部分的投资收益率确定,建立一个或多个职业年金计划的省(区、市),职业年金的月记账利率为实际投资收益率或根据多个职业年金计划实际投资收益率经加权平均后的收益率。

4. 规范职工个人账户记账利率公布时间。职工基本养老保险个人账户记账利率每年6月份由人力资源和社会保障部和财政部公布。职业年金个人账户记账利率由人力资源和社会保障部和财政部根据各省(区、市)职业年金实账积累部分投资收益情况,每年公布一次。

政策解读:

政府部门出台统一和规范职工养老保险个人账户记账利率的方案,迈

---

① 人力资源和社会保障部网站,http://www.mohrss.gov.cn/SYrlzyhshbzb/shehuibao-zhang/zcwj/201704/t20170424_269935.html;《人社部财政部:养老金个人账户记账利率办法出台》,《光明日报》2017年4月25日。

开了十八届三中全会提出的"完善个人账户"的重要一步。《办法》明确将统一机关事业单位和企业职工基本养老保险个人账户记账利率,每年由国家统一公布。记账利率主要考虑职工工资增长和基金平衡状况等因素研究确定,并通过合理的系数进行调整,且不得低于银行定期存款利率。同时确定了职业年金个人账户记账利率办法,即职业年金个人账户记账利率根据实账积累部分的投资收益率确定,建立一个或多个职业年金计划的省(区、市),职业年金的月记账利率为实际投资收益率或根据多个职业年金计划实际投资收益率经加权平均后的收益率。

(八) 人力资源和社会保障部、财政部《关于做好 2017 年城镇居民基本医疗保险工作的通知》

2017 年 4 月 24 日,人力资源和社会保障部、财政部联合下发《关于做好 2017 年城镇居民基本医疗保险工作的通知》①(以下简称《通知》)。

政策背景:

2017 年是实施"十三五"规划的重要一年。根据党中央、国务院关于推进整合城乡居民基本医疗保险制度、巩固完善城乡居民大病保险、有效发挥全民医保在深化医改和建设健康中国中作用等部署要求,为做好 2017 年城镇居民基本医疗保险,人力资源和社会保障部、财政部发布该通知。

政策内容:

1. 提高筹资标准,增强保障能力

(1)提高财政补助标准。2017 年居民医保各级财政人均补助标准在 2016 年基础上新增 30 元,平均每人每年达到 450 元。其中,中央财政对西部、中部地区分别按照 80%、60% 的比例进行补助,对东部地区各省分别按一定比例进行补助。省级财政要加大对困难地区倾斜力度,进一步完善省级及以下财政分担办法。按照《国务院关于实施支持农业转移人口市民化若干财政政策的通知》(国发〔2016〕44 号)要求,对持居住证参保并按相同标准缴费的按当地居民相同标准给予补助。

---

① 人力资源和社会保障部网站,http://www.mohrss.gov.cn/gkml/xxgk/201704/t20170428_270179.html。

（2）强化个人缴费征缴。2017 年城乡居民医保人均个人缴费标准在 2016 年基础上提高 30 元，平均每人每年达到 180 元。各地要加大宣传引导力度，加强个人缴费征缴工作。按照《关于进一步加强医疗救助与城乡居民大病保险有效衔接的通知》（民发〔2017〕12 号），全面落实资助困难群众参保政策，确保将特困人员、低保对象、建档立卡贫困人口等困难人员纳入居民医保和大病保险。

2. 加快推进整合，促进公平可持续

（1）建立统一制度。各地要持续加大整合城乡居民基本医疗保险制度工作推进力度，督促指导统筹地区在省级规划部署的基础上，尽快研究制订整合制度具体实施方案。着力从整合制度政策、理顺管理体制、实行一体化经办等方面，整体有序做好各项整合工作，平稳实现城乡制度并轨，力争 2017 年基本建立城乡统一的居民基本医疗保险制度。整合过程中，个人缴费实行分档的统筹地区，最低档应不低于国家规定标准；将农村妇女符合条件的住院分娩医疗费用纳入支付范围。

（2）提升整合效应。要打破城乡分割，实施全民参保计划，做到应保尽保，促进连续参保，防止重复参保、重复补贴、重复建设。均衡城乡居民待遇水平，保障基本医保待遇公平普惠，增强群众获得感。提高统筹层次，增强医保基金互助共济和抵御风险能力，提升居民公平可及、合理有序利用医疗服务的水平。充分依托现有经办基础，有效整合资源、实行一体化运行，稳步提升服务效能。充分利用全民医保统一管理优势，更好地发挥在深化医改与建设健康中国中的基础性作用，推动实现"三医联动"。

3. 完善大病保险，助力脱贫攻坚

（1）实施精准支付。各地要落实中央脱贫攻坚战略部署，深入实施健康扶贫工程，聚焦农村建档立卡贫困人口等完善大病保险，加强托底保障。在提高居民医保筹资标准、按规定落实困难人群个人缴费补助的基础上，合理确定大病保险筹资标准，增强大病保险保障能力。加大大病保险向困难人员政策倾斜力度，通过降低起付线、提高报销比例等实施精准支付政策，切实提高贫困人口受益水平。要完善大病保险委托承办合同，加强对商保公司政策落实情况的考核与监督。

（2）做好制度衔接。各地要进一步加强大病保险与医疗救助的有效衔接,注重在保障对象与支付政策方面形成保障合力,加强减贫济困托底保障链条建设,有效防止因病致贫、因病返贫问题发生。加强基本医保、大病保险、医疗救助经办协作,充分利用基本医保管理信息系统,为参保人员提供"一站式"即时结算服务。完善大病保险统计分析,加强大病保险运行监管,督促承办机构加强费用控制、严格基金使用和实现即时结算,并按要求报送运行情况。

政策解读:

该《通知》主要有两个特点:第一,完善服务监管,强化管理监控,防范运行风险。以全面深化付费方式改革和推行医疗保险智能监控为契机,从着力提高保障功能和控制费用增长相并重,强化医疗保险对医疗服务供方的管理监督。以付费总额控制为基础推行按病种、按人头等多种方式相结合的复合付费方式,完善谈判协商、风险分担、激励约束机制,促进定点医疗机构主动规范医疗服务行为和控制医疗服务成本。以完善基本医保管理信息系统为依托,以实行医保医师管理为基础,探索监管重点向医务人员服务行为延伸的有效方式,对定点机构医药服务行为通过事前提醒、事中监控、事后审核实施全程实时监控,加大违法、违规、违约行为查处力度。第二,加强基金预警。增强风险防范意识,建立健全基金运行监控管理机制。统筹基本医保与大病保险,完善基金收支预算管理,健全基金运行分析制度,加强收不抵支风险监测。加强定点医疗机构合理控制医疗费用监督考核,严格基金支出管理。建立健全风险预警、评估、化解机制及预案,针对问题和风险,及早研判、综合施策,明确主体,责任到位,防患于未然。

四、促进人员开发优化、民生方面的相关政策法规

(一) 国务院《关于实施支持农业转移人口市民化若干财政政策的通知》

2016 年 7 月 27 日,国务院印发了《关于实施支持农业转移人口市民化若干财政政策的通知》①(以下简称《通知》),对建立健全支持农业转移人

---

① 中央人民政府网,http://www.gov.cn/zhengce/content/2016-08/05/content_5097845.htm。

口市民化的财政政策体系作出部署。

政策背景：

加快农业转移人口市民化，是推进以人为核心的新型城镇化的首要任务，是破解城乡二元结构的根本途径，是扩内需、调结构的重要抓手。国务院要求各级政府和国务院各部委，全面贯彻落实党的十八大和十八届三中、四中、五中全会以及中央经济工作会议、中央城镇化工作会议、中央城市工作会议精神，深入贯彻习近平总书记系列重要讲话精神，适应、把握和引领经济发展新常态，按照"五位一体"总体布局和"四个全面"战略布局，牢固树立和贯彻落实创新、协调、绿色、开放、共享的发展理念，强化地方政府尤其是人口流入地政府的主体责任，建立健全支持农业转移人口市民化的财政政策体系，将持有居住证人口纳入基本公共服务保障范围，创造条件加快实现基本公共服务常住人口全覆盖。加大对吸纳农业转移人口地区尤其是中西部地区中小城镇的支持力度，维护进城落户农民土地承包权、宅基地使用权、集体收益分配权，支持引导其依法自愿有偿转让上述权益，促进有能力在城镇稳定就业和生活的常住人口有序实现市民化，并与城镇居民享有同等权利。

政策内容：

《通知》提出了十条具体政策措施：将农业转移人口及其他常住人口随迁子女义务教育纳入公共财政保障范围，逐步完善并落实中等职业教育免学杂费和普惠性学前教育的政策；加快落实医疗保险关系转移接续办法和异地就医结算办法；加快实施统一规范的城乡社会保障制度；支持进城落户农业转移人口中的失业人员进行失业登记，并享受职业指导、介绍、培训及技能鉴定等公共就业服务和扶持政策；建立农业转移人口市民化奖励机制，提高户籍人口城镇化率；在根据户籍人口测算分配均衡性转移支付的基础上，充分考虑向持有居住证人口提供基本公共服务的支出需求；县级基本财力保障机制考虑持有居住证人口因素；支持提升城市功能，增强城市承载能力；维护进城落户农民土地承包权、宅基地使用权、集体收益分配权；加大对农业转移人口市民化的财政支持力度并建立动态调整机制。

《通知》强调，完善转移支付制度，确保中西部财政困难地区财力不因政策调整而减少；强化经济发达地区为农业转移人口提供与当地户籍人口同等基本公共服务的职责,中央财政给予适当奖励;加大对吸纳农业转移人口地区尤其是中西部地区中小城镇的支持力度,支持农业转移人口就近城镇化;充分尊重农民意愿和自主定居权利,依法维护进城落户农民在农村享有的既有权益。

《通知》要求,各级政府及其财政部门要高度重视、提高认识、尽快部署、狠抓落实。中央财政要加快调整完善相关政策,加大转移支付支持力度;省级财政部门要结合本地区实际制定支持农业转移人口市民化的政策措施,完善省对下转移支付制度,引导农业转移人口就近城镇化;人口流入地政府尤其是东部发达地区政府要履行为农业转移人口提供基本公共服务的义务,切实保障农业转移人口基本公共服务需求。

政策解读：

《通知》明确要求建立健全支持农业转移人口市民化的财政政策体系。这一最新政策体现出"落户、加钱、不动地"这三条主线。作为推进新型城镇化的核心,加快农业转移人口市民化遇到的户籍、社保等方面的瓶颈制约,国家也相继出台政策对症下药、积极引导。此次出台的《通知》,从保障教育权利、创新城乡基本医疗保险、统筹城乡社保体系、加大就业支持等十个方面为财政政策支持农业转移人口市民化提供了"路线图"。这十个方面体现了财政政策统筹与精准的思路。

支持农业转移人口在城市落户方面,《通知》明确中央财政建立农业转移人口市民化奖励机制,奖励资金根据农业转移人口实际进城落户以及地方提供基本公共服务情况,并适当考虑农业转移人口流动、城市规模等因素进行测算分配,向吸纳跨省(区、市)流动农业转移人口较多地区和中西部中小城镇倾斜。奖励机制提高了资金使用效率,可以促进解决在城镇化中教育医疗等方面增加支出所带来的资金紧张问题。同时,一些细化举措也体现出政策侧重点,例如要将农业转移人口及其他常住人口随迁子女义务教育纳入公共财政保障范围;实现"两免一补"资金随学生流动可携带;加快实现基本医疗保险参保人跨制度、跨地区转移接续;等等。

《通知》中重要的一点,就是免除了农村转移人口的"后顾之忧"。提出维护进城落户农民土地承包权、宅基地使用权、集体收益分配权。农民获得上述三项权利的依据,在于他是集体经济组织的成员,依照法律,他也是以资产和资源所有者的身份获得的,维护三项权利不仅关系到农民个人,而且关系到整个农村集体经济组织制度的稳定问题。《物权法》规定的农民土地承包经营权,宅基地使用权都是用益物权,就是财产权利。所以不能因为农民变成城里人,就把权利拿掉,如果要拿掉只有在依法、自愿、有偿的情况下可以。因此,《通知》维护了进城落户农民土地承包权、宅基地使用权、集体收益分配权,支持引导其依法自愿有偿转让上述权益,促进了有能力在城镇稳定就业和生活的常住人口有序实现市民化,并与城镇居民享有同等权利。

(二) 国务院《推动 1 亿非户籍人口在城市落户方案》

2016 年 9 月 30 日,国务院办公厅印发了《推动 1 亿非户籍人口在城市落户方案》①(以下简称《方案》)。

政策背景：

促进有能力在城镇稳定就业和生活的农业转移人口举家进城落户,是全面小康社会惠及更多人口的内在要求,是推进新型城镇化建设的首要任务,是扩大内需、改善民生的重要举措。为贯彻落实党中央、国务院关于推动 1 亿左右农业转移人口和其他常住人口等非户籍人口在城市落户的决策部署,根据《国家新型城镇化规划(2014—2020 年)》《国务院关于进一步推进户籍制度改革的意见》(国发〔2014〕25 号)和《国务院关于深入推进新型城镇化建设的若干意见》(国发〔2016〕8 号),国务院制定了本方案。

政策内容：

《方案》强调,要按照"五位一体"总体布局和"四个全面"战略布局,牢固树立和贯彻落实创新、协调、绿色、开放、共享的发展理念,坚持统筹设计、协同推进,存量优先、带动增量,因地制宜、分类施策,中央统筹、省负总责等原则,以人的城镇化为核心,以理念创新为先导,以体制机制改革为动力,深化户籍制度改革,加快完善财政、土地、社保等配套政策,为促进经济持续健康发展提供持久强劲动力,为维护社会公平正义与和谐稳定奠定坚实基础。

---

① 中央人民政府网,http://www.gov.cn/zhengce/content/2016-10/11/content_5117442.htm。

《方案》提出了推进 1 亿非户籍人口在城市落户的主要目标:"十三五"期间,城乡区域间户籍迁移壁垒加速破除,配套政策体系进一步健全,户籍人口城镇化率年均提高 1 个百分点以上,年均转户 1300 万人以上。到 2020 年,全国户籍人口城镇化率提高到 45%,各地区户籍人口城镇化率与常住人口城镇化率差距比 2013 年缩小 2 个百分点以上。

《方案》从三个方面提出了推进 1 亿非户籍人口在城市落户的具体举措。

一是进一步拓宽落户通道。除极少数超大城市外,全面放宽升学和参军进城的农村学生、长期在城市居住的农业转移人口和新生代农民工等重点人群的落户条件,省会及以下城市要全面放开高校毕业生等技能型群体落户限制;超大城市和特大城市要分类制定落户政策,大中城市要减少落户限制。

二是制定实施配套政策。加大对农业转移人口市民化的财政支持力度并建立动态调整机制,建立财政性建设资金对吸纳农业转移人口较多城市基础设施投资的补助机制,建立城镇建设用地增加规模与吸纳农业转移人口落户数量挂钩机制,完善城市基础设施项目融资制度;建立进城落户农民土地承包权、宅基地使用权和集体收益分配权的维护和自愿有偿退出机制,确保落户后在住房保障、基本医疗保险、养老保险、义务教育等同城同待遇,推进居住证制度覆盖全部未落户城镇常住人口。

三是强化监测检查。健全落户统计体系,强化专项检查和政策效果,将非户籍人口在城市落户情况和相关配套政策实施情况纳入国家重大政策措施落实情况跟踪审计范围。

政策解读:

"户籍"一直是人民群众最关心的问题之一,而推进新型城镇化,也一直是国家最为关切的重点工作。《方案》从拓宽落户通道、制定实施配套政策、强化监测检查等三个方面,提出了推进 1 亿非户籍人口在城市落户的具体举措。其中,落户问题最受关注。对此,《方案》提出,除极少数超大城市外,全面放宽升学和参军进城的农村学生、长期在城市居住的农业转移人口和新生代农民工等重点人群的落户条件,省会及以下城市要全面放开高校毕业生等技能型群体落户限制;超大城市和特大城市要分类制定落户政策,大中城市要减少落户限制,包括不得采取购买房屋、投资纳税等方式设置落户限制。显而易见,全面放开落户限制是推进新型城镇化的重要举措。《方案》还明确"农转非"过程中,不得强行要求进城落户农民转让其在农村的土地承包权、宅基地使用权、集体收益分配权,或将其作为进城落户条件。

《方案》有三大亮点:第一个亮点是放宽城市来吸纳非户籍的人口的条件,特别是农民工市民化。很多具有吸引力的城市以人口容量不能太大为由,采取一些排斥性的措施或者政策,迟迟不愿意放开户籍的限制。另外一些中小城市,吸引力相对较小,虽然放开了户籍的限制,但是农民不愿意进,这样就严重制约了户籍城镇化。第二个亮点是保护好进城农民的既有利益。这样让农民在进城的时候不要考虑他的既得利益的损失,有助于调动农民进城的积极性。既有利益,主要就是农村各种各样的土地权益、资产、收益分配权。通过现在的政策,明确进城农民的既有利益、权益不受影响。第三个亮点是吸引非户籍的农民进城,一些配套的保障措施要能够跟进,包括怎么样来分摊进城的成本,把地方的积极性调动起来,推出真正的能够切实推进农民工进城的政策措施。

(三) 国务院印发《国家人口发展规划(2016—2030 年)》

2016 年 12 月 30 日,经李克强总理签批,国务院印发了《国家人口发展规划(2016—2030 年)》①(以下简称《规划》)。《规划》明确了今后一段时期我国人口发展的总体要求、主要目标、战略导向和工作任务,是指导全国人口发展的纲领性文件,是全面做好人口和计划生育工作的重要依据,并为经济社会发展宏观决策提供支撑。

政策背景:

人口问题关系经济社会发展全局、关系国家和民族未来,是人类社会共同面对的基础性、全局性和战略性问题。未来十几年特别是 2021—2030 年,我国人口发展进入关键转折期,一些重大的趋势性变化将深刻影响人口自身及经济社会发展全局,需要统筹谋划和有效应对。

---

① 中央人民政府网,http://www.gov.cn/zhengce/content/2017-01/25/content_5163309.htm。

进入 21 世纪以来,我国人口发展的内在动力和外部条件发生了显著改变。今后一段时期的主要变动趋势是:人口惯性增长会逐渐减弱,人口总量将在 2030 年前后达到峰值;劳动年龄人口总量仍然充裕但波动下降,劳动力老化程度加重;老龄化程度加深,少儿比重呈下降趋势;人口流动仍然活跃,人口集聚进一步增强;出生人口性别比逐渐回归正常,家庭呈现多样化趋势;少数民族人口增加,地区间人口变化不平衡。同时,人口自身的安全以及人口与经济社会等外部系统关系的平衡都将面临不可忽视的问题和挑战,主要表现在:实现适度生育水平压力较大,老龄化加速的不利影响加大,人口合理有序流动仍面临体制机制障碍,人口与资源环境承载能力始终处于紧平衡状态,家庭发展和社会稳定的隐患不断积聚,等等。综合判断,未来十几年特别是 2021—2030 年,人口众多的基本国情不会根本改变,人口对经济社会发展的压力不会根本改变,人口与资源环境的紧张关系不会根本改变。

《规划》的编制具有重大意义。首先,《规划》的编制有助于统一认识,准确把握人口变动趋势,加强超前谋划和战略预判,从战略层面提早防范和有效应对潜在的风险挑战,这对于促进人口长期均衡发展意义重大。其次,有助于为宏观决策提供基础支撑,在经济社会发展战略规划计划、经济结构战略性调整、投资项目和生产力布局、城乡区域关系协调、可持续发展等重大决策中,充分考虑人口因素的影响,推动实现人口与经济社会、资源环境协调可持续发展。最后,能够为人口和计划生育工作提供重要依据,为人口发展工作指明思路、目标及任务,推动人口工作转型发展。

政策内容:

为深入实施人口均衡发展国家战略,《规划》从人口内外部要素均衡发展的角度出发,进一步提出四大战略导向。一是注重人口内部各要素相均衡。推动人口发展从控制人口数量为主向调控总量、优化结构和提升素质并举转变。二是注重人口与经济发展相互动。准确把握经济发展对人口变动的影响,充分发挥人口对经济的能动作用,为经济增长提供有效人力资本和内需支撑。三是注重人口与社会发展相协调。完善国家基本公共服务制度体系,着力补齐重点人群发展短板,尊重个人和家庭在人口发展中的主体地位。四是注重人口与资源环境相适应。根据不同主体功能区定位要求,健全差别化的人口政策,可持续开发利用自然资源,着力增强人口承载能力。

《规划》针对我国人口变动态势,从三个方面提出了推动实现适度生育水平的举措:一是健全生育政策调控机制。目前的首要任务是实施全面两孩政策,引导群众负责任、有计划、按政策生育;同时做好全面两孩政策效果跟踪评估,密切监测生育水平变动态势,做好超前谋划和政策储备。二是合理配置公共服务资源。要进一步健全妇幼健康计划生育服务体系,提升妇幼健康和计划生育服务能力;加强科学预测,合理规划配置儿童照料、学前和中小学教育、社会保障等资源,满足新增公共服务需求。三是完善家庭发展支持体系,制定完善家庭发展政策,减轻生养子女家庭负担。

《规划》针对人力资源开发提出了四个方面的举措:一是着力培育具有国际竞争力的创新型、应用型、高技能、高素质大中专毕业生和技能劳动者,提升新增劳动力质量。二是通过全方位投资人力资本,充分挖掘劳动者工作潜能。开展大龄劳动力人力资本开发行动,提高其就业技能和市场竞争力,避免过早退出就业市场。三是充分发挥老年人参与经济社会活动的主观能动性,积极开发老年人力资源。四是树立全球视野,实施更积极、更开放、更有效的国际人才培养和引进政策,有效利用国际人才资源。

《规划》强调,要以促进人口均衡发展为主线,坚持计划生育基本国策,鼓励按政策生育,充分发挥全面两孩政策效应,综合施策,创造有利于发展的人口总量势能、结构红利和素质资本叠加优势,促进人口与经济社会、资源环境协调可持续发展。到 2020 年,全面两孩政策效应充分发挥,生育水平适度提高,人口素质不断改善,结构逐步优化,分布更加合理,全国总人口达到 14.2 亿人左右。到 2030 年,人口自身均衡发展的态势基本形成,人口与经济社会、资源环境的协调程度进一步提高,全国总人口达到 14.5 亿人左右。

《规划》明确了覆盖全人群和生命全周期的重大任务与政策措施。要健全生育政策调控机制,合理配置公共服务资源,完善家庭发展支持体系,推动实现适度生育水平。要通过提升新增劳动力质量,挖掘劳动者工作潜能,积极开发老年人力资源,有效利用国际人才资源,增加劳动力有效供给。要推进人口城镇化,推动城市群人口集聚,改善人口资源环境紧平衡,完善人口流动政策体系,优化人口空间布局。要积极应对人口老龄化,促进妇女全面发展和未成年人保护,保障残疾人合法权益,实现贫困人口精准脱贫,促进重点人群共享发展。

政策解读:

《中共中央、国务院关于实施全面两孩政策改革完善计划生育服务管理的决定》强调,要适应人口和经济社会发展新形势,促进人口长期均衡发展。《规划》从经济社会全局高度和国家中长期发展视野出发,积极应对我国人口发展重大趋势性变化,提出把人口均衡发展作为重大国家战略,加强统筹谋划。总体要求是,以促进人口均衡发展为主线,立足战略统筹,强化人口发展的战略地位和基础作用,综合施策,创造有利于发展的人口总量势能、结构红利和素质资本叠加优势,促进人口与经济社会、资源环境协调可持续发展,为全面建成小康社会、实现中华民族伟大复兴的中国梦提供坚实基础和持久动力。

《规划》突出了问题导向,充分体现了人口发展的长期性、战略性和系统性特征,着眼长远目标,注重战略谋划,强化综合决策,明确了5方面基本原则和6项主要预期发展目标。《规划》在以下内容上进行了拓展创新:一是拓展功能定位。规划期从5年延伸到15年,强化人口的基础变量地位,重点突出规划的预测功能,为经济社会发展宏观决策提供支撑。二是强化战略导向。根据世界人口变动态势,立足全局性、长期性、战略性要求,明确提出要实施人口均衡发展国家战略,强调注重人口内部各要素相均衡、人口与经济发展相互动、人口与社会发展相协调、人口与资源环境相适应的战略导向。三是政策任务覆盖全人群生命全周期,对各阶段和不同人群存在的差异性困难挑战,有针对性地提出了应对措施。四是创新规划实施和突出操作性。提出强化人口数据支撑、建立人口预测预报制度、开展重大决策人口影响评估、健全规划实施机制等人口工作抓手,促进人口与发展综合决策,使规划实施更具有可操作性。

适度生育水平是维持人口良性再生产的重要前提。我国已较长时期处于低生育水平,虽然实施全面两孩政策后生育率有望出现短期回升,但受生育行为选择变化等影响,长期看生育水平存在走低的风险。根据预测,2030年我国15—59岁劳动年龄人口将比2015年减少8000多万,45—59岁大龄劳动力占比将达到 36%左右。劳动年龄人口总量下降和结构老化将持续影响社会活力、创新动力和经济潜在增长率,必须通过全面增加劳动力有效供给,对冲人口红利减弱的不利影响。

未来一段时期人口流动仍然活跃,城镇化水平会持续提高,预计 2016—2030 年农村向城镇累计转移人口约 2 亿人。同时要看到,目前我国人口合理有序流动仍面临体制机制障碍,存在人口集聚与产业集聚、公共服务资源配置不衔接不配套等问题,不同区域间差别显著。据此,《规划》提出要推动城乡人口协调发展,完善以城市群为主体形态的人口空间布局,促进人口分布与国家区域发展战略相适应,引导人口有序流动和合理分布,实现人口与资源环境永续共生。具体有四方面举措:一是加快推进以人为核心的城镇化,畅通落户渠道,拓展就近城镇化空间,全面提高城镇化质量。二是以城市群为主体形态促进大中小城市和小城镇协调发展,优化提升东部地区城市群,培育发展中西部地区城市群,推动人口合理集聚。三是着力改善人口资源环境紧平衡,制定和完善与主体功能区相配套的人口政策,大力推行绿色生产生活方式,保障边境地区人口安全。四是深化户籍制度、财政制度、农村集体产权制度改革,完善流动人口服务管理,全面破除人口流动的体制机制障碍。

老年人、妇女、儿童、残疾人和贫困人口,是人口发展中必须特别关注的重点人群。《规划》提出,要构建管长远的制度框架,制定针对性的政策措施,创造条件让重点人群共享发展成果,促进社会和谐与公平正义。一是积极应对人口老龄化。针对人口老龄化程度不断加深的趋势,加强顶层设计,做到及早应对、科学应对、综合应对,坚持持续、健康、参与、公平的原则,加快构建以社会保障、养老服务、健康支持、宜居环境为核心的应对老龄化制度框架,完善以人口政策、人才开发、就业促进、社会参与为支撑的政策体系。二是促进妇女全面发展和未成年人保护。坚持男女平等基本国策,切实提高妇女社会参与能力和生命健康质量;加强出生人口性别比综合治理,深入开展关爱女孩行动;坚持儿童优先原则,完善未成年人保护和儿童福利体系。三是保障残疾人合法权益。四是实现贫困人口精准脱贫。

为保障《规划》的有效实施,增强规划实施的可操作性,主要从两方面提出具体措施。一方面,完善人口与发展综合决策机制。包括:强化人口数据对决策的支撑作用,切实推进人口基础信息共建共享;加强人口动态监测和评估,建立人口预测预报制度;开展重大决策人口影响评估,加强人口安全风险防控等。另一方面,健全规划实施机制。一是加强组织领导,建立健全工作协调机制,确保各部门各地区切实履行职责,把《规划》重点任务落到实处。二是做好宣传引导,主动回应社会关切,合理引导社会预期,为政策实施营造良好的舆论氛围。三是推进国际合作,引导人口发展领域国际规则制定,积极对外宣介成就和经验。四是开展监测评估,对《规划》实施情况进行动态监测和定期评估通报。

(四) 人力资源和社会保障部修订《劳动人事争议仲裁办案规则》《劳动人事争议仲裁组织规则》

2017 年 7 月 1 日,人力资源和社会保障部修订的《劳动人事争议仲裁办案规则》和《劳动人事争议仲裁组织规则》(以下简称《办案规则》和《组织规则》)正式施行[1]。

政策背景:

党中央、国务院高度重视劳动人事争议处理工作。党的十八届三中全会以来,从加强和创新社会治理、推进国家治理体系和治理能力现代化的高度,对加强劳动人事争议处理效能建设提出了一系列新要求。《中共中央　国务院关于构建和谐劳动关系的意见》和《中共中央办公厅、国务院办公厅关于完善矛盾纠纷多元化解机制的意见》都对完善劳动人事争议仲裁制度、规范仲裁程序、加强仲裁队伍建设提出了明确要求。为贯彻自2008 年 5 月 1 日起施行的《中华人民共和国劳动争议调解仲裁法》,切实做好劳动人事争议仲裁工作,进一步细化法律规定,人力资源和社会保障部根据《中华人民共和国劳动争议调解仲裁法》授权,依据《中华人民共和国公务员法》《中国人民解放军文职人员条例》等法律法规,分别于 2009 年、2010 年制定了《办案规则》和《组织规则》。两个规则施行以来,对于规范仲裁机构依法办案,推动仲裁机构和队伍建设,维护劳动人事关系和谐与社

---

[1]　人力资源和社会保障部网站,http://www.mohrss.gov.cn/SYrlzyhshbzb/dongtaixin-wen/buneiyaowen/201707/t20170713_273928.html。

会稳定,发挥了重要作用。同时,我们应该看到,当前劳动人事争议仲裁工作面临新的形势。一是我国经济社会正在加速转型,劳动人事关系矛盾处于凸显期和多发期,劳动人事争议案件逐年增多。"十二五"时期,全国各级劳动人事争议仲裁机构共处理争议案件 402.4 万件,年均 80.5 万件。2016 年,全国各级劳动人事争议仲裁机构共审结争议案件 82.8 万件。如何通过完善仲裁办案制度、加强仲裁员队伍建设,不断提高仲裁质量和效率,有效解决"案多人少"等突出矛盾,成为摆在我们面前的重要课题。二是许多地区在近年来的仲裁实践中,针对仲裁工作存在的突出问题,积极探索,勇于创新,在完善仲裁办案制度、加强仲裁员队伍建设方面形成了很多可复制、能推广的经验做法。三是劳动人事争议处理中出现了一些新问题。如:终局裁决规定较为原则、简单争议和集体劳动人事争议快速处理程序尚未明确、人事争议申请仲裁时效较短等;仲裁委员会作用"虚化"、仲裁员权利与义务不明确等。这就需要我们深入贯彻落实党中央、国务院的有关新要求,及时总结地方在仲裁实践中创造的经验做法,并通过修订两个规则将地方经验上升为规章,进一步推动提升劳动人事争议仲裁效能,更好地发挥仲裁在劳动人事矛盾纠纷多元化解机制中的重要作用。

劳动人事争议仲裁是我国处理劳动人事争议的一项基本法律制度,是中国特色劳动人事争议处理制度的重要内容。《中华人民共和国劳动法》《中华人民共和国劳动争议调解仲裁法》确立了"一调一裁两审"的劳动争议处理体制,也就是说,发生劳动人事争议,劳动者可以与用人单位协商达成和解协议;当事人不愿协商、协商不成或者达成和解协议后不履行的,可以向调解组织申请调解;不愿调解、调解不成或者达成调解协议后不履行的,可以向劳动人事争议仲裁委员会申请仲裁;对仲裁裁决不服的,除依法适用终局裁决的争议案件外,可以向人民法院提起诉讼。其中,仲裁是提起诉讼的前置必经程序。在处理争议案件时,仲裁程序相对于诉讼程序更具有简便、灵活、高效等特点。劳动人事争议仲裁制度的性质是准司法性。2017 年 3 月,人力资源和社会保障部会同中央综治办、最高人民法院、司法部等八部门专门出台的《关于进一步加强劳动人事争议调解仲裁完善多元处理机制的意见》明确提出,要完善仲裁准司法制度。具体来说,仲裁制度的准司法性体现在两个方面:一方面,仲裁制度不同程度地具有与司法制度类似的强制性、权威性、中立性、被动性以及多方参与性等特点,都是维护社会公平正义的制度设计;另一方面,仲裁制度是行政部门主导的权益救济制度,在终局裁决、审限等方面又与司法制度有所不同,具有相对便捷灵活的特点。

政策内容:

1.《办案规则》紧紧围绕更好发挥仲裁制度优势来进行,主要从三个方面进行了完善:一是依法细化终局裁决范围。终局裁决是劳动人事争议仲裁法律制度设计的一大亮点,是体现仲裁制度优势的重要内容。其立法目的是,让更多涉及劳动者基本权益的简单、小额争议案件以及涉及劳动标准的争议案件终结在仲裁阶段,既减少当事人讼累,又节约司法资源。但由于多种原因,终局裁决在仲裁实践中的落实效果不是很理想,与法律制度设计的初衷还有很大差距。近年来,北京、天津、湖南等省市都制定出台专项制度,依法细化了终局裁决的适用范围,取得了很好的法律效果和社会效果。在总结地方经验的基础上,新修订的《办案规则》着重增强终局裁决的可操作性,细化了终局裁决的适用范围,明确了适用终局裁决事项的标的金额为单项计算的金额,并将追索竞业限制期限内给予的经济补偿、解除或者终止劳动合同的经济补偿、未签订书面劳动合同的第二倍工资、违法约定试用期的赔偿金、违法解除或者终止劳动合同的赔偿金等争议案件纳入了终局裁决的适用范围。二是新增"简易处理"内容。相对于普通民事争议案件,劳动人事争议案件的标的额一般较小,而且涉及劳动报酬、社会保险等劳动者基本生活保障权益的案件较多,对通过简易处理快速审结的需求较大。为此,新修订的《办案规则》明确了简易处理,目的是使事实清楚、权利义务关系明确、争议不大,或者标的额不超过本省(自治区、直辖市)上年度职工年平均工资,以及双方当事人同意简易处理的三类争议案件得到高效处理。按照新修订的《办案规则》,对适用简易处理的争议案件,经被申请人同意,仲裁庭可以缩短或者取消答辩期;仲裁庭可以采用电话、短信、传真、电子邮件等简便方式送达相关仲裁文书;仲裁庭可以根据案件情况,灵活确定举证期限、审理程序、文书制作等事项。三是新增"集体劳动人事争议处理"内容。随着我国经济发展进入新常态,经济增速换挡、结构调整阵痛、新旧动能转换相互叠加,经济下行压力持续和供给侧结构性改革力度加大,影响劳动关系稳定因素增多,部分地区集体劳动争议频发。针对这种情况,《中共中央办公厅、国务院办公厅关于完善矛盾纠纷多元化解机制的意见》对建立健全集体劳动争议快速仲裁提出了明确要求。实践中,浙江、江苏、广东等地对公平有效处理集体劳动争议案件进行了很多有益探索。按照中央要求,在总结地方经验基础上,新修订的《办案规则》专门规范了集体劳动人事争议处理,明确规定:对集体劳动人事争议,仲裁委员会应当优先立案、优先审理;仲裁庭处理集体劳动人事争议,在开庭前应当引导当事人自行协商,或者先行调解。同时,相应缩短了仲裁委员会对举证期限、开庭日期和地点等的确定和通知期限。

2.《组织规则》对加强仲裁员队伍建设进行了修订,主要有以下内容:仲裁员是熟悉人力资源社会保障法律法规和业务知识、掌握调解仲裁理论和技能、了解调解仲裁工作规律和特点的专业性人才。为此,新修订的《组织规则》主要从三方面完善了加强仲裁员队伍建设的措施。一是加强管理。明确了仲裁员的权利义务,要求仲裁委员会根据工作需要合理配备专职仲裁员和办案辅助人员,对仲裁员考核、培训等工作进行了规范。二是加强监督。授权仲裁委员会制定仲裁监督制度,对申请受理、办案程序、处理结果、仲裁工作人员行为等进行监督,明确了仲裁员违法违纪行为的具体情形及处理措施。三是加强保障。对仲裁经费保障、仲裁场所和设施设备、仲裁工作人员统一着装等作出明确规定。同时,明确要求建立仲裁员职业保障机制,拓展仲裁员职业发展空间。

政策解读:

劳动人事争议仲裁工作既是保护当事人合法权益、促进社会公平正义的重要手段,也是公共服务的重要内容,必须秉持服务为先的理念,把为用人单位和劳动者提供优质高效服务的要求贯穿争议处理全过程。这次新修订的两个规则,坚持以提高劳动人事争议处理质量和效率为目标,在着重围绕体现仲裁简便、灵活、高效特点完善办案程序的基础上,还为进一步方便劳动人事争议双方当事人维权作出了许多新的规定。完善了案件管辖规定,推行"一次性告知"制度,实行快速送达方式,推行"阳光仲裁",推行流动仲裁庭等一系列有利于当事人维权的措施。

这次修订的两个规则,以提高劳动争议处理质量和效率为目标,在方便劳动人事争议双方当事人维权方面有一些新规定。新修订的《办案规则》增加了"调解程序"一章,调解是处理劳动人事争议的重要方式,通过调解的方式柔性化解劳动人事争议,有利于把矛盾纠纷解决在基层和萌芽状态,最大限度地降低争议双方当事人的对抗性,实现"案结事了人和"的效果。在劳动人事争议处理过程中,调解可以分为仲裁前调解和仲裁调解两种方式。仲裁前调解由法定调解组织依法主持进行,以当事人自愿为前提;仲裁调解是由仲裁机构对于已经立案的劳动人事争议案件进行调解,是法定必经程序。为进一步发挥调解在处理劳动人事争议中的独特优势,新修订的《办案规则》对调解作了专章规定,重点规范了调解组织调解与仲裁的衔接程序,强化了仲裁调解作用。一是明确调解优先原则,规定仲裁委员会处理争议案件,应当坚持调解优先,引导当事人通过协商、调解方式解决争议。二是实行调解建议书和委托调解制度,规定对没有经过调解、当事人直接申请仲裁的争议,仲裁委员会可以向当事人发出调解建议书,引导其到调解组织进行调解;在仲裁庭开庭之前,经双方当事人同意,仲裁庭可以委托调解组织或者其他具有调解能力的组织、个人进行调解。三是规范仲裁庭调解,规定仲裁庭审理争议案件时,应当进行调解。必要时可以邀请有关单位、组织或者个人参与调解。四是完善调解协议仲裁审查制度,对调解组织调解协议的仲裁审查申请、审查时限和程序等内容作出了明确规定。

第二章 人力资源服务机构与人员及其变化

【内容摘要】

人力资源服务业是为劳动者就业和职业发展,为用人单位管理和开发人力资源提供相关服务的专门行业,主要包括人力资源招聘、职业指导、人力资源培训、人才测评、劳务派遣、人力资源管理咨询和人力资源外包等业务形态。近年来,我国人力资源服务业受到党和国家高度重视,进入发展的快车道,成为现代服务业的新增长点,并正式纳入国家服务经济体系,确定为生产性服务业的重点领域。随着经济的蓬勃发展和行业的逐步繁荣,我国人力资源服务业在产业规模、经营项目、从业人员状况以及行业经营理念等方面有了较大的变化。作为人力资源服务业的具体载体,只有对人力资源服务机构及其从业人员的现状进行系统分析,才能有效突破行业发展瓶颈、准确预测行业发展趋势。因此,本章将通过梳理我国人力资源服务业发展脉络,预测未来发展趋势。

首先,本章介绍了我国人力资源服务机构与发展概况,首先根据人力资源和社会保障部《2016 年人力资源市场统计报告》的数据,分析了我国人力资源服务机构及其从业人员、业务开展的现状。其次,基于国内外人力资源服务业的发展现状,合理预测人力资源服务机构未来的发展趋势和前景。最后,系统梳理了近年来我国人力资源服务业经营理念及其变化,包括企业经营宏观战略上的业务领域从本土化到国际化、组织结构从科层化到网格化、产品从单一化到多元化、服务从统一化到专业化,以及微观战略上的基于大数据的企业内部管理、基于云计算的人力资源服务平台、基于"互联网+"的人力资源服务等方面的变化。

Chapter 2　Human Resources Service Agencies/ Employees and Changes

【Abstract】

Human Resources Service Industry (HRSI) is a kind of specialized industry that offer job and career development services to employees and provide human resources development and management related services to employers. It includes HR recruitment, vocational guidance, HR training, talent assessment, HR dispatch, HRM consultation, HR outsourcing and so on. For the past few years, the government has attached great importance to HRSI, and has absorbed it as a part of the national service economy system. HRSI has become a new growth point of the economy and it is an important field inproducer services. According to the rapid economic development and increasingly prosperous industry, there comes a big change in industry scale, operating items, employees' situation and business concept of China's HRSI. Only by systematically analyzing the current situation of human resources services organizations (HRSO) and their employees, can we break through bottleneck of the industry and predict the development tendency of the industry accurately. Therefore, in this chapter, we introduce the general situation of China's HRSI and the current situation of China's HRSOs and their employees, and systematically analyze these situations, in order to acquire the tendency and thread of thought of the development of China's HRSI.

Firstly, we introduce the general situation of China's HRSI and their development. Firstly, according to the data of 2016 *Human Resources Market Statistics Report* released by the Human Resources and Social Security Department, this chapter analyzes the present situation of China's HRSI, their employees and business development situation. Secondly, based on the current development of human resource service industry at home and abroad, it is reasonable to predict the future development trend and prospect of HRSI. At last, we discuss the change of business concept in HRSI over the past few years in detail, including the change from domestic market to international market, from bureaucratic organization structure to networked structure, from single products to diversified products, from unified service to professionalized service, as well as new changes in big-data based intra-organizational management, cloud-computing based HR services platform and "Internet-plus" based HR services etc.

一、人力资源服务机构与发展概况①

　　人力资源服务,既包括政府部门所属人力资源服务机构本着公益目的开展的各项公共服务活动,也包括各类人力资源服务机构按照市场运行规则依法从事的市场经营性服务活动,涵盖人力资源招聘、职业指导、人力资源和社会保障事务代理、人力资源培训、人才测评、劳务派遣、人力资源管理咨询、高级人才寻访、人力资源外包、人力资源信息软件服务等业务形态②。人力资源服务机构通过实现人力资源的优化配置,满足用人单位在发展中对知识智力的需要;通过人才价值的充分实现,推动各项经济社会事业的全面发展。

　　我国人力资源服务业在近几年呈现出较快的增长态势,业态环境日趋成熟,树立了良好的产业发展形象,正成为一个令人瞩目的朝阳产业。截至2016年底,全国共设立各类人力资源服务机构 2.67 万家,从业人员 55.3 万人,全行业营业总收入 11850 亿元,有力地推动了人力资源的优化配置③。同时也要看到,我国人力资源服务业总体上仍处于起步探索的初级

---

　　① 本节主要数据来源:《2016 年人力资源市场统计报告》,中华人民共和国人力资源和社会保障部网站, http://www. mohrss. gov. cn/SYrlzyhshbzb/dongtaixinwen/buneiyaowen/201706/t20170605_271972.html。

　　② 参见《人力资源社会保障部、国家发展改革委、财政部关于加快发展人力资源服务业的意见》,中华人民共和国人力资源和社会保障部网站, http://www. mohrss. gov. cn/gkml/xxgk/201501/t20150121_149768.htm。

　　③ 参见《〈人力资源服务机构能力指数〉国家标准正式发布》,中华人民共和国人力资源和社会保障部网站, http://www. mohrss. gov. cn/SYrlzyhshbzb/dongtaixinwen/buneiyaowen/201706/t20170607_272070.html。

阶段,行业整体规模与战略地位不相匹配;行业整体实力较为薄弱,国际竞争力不强,缺乏有国际竞争力的自主品牌;行业从业人员数量、质量尚有进一步提升的空间。

(一) 人力资源服务机构及人员情况

1. 机构及人员数量

截至 2016 年底,全国共设立各类人力资源服务机构 26695 家,从业人员 552828 人(见图 1-2-1)。可以看到,2016 年人力资源服务机构数量同比下降了 1.5 个百分点,但综合近 5 年的数据来看,服务机构数有增有减,逐步趋于稳定,这也是人力资源服务业逐步趋于成熟的表现。与服务机构数量的波动不同,从业人员数量一直稳步增长,2016 年同比增长了 22.6%。

图 1-2-1　人力资源服务机构与从业人员变化情况

从经营和发展情况看,2016 年全行业营业总收入 11850 亿元(含服务外包等业务的代收代付部分 8792 亿元),同比增长 22.4%(见图 1-2-2)。

2. 机构性质

从服务机构构成类别上看,县级以上地方政府人力资源社会保障部门(含其他行业管理部门)共设立公共就业和人才服务机构 5262 家,占人力资源服务机构总量的 20%;国有性质人力资源服务企业 1493 家,占 5%;民营性质人力资源服务企业 18859 家,占 71%;外资及港澳台资性质

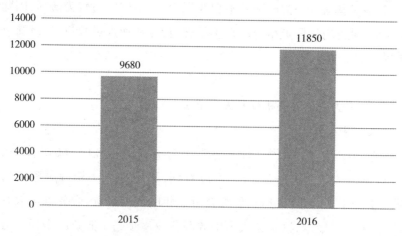

图 1-2-2 全行业营业总收入变化情况(单位:亿元)

的服务企业 227 家(其中港资、澳资、台资性质的服务企业分别为 103 家、2 家、4 家),占 1%;民办非企业等其他性质的服务机构 854 家,占 3%(见图 1-2-3)。

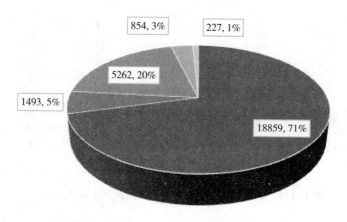

- 民营性质的服务企业
- 公共就业和人才服务机构
- 外资及港澳台资性质的服务企业
- 国有性质的服务企业
- 民办非企业等其他性质的服务机构

图 1-2-3 2016 年人力资源服务机构性质

在 106 家全国人力资源诚信服务示范机构中,民营企业的占比仍较多,有 42 家;而国有企业有 20 家。不过,在人力资源服务业中,民营企业虽然存在数量优势,但质量方面仍有提升空间。

3.从业人员学历

从从业人员学历层次分类来看,大专及以下学历353375人,占从业人员总量的64%;本科学历185357人,占33%;硕士及以上学历14096人,占3%。从业人员中取得从业资格证的有170599人,占从业人员总量的31%(见图1-2-4和图1-2-5)。

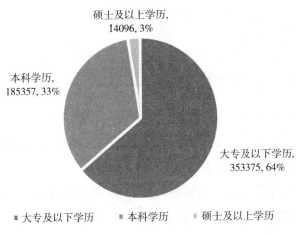

图1-2-4　从业人员学历情况

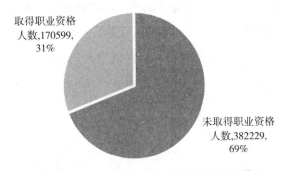

图1-2-5　从业人员取得职业资格情况

北京等人力资源服务业发展较成熟的地区,其人力资源服务业从业人员的学历水平也相对较高。根据北京市2015年1193家人力资源服务机构从业人员的数据可知,北京市人力资源服务业的从业人员中,硕士及以上学历占到了统计数据的8%,本科学历则高达55%,大专及以下学历的从业人员为37%(见图1-2-6)。

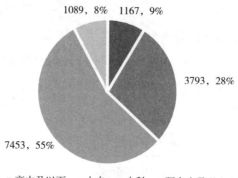

图 1-2-6 北京市从业人员学历情况

4. 服务设施与平台

截至 2016 年底,全国各类人力资源服务机构共设立固定招聘(交流)场所 2.1 万个,建立人力资源市场网站 11675 个。

除此之外,随着互联网的发展和普及,微博、微信等方式也逐渐成为人力资源服务机构提供服务的重要平台。以 2014 年人社部确定的全国人力资源诚信服务示范机构为例,这 106 家示范机构中拥有官方微博号的机构有 38 家;拥有微信公众号的机构有 41 家;同时拥有官方微博号和微信公众号的企业有 23 家(见图 1-2-7)。这些网络服务平台能够更好地帮助人力资源服务机构为客户,尤其是年轻客户提供服务。

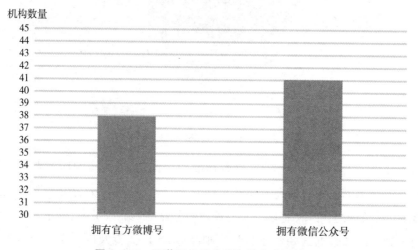

图 1-2-7 示范机构网络服务平台建设情况

（二）人力资源服务机构开展业务情况

2016 年,全国各类人力资源服务机构共服务各类人员 69447 万人次,同比增长 15.4%。全国各类人力资源服务机构登记求职和要求提供流动服务的人员达 34688 万人次。以学历层次分类,大专及以下学历的 23505 万人次,占总量的 67.8%;本科学历的 9540 万人次,占总量的 27.5%;硕士及以上学历的 1643 万人次,占总量的 4.7%(见图 1-2-8)。2016 年,全国各类人力资源服务机构共帮助 17674 万人次实现就业和流动,同比增长 17.7%。

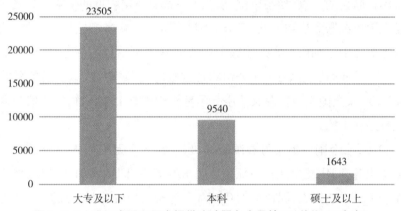

图 1-2-8 登记求职和要求提供流动服务人员情况(单位:万人次)

2016 年,全国各类人力资源服务机构共为 2820 万家次用人单位提供了人力资源服务,同比增长 15.9%。服务的用人单位中,国有企事业单位 213 万家次,占 7%;民营企业 1950 万家次,占 69%;外资企业 327 万家次,占 12%;其他用人单位 330 万家次,占 12%(见图 1-2-9)。

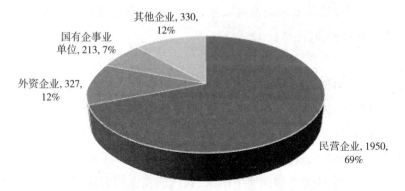

图 1-2-9 服务用人单位情况(单位:万家次)

　　2016 年,全国各类人力资源服务机构共举办现场招聘会(交流会)20.0 万场次(其中,高校毕业生专场交流会 6.5 万场次,农民工专场交流会 6.1 万场次);参会求职人员 10870 万人次,同比减少 3.66%;参会单位 688 万家次,同比减少 2.36%;提供招聘岗位信息 10099 万条,同比减少 2.7%。2016 年,全国各类人力资源服务机构通过网络发布岗位招聘信息 28518 万条,同比增加 15.7%;发布求职信息 59208 万条,同比增加 20.9%。随着互联网等新技术的广泛使用,网络招聘和移动互联网络招聘蓬勃发展,受此影响,举办现场招聘会的次数、参会单位、求职人员都有一定程度的下降。与之相对的是人力资源服务机构网站、官方微博号、微信公众号浏览量的增加,北京市人才服务中心和山东省人才服务中心的官方网站日均浏览量可达 20 万人次;中国国际技术智力合作公司的官方微博号"@ 中智北京"的粉丝数达 33 万;106 家全国人力资源诚信服务示范机构中有 13 家机构的微信公众号日均推送在 1 篇以上。

　　2016 年,全国各类人力资源服务机构为 28.2 万家用人单位提供了劳务派遣服务,同比减少 0.6%;派遣人员 876 万人,同比增加 0.97%;登记要求派遣人员 552 万人,同比增加 0.83%。各类人力资源服务机构为 54 万家用人单位提供人力资源外包服务,同比增长 5.7%。

　　2016 年,全国各类人力资源服务机构为 229 万家用人单位提供人力资源管理咨询服务,同比增长 7.7%;管理流动人员人事档案 7716 万份,同比增加 5.3%;依托档案提供工资调整、档案查阅、开具相关证明等服务 4432 万人次,同比增长 3.1%;举办培训班 28 万次,同比增加 9.1%;培训人员 1208 万人,同比增长 8.6%;高级人才寻访(猎头)服务成功推荐选聘各类高级人才 116 万人,同比增长 12.9%。

(三) 人力资源服务机构的发展状况

　　人力资源服务业具有高科技含量、高附加值、高人力资本和高成长性的特点,使得人力资源服务业注定对其他产业有很强的带动性。经过数十年的发展,国外的人力资源服务机构已趋于成熟并形成了适应市场经济的行业模式。作为全球最大的发展中国家,我国应当密切关注国外人力资源服务业的发展现状,以便准确判断人力资源服务业发展与各项经济指标的关系,合理预测未来发展趋势和前景。

早在 1893 年,美国人弗雷德·温斯洛(Fred Winslow)就创办了世界上第一家职业介绍机构,但由于法律的不完善,经常会出现人口贩卖、雇佣童工和剥削劳工的现象。因此,国际劳工组织最初对私营职业介绍机构是持否定态度的,并且在 1919 年的《失业公约》中明确规定"禁止一切形式的私营职业中介机构运营"①。直至 1997 年,国际劳工组织通过了《私营就业机构公约》后,私营职业中介机构才完全合法化,至此,国外的人力资源服务业进入了快速发展阶段,目前,已经形成了能够完全适应市场经济的模式。根据 CIETT② 的统计,人力资源服务机构在国际上发展趋势可以归纳为以下几点③。

一是行业规模保持稳步增长态势。CIETT 认为,职业中介机构的普及率是由市场成熟度决定的,高普及率是职业中介市场成熟的显著标志。平均来看,各国每一个职业中介机构有 10 名从业人员,每个分支机构有 4 名从业人员。二是服务对象重点面向服务业和制造业。从国外人力资源服务业服务对象的行业分布情况来看,主要以服务业和制造业两大门类为主。根据欧盟对其 27 个成员国的统计,服务业平均约占各国人力资源服务份额的 40%,制造业约占 33%,二者合占 73%。另据 CIETT 对日本、韩国、巴西、墨西哥、智利等 8 个非欧盟国家的统计,服务类企业在各国人力资源服务业服务对象中所占的比重也是最大的,平均约占 48%,制造业次之,约占 27%,二者合占总数的 75%。三是员工培训创造就业岗位的主要动力源。人力资源服务业是各国增长最快的产业之一,也是创造就业岗位的主要动力源。尤其是对那些初次就业的人来说,经过职业生涯规划和技能培训,可以使他们的就业比例大幅上升。CIETT 的研究报告认为,人力资源服务业的作用具体体现在两个方面:一是促进了就业,二是帮助了那些临时雇员转变为长期雇员。据 CIETT 的一项调查显示,人力资源服务业的咨询和培训服务使各成员国的平均就业比例由 29% 上升到 59%。四是劳务派遣为提

---

① 陈玉萍:《国外人力资源服务业发展对我们的启示》,《理论月刊》2013 年第 4 期。

② 全球私营职业中介机构联合会。

③ CIETT 成立于 1967 年,主要由各成员国从事为雇主提供柔性工作雇员的国家级行业协会和国际知名的跨国人力资源公司组成,目前共有 46 个国家级会员。

升企业竞争力助力。人力资源服务机构的劳务派遣服务对保持企业竞争力以及提高员工适应竞争环境变化的能力起到了促进作用。私营职业中介机构在目前劳动力市场的运作中发挥着重要作用。在过去的三十年间,对派遣员工和提供服务的需求的快速增长以及灵活的劳动力市场使私营职业中介机构获得了长足发展①。

与国际上人力资源服务业发展的相对成熟相比,我国人力资源服务业仍处在成长阶段。伴随着人力资源配置市场化改革进程,我国人力资源服务业从无到有,取得了长足的发展。多元化、多层次的人力资源服务体系初步形成。经过30年的改革与发展,我国人力资源服务业的业态主要从最初的社会保障、档案管理等业务拓宽到人才测评、网络招聘服务、高端人才寻访、人力资源外包、管理咨询、人力资源软件服务等领域。近几年,在国家政策引领下,人力资源服务业受到了前所未有的重视。

人力资源服务机构在我国发展背景可以概括为两个方面:一是国际形势所需。面对新型的复杂国际政治经济形势,为发展经济、提升国际地位、实现中华民族伟大复兴,国家发改委、外交部、商务部2015年4月联合发布了《推动共建丝绸之路经济带和21世纪海上丝绸之路的愿景与行动》,而这一跨国战略布局的开启,也给人力资源服务业的发展带来了新的机遇。我国与多边国家的合作与投资需要更多的国际性专业人才,这就需要更大范围、更高层次和水平的人才培训、劳务派遣和高级人才寻访等服务。因此,相关的人力资源服务业应该抓住新的需求增长点,及时调整企业战略,助推企业发展。二是国内形势所需。随着经济社会转型发展的深入,"结构性供给侧改革"成为各界热议的高频词。所谓"供给侧改革",是指从供给角度对经济进行结构性优化,增加有效供给。"供给侧改革"本质上是需求引领的供给侧结构性优化。人才资源作为第一资源,是重要的创新供给要素。如何增加人才的有效供给,优化支撑我国经济转型再平衡的人才结构,是"十三五"时期摆在我们面前的紧迫任务。当下我国人才供需的结构性失衡主要表现为:一方面,中低端人才"产能过剩",人才同质化问题显现,并且,未来在去产能、处置"僵尸企业"的过程中,还会有越来越多的人

---

① 秦浩、郭薇:《国外人力资源服务业的发展现状及趋势》,《商业时代》2013年第8期。

才分流出来;另一方面,高层次人才、创新型科技人才以及中高级专业技术人才供给不足,各地"人才大战"白热化。尤其是在高精尖产业领域,人才不够用、不适用问题突出①。

在上述因素促进下,我国人力资源服务业的发展提速,呈现以下发展趋势②:一是规模扩大。2016年,我国人力资源服务市场行业全年营业总收入达11850亿元,同比增加22.4%,保持了近几年20%以上的高增长态势。全国各类人力资源服务机构共帮助1.8亿人次实现就业和流动,为2820万家次用人单位提供了人力资源服务,同比分别增长17.7%和15.9%,说明人力资源服务业在促进就业创业和优化人力资源配置方面正在发挥越来越重要的作用。此外,高级人才寻访(猎头)服务成功推荐选聘各类高级人才116万人,同比增长12.9%③。二是成长迅速。我国经济转型正从"中国制造"走向"中国智造",从物质型消费走向服务型消费,这对人力资源服务业发展是难得的机遇。有关致力于营造竞争有序的市场环境、激发市场活力,让人力资源服务企业看到了广阔的市场发展前景。2016年,人力资源服务企业不断发展新兴服务业态,开发服务产品,拓展服务内容。其中,人力资源服务外包、人力资源培训、人力资源管理咨询、高级人才寻访等业务同比分别增长5.7%、8.6%、7.7%、12.9%,人力资源市场服务能力进一步提升④。大数据、云计算等现代信息技术与人力资源服务业的融合正如火如荼,一批"互联网+"新兴企业破茧而出;战略咨询规划、高级人才寻访等高端业态初具规模,全产业链人力资源服务业态基本完备;行业分工专业化、精细化程度越来越高,一批在特定领域里深耕细作的企业日益壮大。三是转型积极。我国人力资源服务业仍旧存在总体偏小偏弱、服务形态单一、同质化竞争严重等问题。此外,人力资源服务从业人员专业化和职业化水平亟待加强。很多承接外包业务的人力资源企业是规模较小的中小企业,创新意识很强,但主要是以职业介绍和人才招聘为主,没有形成规范的工作流

---

① 吴帅:《如何改进人才的"供给侧"》,《光明日报》2016年2月16日。
② 韩秉志:《我国人力资源服务业市场潜力大》,《经济日报》2016年11月26日。
③ 《人力资源服务业市场规模超万亿》,新华网,http://news.xinhuanet.com/fortune/201706/05/c_1121090872.htm。
④ 《人力资源服务业市场规模超万亿》,新华网,http://news.xinhuanet.com/fortune/201706/05/c_1121090872.htm。

程和服务品牌,导致服务层次和技术含量较低。越来越多的人力资源服务企业开始更侧重客户导向,注重开展细致的专业化分工。推动人力资源服务产品创新、管理创新和服务创新,推动人力资源服务向价值链高端延伸成为普遍共识。

我国人力资源服务业的迅速发展壮大,也对人力资源服务机构的建设发展提出了更高要求。人力资源服务机构必须能够满足不同层级、不同区域、不同所有制企业的特性化人才需求,更好地发挥调节人才市场的作用。从区域角度看,人力资源服务机构在国家重点一体化区域的发展更快。比如,京津冀地区,2015 年、2016 年相继出台《京津冀协同发展纲要》《"十三五"时期京津冀国民经济和社会发展规划》等文件进行顶层设计,标志着京津冀协同发展进入新的阶段,市场一体化进程加快,资本、技术、产权、人才、劳动力等生产要素将更好地按照市场规律在区域内自由流动和优化配置。这些都需要人力资源服务业考虑京津冀一体化进程中不同地区对人才需求、发展和流动的需求,助力京津冀一体化的同时实现自身服务业态的发展升级。2017 年 4 月,中共中央、国务院印发通知,决定设立河北雄安新区,进一步加速了这种趋势发展。

二、人力资源服务机构经营理念及其变化

从我国人力资源服务机构和人员的发展变化可以看出,人力资源服务行业整体发展态势良好,人力资源服务机构服务范围日益全面,模式日益多样,行业蓬勃发展变化背后隐含着的则是经营理念的转变。这种转变集中表现为"以客户为中心",即从着眼于关注外部客户到关注客户的个性化需求及满意程度。

随着"互联网+"时代的到来、知识经济的进一步深化、各种大型跨国公司的出现,人力资源服务企业的经营理念正经历着系统变革,从企业经营宏观战略层面,到企业经营微观战略层面,无不体现着"互联网+"带来的深刻影响。

(一)"以客户为中心"的经营理念

随着客户获取各种商品信息的渠道更广泛、更便捷,客户的消费趋于理

性成熟,可选择性也在不断增强,一旦对某个企业感到不满意,即可轻易地转向其他企业,客户成为竞争的焦点。而忠诚客户的保留对企业变得越来越困难,却越来越重要,客户成了企业的稀缺资源。在这样的市场背景下,企业不得不转变原有以资产和营销为中心的经营理念,将竞争的重点转移到客户身上,由此催生了"以客户为中心"的经营理念。

1."以客户为中心"经营理念的内涵及产生背景

企业把客户作为经营中心,建立客户经营系统,通过获取、发展和保持与客户的持续交易来获取利润,并实现企业发展。企业一方面收集客户信息,了解每一个客户的需求,为其定制产品和服务;另一方面对客户进行投资,提高其使用企业产品和服务的技能,建立对企业的信任和忠诚。在客户服务和技术支持方面,企业建立统一的规范标准和完善的客户管理体系,对客户与企业的交往进行全程管理①。

"以客户为中心"经营理念出现的背景有四个因素:时代环境——经济全球化;社会环境——客户制动的营销环境;市场环境——客户的行为影响企业的竞争策略;政治环境——服务型政府倡导以客户为中心②。

(1)时代环境:经济全球化

经济全球化是以信息技术为基础、以信息全球化为条件、以市场全球化为根本的世界经济发展趋势,它使各国之间的经济联系日益密切。

开放、共享、联合、合作是经济全球化的特征。这样的合作和联盟可以集中优势、优化资源配置、进一步占领全球市场,又能相互借助对方的资源、技术、管理、产品等方面的优势实现互补,增强各方的综合竞争实力,这其中就包括了企业自身的客户和其战略联盟的客户,因为客户已经成为企业最重要的资源之一。从客户的角度来看,经济全球化的这些特征改变了他们的思维方式和行为方式,缩短了他们与企业的距离。尤其是信息技术的飞速发展,带来了客户消费行为历史性和根本性的变革。企业必须积极采取措施应对消费观念不断变化的客户。

---

① 张建利:《房地产客户经营理论与策略研究》,博士学位论文,西安建筑科技大学,2007年。

② 杨林:《"以客户为中心"经营理念的深层次诠释》,畅享网,http://www.vsharing.com/k/2003-4/464470.html。

（2）社会环境：客户制动的营销环境

关系营销是 20 世纪 90 年代随着大市场营销理念的发展而产生的，并且在以上各个阶段营销思想的基础上对营销过程和营销方式进行了整合。关系营销是以系统论为基本思想，将企业置身于社会经济大环境中来考察企业的市场营销活动，认为企业营销是一个与消费者、竞争者、供应商、分销商、政府机构和社会组织发生互动作用的过程，正确处理与这些个人和组织的关系是企业营销的核心，是企业成败的关键。关系营销所坚持的企业与客户之间的长期关系是其核心思想，首次强调了客户关系在企业战略和营销中的地位与作用，而不是单从交易利润的层次上考虑。

（3）市场环境：客户的行为影响企业的竞争策略

经济的全球化使企业之间的界限越来越模糊。现代企业所面临的市场竞争无论在广度还是深度上都在进一步扩大，竞争者已不仅仅包括行业内部已有的或潜在的竞争对手。在利益机制驱动下，许多提供替代产品或服务的竞争者、供应商和客户也加入了竞争者的行列①。

竞争的观念逐渐由以利润为导向发展到以客户为导向、保持持续竞争力为导向。低成本、好的产品不足以保证企业立于不败之地，如何有效地避免客户的流失，强化企业与客户的关系已成为竞争的标准。企业开始意识到良好的客户关系在客户保留中所起的关键作用，并着手提升客户对企业的忠诚度。

（4）政治环境：服务型政府倡导以客户为中心

随着文明的进步和社会的发展，人们对政府服务也有新的要求，例如希望以自己选择的时间、地点和方式与政府打交道。20 世纪 80 年代以来在欧美兴盛的新公共管理运动，使得各国纷纷建立"服务型政府"，力求政务以客户为中心，通过拓展政府与企业、公众的沟通渠道和沟通方式，为其他政府部门、企业和公众提供个性化的服务，改善政府在企业和公众心目中的形象。

政府治理理念对于整个社会具有巨大的示范作用，"服务型政府"倡导"以客户为中心"的治理理念，无疑对市场主体经营理念的转变起到了巨大的推动作用。

---

① 余宁：《网络环境下客户关系管理研究》，博士学位论文，华中农业大学，2007 年。

2. 从"以客户为中心"到"以客户满意为中心"

在"以客户为中心"经营理念的形成初期，许多企业把目标定位在外部客户上，企业所宣扬的"顾客至上"更多的是一种口号。但是进入 20 世纪 90 年代以后，客户价值得到了极大的提升，整个市场也由此步入了"情感消费"时代。随着健康、教育、娱乐、文化及信息业的发展，客户所关心的是产品能否为自己的生活带来活力、充实、舒适和美感，企业必须及时反映客户对产品和服务方面的种种特殊要求，客户对企业产品的评价用的是"满意不满意"标准。"以客户为中心"的经营理念由此发展为它的更高级形态——"以客户满意为中心"的经营理念。"客户满意"是指客户在对企业产品、服务的消费过程中，对自己消费经历的认知和情感反应的综合感知，它是由客户对企业产品或服务的期望与实际业绩之差和客户消费后的正面情感、负面情感共同决定的，是一个相对的量，是客户可感知的满意程度。"以客户满意为中心"的经营理念是对"以客户为中心"经营理念的进一步细化，是客户关系管理（CRM）体系的重要组成部分，其基本内容是：企业的整个经营活动要以客户满意度为指针，要从客户的角度，用客户的观点而不是企业自身的利益和观点来分析考虑客户的需求，尽可能全面尊重和维护客户的利益。

进入 21 世纪以后，"以客户满意为中心"的经营理念已经进入到了战略运营的高级阶段。世界上众多优秀公司的成功经验一再表明"以客户满意为中心"的经营理念不仅是组织获得竞争优势的利器，而且是组织存在的文化基础。

（二）"互联网+"背景下人力资源服务机构经营理念的变化趋势

1. "互联网+"的时代背景

互联网是一种思维方式、一种技术或工具，互联网时代更是一个新的时代，这种时代可以说是一个互联互通的商业民主时代，是一个基于大数据的知识经济时代，是一个客户价值至上与人力资本价值优先的网状价值时代，更是一个开放、共享的"有机生态圈"时代①。它具有信息传递瞬时性、社会

---

① 彭剑锋：《互联网时代的人力资源管理新思维》，《中国人力资源开发》2014 年第 16 期。

影响广泛性、传播模式多态性和个性特征异质性等特征①,而"互联网+"就是这种互联网时代在近几年孕育而出的产物。

"互联网+"最初由易观国际董事长兼首席执行官于扬提出,目前已经被官方采纳,成为一种自上而下推进改革创新的新思路。2015 年,李克强总理在政府工作报告中首次提出"互联网+"行动计划。2015 年 7 月 4 日,国务院又印发了《关于积极推进"互联网+"行动的指导意见》。根据官方的解读,所谓"互联网+",是指以互联网为主的新一代信息技术(包括移动互联网、云计算、物联网、大数据等)在经济、社会生活各部门的扩散、应用与深度融合的过程②。"互联网+"的本质是传统产业的在线化、数据化,是利用信息通信技术以及互联网平台,让互联网与传统行业进行深度融合,创造出新的发展生态。受这种时代背景的影响,人力资源服务行业经营理念也进行着变革。另外"行动计划"指出,要深化信息技术在服务领域的广泛应用,促进信息技术应用向生产性服务业和生活性服务业渗透,实现传统服务业向现代服务业转变;进行服务业智能化和网络化升级,推进现代服务业结构向高级化发展。这些变化,带来了经营理念的变化,也为人力资源服务业及其行业机构的发展提供了契机。

2. 人力资源服务企业经营宏观战略理念的变化趋势

(1)业务领域从本土化到国际化

由于近几年跨国公司迅速发展、人才国际流动加快、信息技术不断变革,人力资源服务业业务领域呈现出由国内市场逐步拓展到国际市场的趋势。20 世纪 80 年代,除少数人力资源服务机构在海外设立分支机构,如亿康先达、海德思哲、史宾莎等企业之外,其他人力资源服务机构多着重于国内市场;20 世纪后期,人力资源服务机构向外拓展速度明显加快、海外机构的数字成倍增长③。目前,排名全球前列的人力资源服务机构,几乎都在海外设立分公司或机构,通过密集的海外网络带来强有力的规模效益和客户

---

① 鲁辉:《人力资源管理新思维——基于传统行业时代与互联网时代的比较》,《现代商业》2015 年第 9 期。

② 宁家骏:《"互联网+"行动计划的实施背景、内涵及主要内容》,《电子政务》2015 年第 6 期。

③ 汪怿:《人力资源服务业的国际化发展方略》,《人力资源》2012 年第 7 期。

资源,为企业不断创造巨大的利润空间。较具代表性的比如科锐国际,其作为亚洲领先的整体人才解决方案服务商,已在中国大陆、中国香港、印度、新加坡等亚洲地区拥有超过60家分支机构,与2000余家跨国集团、国内上市公司、快速成长性企业及非营利组织建立了长期合作关系。随着服务贸易自由化程度的不断加深,人力资源服务的跨境贸易在未来也将呈上升趋势。

（2）组织结构从科层化到网格化

为适应人力资源服务行业客户至上、需求至上的价值理念,人力资源服务机构也在进行着组织变革。在客户至上的企业文化下,最接近客户、最了解客户的员工就拥有更大的权威。互联网时代要贴近客户、要走进客户,企业就必须缩短跟消费者之间的距离,与消费者融合到一起,这样才能跟消费者互动,才能把消费者变为产品的推动者,变成产品的设计研发人才。与之对应的,就是员工、消费者与企业共同参与产品服务设计的互联、互通的网状生产服务方式。这种新型的网状生产服务方式,使得客户的地位由价值链的末端接受者转变为服务变革的主导者。由此,组织边界被打破、组织之间的分工变得越来越模糊,价值创造活动不断外部化,各个参与方互联、互通,一张以客户价值为中心的串联式网状组织结构应运而生①。

另外"互联网+"思维的特点是无边界,组织形态越来越虚拟化,员工对组织的黏合度下降,弹性工作、远程工作等成为常态的工作方式。企业需要打破原有的权责关系,与员工建立新型的合作关系。员工与组织之间的关系不再是简单的科层制、依附式关系,任何个人都是组织的核心员工,都为组织的价值创造贡献力量,企业组织结构逐步网格化、扁平化。

（3）产品从单一化到多元化

传统的单独提供一种服务项目或服务产品,已经不能在激烈的市场竞争中占得先机。在确保具有一定竞争优势的前提下,人力资源服务机构开始着手将具有竞争型、专业化、比较优势的服务产品、服务项目综合起来,为客户提供"一揽子"的一站式多元化服务,如部分人才中介服务项目企业,已经不仅局限于一般意义上的职业介绍,已经发展到重视开展某一行业的人才需求调查、预测、雇员的培训服务、就业指导服务、咨询诊断服务、信息

---

① 宗月琴:《浅论互联网时代对人力资源管理的影响》,《人力资源管理》2015年第6期。

管理服务、招聘服务等综合性多元化服务。综合性多元化服务既保证了经营利润和自身发展潜力,也可以满足客户的多方面需求。

(4)服务从统一化到专业化

随着客户需求的个性化,人力资源服务业由统一化走向专业化和精细化。一方面,由于服务对象的分化,加快了人力资源服务专业化的进程。目前,人力资源服务对象已经开始初步分化为小型企业、中型企业和大型企业或跨国企业三类。不同类型的组织,有着不同的服务需求。小型企业主要希望通过人力资源服务解决能力方面的约束和不足;中型企业则着重于人力资源服务商提供程序性的解决问题方案;大型企业则更加希望人力资源服务企业提供战略变革的专业咨询。另一方面,人力资源服务机构的专业化还来自于企业对服务内容专业化的要求。任何组织在具有共同性人力资源服务需求的同时,都有其不同于别人的特殊需求。这就使得人力资源服务企业更加侧重客户导向,更加突出具有细致的专业分工,更多提供"专、精、深"的服务产品,以此在确保服务质量的同时,尽可能地降低客户的使用成本①。

3.人力资源服务企业经营微观战略理念的变化趋势

(1)基于大数据的企业内部管理

"互联网+"时代,人们的创造性得到了前所未有的提高,发展"互联网+"在提升生产力的同时决定了生产关系的变革,为了更好地将个体创造性转变为企业创新行为,人力资源管理被赋予了新的要求。"互联网+"的一项核心技术是大数据,大数据具有三个方面的优势。一是大数据看似是动态和不精确的,但其实它能从小样本中推测到大趋势,从不确定的数据中获得确定的事实;二是大数据使企业成为一个资源配置与整合平台,使得股东、客户等利益相关者融合更加紧密,能够更加公平有效地为各方分配资源和利益;三是大数据使企业知识的积累、应用、转换与创新的速度更快、更直接、更有效,真正使人类进行到知识经济时代。

因此,与传统行业时代相比,互联网时代的人力资源管理呈现出更强的数据化特征。人与组织之间、人与人之间互联互通产生的大数据为人力资

---

① 汪怿:《国外人力资源服务业:现况、趋势及其启示》,《科技进步与对策》2007 年第7 期。

源程序化和非程序化决策提供了无穷的科学依据,使得用数据说话和决策成为可能,人力资源计量管理成为提升人力资源效能管理的有效途径①。具体来讲,企业可以随时随地搜集关于工作场地、员工及其互动的数据,将员工的行为和情感数据化,然后基于日常累计的庞大数据集,进行人力资源相关管理工作。比如,基于员工行为的大数据对员工的绩效进行考评,并进行奖惩调整,或者基于员工价值诉求与期望数据制定更加合理的薪酬制度等。同时,基于大数据的电子化互联网,人力资源内部管理可以搭建企业内部人力资源管理信息化平台、共享平台。这种人力资源共享中心的作用不仅仅在于将企业内部的相关事务性工作进行集中,更在于企业间的相关信息和政策可以快速交流共享,促进人力资源管理向大数据管理方向发展②。通过基于大数据的管理,可以有效提升人力资源服务机构内部管理的有效性和科学性,不断接近"人事相宜、人岗匹配"的人力资源管理目标。

(2)基于云计算的人力资源服务平台

云计算作为"互联网+"的一项核心技术,也开始逐步应用于人力资源服务行业,典型表现是人力资源服务行业通过引入和运用云计算技术,为客户提供人力资源服务的共享平台、交易平台和支付平台等"云平台"服务③。当前国外市场已经开始运行基于"云平台"的人力资源服务。其中,以云计算为核心的人力资源 SaaS(Software-as-a-Service,"软件即服务")和大数据分析已经成为人力资源服务行业的发展趋势。

2013 年以来,国内一些人力资源服务机构相继推出了人力资源云服务,比如"云薪酬""云招聘""云培训"等服务平台,但目前这些云服务还只是在少数几家服务企业和少数几种业态上得到体现,未来在其他业态上仍有较大发展空间,比如绩效考评模块,将来也可以考虑提供云服务。目前,许多企业中的绩效考评都是到了年底再搜集数据进行整理和分析,其考评效果不佳。而在绩效考评中运用云服务后,基层的管理人员可以在平时就

① 彭剑锋:《互联网时代的人力资源管理新思维》,《中国人力资源开发》2014 年第 16 期。
② 李晋、刘洪、刘善堂:《"互联网+"时代的电子化人力资源管理:理论演化与建构方向》,《江海学刊》2015 年第 6 期。
③ 孟晓蕊:《人力资源服务业能否冲浪"互联网+"——访北京大学人力资源开发与管理研究中心主任萧鸣政》,《中国劳动保障报》2015 年 8 月 8 日。

把每一名员工的日常表现情况和业绩记录在云平台上,形成数据库。到最终考评时,人力资源部门就可以根据基层主管的记录,请相关专家对这些数据进行分析,给出综合的成绩,作为奖惩和晋升等安排的依据,提高人力资源服务的准确度。

(3)基于"互联网+"的人力资源服务

"互联网+"技术的应用,使得人力资源服务与互联网联系更加紧密。一些传统的线下服务开始向线上延伸,企业将一部分可以与互联网技术相结合的业务搬到线上。一是可以为服务的客户提供更加便捷的服务、降低内部工作量;二是可以将特有的服务产品通过移动互联网与客户、与员工分别进行互动①。

这种理念在网络平台对人力资源招聘和求职服务业态的影响上表现得较为典型。企业网络招聘主要有两种方式:一是注册成为第三方招聘网站的会员,在第三方招聘网站上发布招聘信息,收集求职者资料,使用简历数据库或搜索引擎等工具并聘用合适人才;二是企业在自己的网站上发布招聘信息,吸引人才②。目前美国知名设计网站领英(LinkedIn)已经开通了采用人机关系寻找工作的通道。在这方面,国内一些企业也有一些探索。比如除传统的网络招聘模式外,58 同城、微博、人人网、微信等社交服务平台和软件也以其服务范围广、信息可靠度高、信息传播速度快等优势迅猛发展起来。但是基于大数据对微博、微信两种社交软件关于人力资源服务业关注度的研究结果发现③:在新浪微博中,人力资源相关微博用户的数量较其他热门领域的微博用户数量少,受关注度不高。相关微博用户的表现大部分都停留在人力资源服务公司的信息发布上,在微博功能使用和内容发布方面比较单一;在微信平台中,由于难以互动,人力资源服务功能发挥不充分,仅停留在微信公众号信息发布阶段。但是要看到,社交网络具有成本低、传播速度快、用户群体大等优点,要深入挖掘,充分利用,探索有效的运作方式,未来应该可以成为人力资源服务行业发展的重要推手。

---

① 高唯天、庄文静:《人力资源服务业步入"升级期"》,《中外管理》2016 年第 2 期。

② 来有为:《人力资源服务业发展的新特点与政策建议》,《发展研究》2010 年第 5 期。

③ 萧鸣政、李栋等:《中国人力资源服务业蓝皮书 2015》,人民出版社 2015 年版,第 155—163 页。

第三章　人力资源服务业的发展与趋势

【内容摘要】

随着我国经济结构的调整和产业结构的优化升级,人力资源服务业作为现代服务业重要的新兴门类,受到中央和地方的大力重视,各地纷纷在制度建设和政策扶持上响应国家的号召,积极推动人力资源服务业的发展。国家质检总局、国家标准委于2017年5月发布《人力资源服务机构能力指数》国家标准,该标准的出台对人力资源服务机构的各要素设定了相应的量化指标,推动人力资源服务机构实现服务的标准化和规范化。在全新政策、经济环境下,我国人力资源服务业发展提速,业态日渐丰富,新技术的发展与应用也为人力资源服务业的快速崛起注入了强心针。

本章首先从总体上对我国人力资源服务业的业态发展新机遇进行了分析和总结,并根据人社部的文件对我国人力资源服务业的划分,对人力资源招聘、职业指导、人力资源和社会保障事务代理、人力资源培训、人才测评、劳务派遣、高级人才寻访、人力资源外包、人力资源管理咨询、人力资源信息软件服务等十种业态的发展机遇及趋势逐一进行分析。其次,本章从大数据和企业移动管理平台在人力资源服务业的应用、企业大学在我国企业的发展等角度探讨了人力资源技术创新与应用,并总结了人力资源服务业创新技术应用的发展趋势。最后,本章以广西锦绣前程人力资源有限公司和北京外企人力资源服务有限公司为案例进行介绍,以期给国内的人力资源服务机构提供参考借鉴。

Chapter 3　Development and Trends of the HR Service Industry

【Abstract】

Under the background that China's economy continues its process of restructuring and upgrading, as a crucial part of a modernized economy, the human resources service industry has gained supports from both central and local governments. Institutional and policy reforms have been adopted to help the development of the industry. As a major move, in May 2017, the General Administration of Quality Supervision, Inspection and Quarantine and the National Standardization Administration jointly published the national standard of *Human Resources Service Institutions Capacity Index.* These new standards set quantifiable indexes for the human resources service institutions and would greatly promote the standardization of the industry. Under the new political and economic environment, China's human resources service industry will accelerate rapidly and provide more qualified services. The adoption of new technologies will also catalyse the transformation of the industry.

This chapter first analyzes and summarizes the new opportunities for the future development of China's human resources service industry overall. According to documents from the definition of the Ministry of Human Resources and Social Security of the People's Republic of China, this chapter analyzes ten sectors in sequence include human resource recruitment, vocational mentorship, human resources and social security agency, human resources training, performance evaluation, labor allocation, the search for executives, human resources outsourcing and the human resources information system. Secondly, this chapter discusses the innovation and application of human resources technology from the perspective of Big Data technology and Mobile Enterprise Management Platforms in the human resources service industry and the development of Enterprise Universities in China's enterprises, then we summarize the development trends of innovation in human resources service industry. Finally, this chapter introduces Guangxi Bright Future Human Resources Co., Ltd. and Beijing Foreign Enterprise Human Resources Service Co., Ltd. as examples to provide references for domestic HR service organizations.

一、人力资源服务的业态发展新机遇

人力资源服务业的发展日益得到中央和地方的大力重视,特别是 2015 年人力资源和社会保障部与国家发展改革委、财政部联合下发《关于加快发展人力资源服务业的意见》后,各地纷纷在制度建设和政策扶持上响应国家的号召,积极推动人力资源服务业的发展。在全新的政策环境和经济环境下,我国人力资源服务业发展提速,业态日渐丰富,新技术的发展与应用也为人力资源服务业的快速崛起注入了强心针。

人社部于 2016 年 8 月发布《人力资源市场条例(征求意见稿)》,对人力资源市场活动进行了规范,各地也相继出台了相关的实施办法,推动人力资源服务业的有序发展。虽然相比发达国家,我国的人力资源服务业起步较晚、规模相对较小、国际竞争力较弱,但近年来法律法规逐渐健全,各类相关行业标准正逐步完善。截至 2016 年 12 月底,我国在人力资源服务业领域已颁布 15 项国家标准,在研的有 21 项,内容涉及劳动定额、社会保险、职业能力建设等,地方政府近年来也在积极开展标准化工作,以提升人力资源服务能力①。国家质检总局、国家标准委于 2017 年 5 月发布《人力资源服务机构能力指数》国家标准,该标准的出台对人力资源服务机构的各要素设定了相应的量化指标,推动人力资源服务机构实现服务的标准化和规范化。2016 年到 2017 年间,各地也相应出台了多项人力资源服务业相关的地方标准,例如上海从 2016 年 10 月开始实施的《人力资源外包服务规范》《人力资源管理咨询服务规范》;深圳于 2016 年 7 月发布《劳务派遣服务规范》及《劳务派遣服务机构等级划分与评定(征求意见稿)》;2017 年 7 月,

---

① 温程辉:《人力资源标准化遇难题　未来需从多方面加以完善》,前瞻产业研究院,http://bg.qianzhan.com/trends/detail/506/170628-b799fd93.html。

京津冀三地人力资源市场管理部门和人力资源服务行业协会联合制定了统一的《人力资源服务规范》和《人力资源服务机构等级划分与评定》地方标准,面向社会征求意见。这些国家标准和地方行业标准的出台,有助于人力资源服务业标准化水平的提升。

从市场表现来看,一方面是人力资源服务业规范化水平的提高,另一方面是新业态、新模式不断涌现。我国人力资源服务业近几年来不断发展新兴服务业态、开发服务产品、拓展服务内容、应用新兴技术、与不同行业的跨界融合,业态逐渐优化,边界也逐渐扩大。

(一)"共享经济"带来新机遇

"共享经济"的兴起,无论是劳动者还是用工方,无论是工作时间还是工作岗位都显得更加灵活,灵活就业和灵活用工的比重不断扩大。对于人力资源服务业来说,客户的组织形态发生了巨大的变化,越来越多的劳动力以自由职业者的身份与企业形成一种非正式的雇佣关系,而这些自由者的薪资福利发放、纳税申报、社保缴纳等各类人事事务都是行业新的商业机会。

传统的劳务派遣已经不能完全应对劳动力市场对企业用工灵活性水平的需求,2016 年 3 月,《劳务派遣暂行规定》正式施行,明确规定用人单位使用的被派遣劳动者数量不得超过其用工总量的 10%,使企业用工风险规避要求越来越高,企业人力资源相关的各种成本上升,以劳务派遣为主要业务的人力资源服务机构也面临巨大挑战。与此同时,自由职业者数量大幅增加,各类"O2O"(英文为"Online to Offline",在线上撮合达成交易,在线下提供服务或劳动)平台或移动应用的兴起,也打开了中国灵活用工市场的广阔发展空间。

灵活用工在国外已经是一个较为成熟的用工模式,近几年迅速发展的"共享经济",越来越多的人力资源服务机构进入灵活用工市场。企业对灵活用工的接受度也越来越大。中国灵活用工的客户过去以外企为主,现在许多大型国企为了保持用工的灵活性也开始采用灵活用工,民企的灵活用工需求也正在快速增长。

虽然灵活用工的发展势头良好,但是中国的灵活用工市场仍然很不成熟,没有成型的行业标准,服务机构良莠不齐,自由职业者本身也具有较强的不稳定性,还需加快制定相关政策法规,形成良好的市场环境,让中国人力资源服务业提升风险管控能力、招聘及人员管理的业务能力,以应对劳动力市场灵活化的趋势。

(二) 新技术激活新兴业态

互联网和信息技术的广泛运用激活人力资源服务业的新兴业态,除了灵活用工、社交招聘、在线培训等传统人力资源业态的新模式,背景调查在近两年也开始成为一种新需求。

背景调查在中国一直属于小众行业,并没有形成规模。但如今基于共享经济商业模式下产生的企业,如滴滴、河狸家、猪八戒网等"O2O"模式的平台,以及快递、外卖、家政等行业的网络化新发展,都对信用机制提出了更高的要求。还处于起步阶段的中国背景调查行业市场潜力巨大,再加上大数据技术和人工智能等高新科技的发展,为背景调查在中国的发展提供了良好的土壤。目前,众多本土机构已经开始进入中国背景调查市场,例如传统招聘网站中华英才网就在 2016 年收购了一家第三方征信数据服务商,准备在提供招聘服务的同时提供个人职业征信服务。于 2016 年正式上线的国内首家在线授权的背景调查平台"知了背调",也让我们看到了新技术给背景调查带来的从幕后走向台前的机遇。

随着互联网技术对人力资源服务行业日益渗透,各种基于创新技术的新模式、新产品层出不穷,促进了人力资源服务业不同业态的革新。移动互联网、大数据分析、云计算、机器人技术、虚拟现实技术等新兴技术的兴起,不断促使人力资源行业的转型升级。

互联网"三大巨头"百度、腾讯、阿里巴巴都开始涉足人力资源服务业务。百度在蓝领和兼职招聘领域着力,打造"一站式"服务平台。蓝领阶层在最近几年是人力资源服务业的热门对象,58 同城、赶集、打工雷达、蚂蚁网等服务机构都把业务重点放在了蓝领身上。阿里巴巴则推出了智能移动办公平台"钉钉",建立企业级 SaaS 服务的入口级平台。2016 年,腾讯推出企业微信,与之前微信企业号相比,企业微信完善了沟通、OA(Office Automation,办公自动化,企业内部人员的信息沟通系统)等方面的功能。除此之外,腾讯还与深圳市人社局达成合作,进入互联网社保领域。可见,除了传统的人力资源服务机构,互联网巨头也开始利用自身资源,借助技术的力量链接人力资源服务业的更多可能。对于传统人力资源服务机构而言,积极拥抱技术革新、加速业务的"互联网+"转型、增强跨界融合意识,都将是迎接眼前挑战的关键。

仅仅将线下服务转到线上的传统互联网人力资源服务,正在向更加精细化、智能化、人性化的方向发展。借助新技术,人力资源服务业的传统业态也在开创新格局,例如,虚拟现实技术在人力资源管理的场景化应用显得尤为有价值。目前应用较为广泛的是培训行业,一些风险较高、实践成本较高的领域,比如医疗、能源、交通等行业,比较适合使用虚拟现实技术提供培训学习。虽然虚拟现实技术在人力资源培训中的应用才刚刚起步,占有率还很低,但是虚拟现实技术可以解决传统培训中无法解决的工作场景与培训场景分离的问题。因此,未来企业培训对于虚拟现实技术的应用将势不可挡。

新技术给招聘行业带来的变化更为明显,各类采用新模式、服务新领域的招聘机构层出不穷,传统招聘网站也加紧步伐转型,招聘企业与互联网、金融等行业的跨界融合也引人关注。

二、人力资源服务的各项业态发展机遇和趋势

(一)人力资源招聘

信息技术的迅速发展,给人力资源服务业的不少业态带来了颠覆式的影响,尤其是在招聘领域,涌现了很多新的服务模式。"互联网+"对招聘行业的影响已经不再是停留在把线下传统服务转变为线上平台,而是在将大数据分析、LBS(Location Based Service,基于位置的服务)、实时通讯等技术充分应用,在更加注重人性化的交互体验的基础上,提供新型互联网招聘服务。

人工智能作为近几年的热门词汇,已经开始不断渗透各个行业,各个行业都希望借力高新科技抢占先机。对于招聘行业来说,人工智能技术的应用恰好可以解决长久以来人工筛选简历的缺陷,极大地提升招聘效率,使精

准的岗位匹配成为可能。人工智能服务于招聘,必须建立在大数据的基础上,因此,一些资历较久,有一定数据沉淀的企业,在人工智能时代有明显的竞争优势,猎聘网、智联招聘等深耕招聘领域多年的企业已经开始在人工智能方面进行布局。但也有像e成、聘宝这样的创业公司凭借技术的力量试图在竞争激烈的招聘市场站稳脚跟。

近几年,许多企业开始将招聘业务的布局从PC端向移动端倾斜,雇主与求职者直接对话的直聘模式也开始成为潮流。对于求职者而言,求职的场景已经从招聘会等传统招聘场景扩散到生活的时时刻刻,随时随地可以在手机上查看招聘咨询、进行简历投递,人工智能也开始助力招聘行业进一步变革。针对这样快速变化的市场环境和迅速革新的技术,招聘行业出现了很多新的变化和发展趋势。

直聘模式的兴起是2016年到2017年最值得称道的招聘服务新模式之一。直聘模式通过搭建雇主和求职者之间直接对话的平台,解决了信息不对称和效率低下的问题。直聘模式让中小型企业具有灵活性的招聘需求得到了很好的满足,通过在线聊天的形式,让雇主和求职者能直接建立关系、建立信任、彼此交换信息后再决定是否应聘或发出面试邀请,降低了招聘的成本,提高了效率。由于直聘模式的发展实际上还处于起步阶段,因此流程管理以及人员筛选上都有一些不够完善的地方,这极大地影响了用户体验。要想实现直聘模式规模化,甚至成为互联网招聘的主流形式之一,还需要企业进一步提高服务水平。

网络直播是2016—2017年最受关注的概念之一,在这样的潮流下,也催生了视频招聘的模式。移动互联网的普及、视频技术的成熟,为视频招聘提供了可靠的技术条件,但是视频招聘还没有形成规模,仍旧是小众行业,正在探索中,还需要等待市场的进一步检验。

(二)职业指导

职业指导,也常常被称作职业生涯规划,该领域在中国还处于萌芽期,市场潜力还有待被挖掘。目前,我国从事职业指导相关业务的企业,主要集中在教育培训、咨询、职业测评等方面。我国高校一般都配备了就业指导中心,开设了职业生涯规划相关的课程,对学生的职业指导引起了较高的重视。一些地方甚至将职业生涯规划课程引入到了中学,帮助学生尽早发掘自己的职业兴趣、解决人生困惑。人才服务中心等公共机构也提供就业指导相关的服务。在职业规划需求日益凸显的背景下,职业生涯规划作为一个刚刚起步的新兴行业,越来越引起人们的关注。

在职业生涯规划教育培训这个分支,除了传统的职业生涯规划教育培训,现在也有企业研发了针对企业内部环境的课程,在职的人力资源管理人员学习这样的课程,来辅助自己更好地管理员工。滴滴等企业在企业内部也开始给员工做职业生涯规划的培训。在职业生涯规划咨询领域,如今受到互联网的影响,催生了新的咨询模式和工具,比如在线咨询平台,它打破时间空间的界限,私密度也更高,是推动职业生涯规划咨询发展的一个重要的有利因素。同样受到影响的还有职业测评领域,基于更先进的技术,例如大数据分析,让测评可以得到更有效的信息采集,以便输出更有质量的分析结果。职业指导正在呈现出垂直化、细分化等趋势。垂直化指的是行业职业的垂直,这些垂直行业的咨询师需要将职业背景和生涯咨询进行结合,这样的生涯咨询更有针对性、更有价值、也更有市场。细分化指的是领域和人群的细分。领域的细分例如关于是否需要读 MBA 的系列问题、是否需要出国的系列问题等,人群的细分例如青少年生涯发展咨询、海归的职业生涯发展咨询、基督徒的职业生涯发展咨询等。市场的细分化趋势让从业者更加注重专业化,也可以帮助行业充分挖掘市场。

(三) 人力资源和社会保障事务代理

随着中国社会保障制度体系的逐步建成和服务水平的提高,民众社保意识增强,社会保障服务成为社会的核心需求。为员工缴纳社保是企业的法定义务,由于当前社保制度、流程、规范复杂多变,员工社保管理对专业性要求高,往往需要通过人事代理机构进行社保外包。城乡养老社保统一、全国社保卡统一等政策红利,再加上首个社保云系统上线等有利因素,让社保的本地化壁垒逐渐被打破,社保代理行业在这样的时代背景下也逐渐趋于成熟。

人社部于 2016 年 11 月发布了《"互联网+人社"2020 行动计划》,提出2018 年之前着力推进"互联网+人社"试点示范工作,初步建成促进"互联网+人社"发展的创新能力体系;2020年之前实现"互联网+人社"多元化、规模化发展。政府对"互联网+人社"的推动,将促进传统人力资源服务社保代理的转型。人社信息化建设的完善,将使企业和个人都能非常简易地参保,使流程更加简易、信息更加透明,一些不合规的参保行为将更加严格的被管控,传统社保代理服务将被剥夺市场空间。政府对"互联网+人社"大力推进,有利于提升人力资源服务业在公共服务领域的参与度,同时也将促使行业更加规范和专业。

除了依托多年丰富经验和强大综合实力的传统社保代理企业,新兴的人力资源服务机构,依托互联网等新技术,从中小企业切入市场,通过规模化复制快速崛起。51社保、金柚网等专业的社保代理网站也在行业内拥有了不容小觑的影响力,越来越多的企业特别是中小企业受益于社保代理。在O2O模式盛行的背景下,出现了大量的自由职业者,这些人参保缴费存在一定的困难,给缴社保的市场提供了机会。基于移动端的社保代理服务也开始兴起,让用户缴纳社保变得更加不受地域和时间的限制。

与此同时,政策提倡社会协作发展行动、鼓励社会力量参与创新服务,也给人力资源服务机构提供了参与公共服务的机会。例如阿里巴巴旗下的蚂蚁金服、北京外企、德科集团三方在上海宣布合资成立为中小企业提供缴纳社保服务的平台"人力窝";腾讯与深圳人社局签署战略合作,围绕人才、社保、医保等领域打造"互联网+城市服务"。除此之外,各类基于移动终端的社保平台借助新技术、新形势为公众提供了便捷,同时也开拓了新业务。

(四)人力资源培训

人力资源培训作为人力资源服务业里的一个业态,其服务的广度和深度前所未有,针对不同领域不同人群的不同需要都能找到相对应的培训。培训作为人力资源管理所必需的手段和方法,很多企业都非常重视,绝大多数企业都采购过培训服务。我国培训行业经过几十年的发展,大大小小的培训机构多如牛毛,可服务质量良莠不齐,市场环境还有待监管改善。

互联网是近几年对培训行业影响最大的因素之一。许多培训产品和服务都充满了互联网的基因,网络直播、云学习、大数据、O2O模式等元素都开始与人力资源培训相关联。其中网络直播、垂直社区、微课等新潮流在培训业很受关注。网络直播在近两年异军突起,影响了很多行业的传统形式。无论是用于宣传还是授课,基于 PC 端还是移动端,网络直播已经成为一种潮流。直播的及时、互动等优势在培训中得到充分利用。移动端的直播平台以及基于微信、QQ 等工具的社群直播,让培训更加能够突破时空的限制,并且降低了用户的成本,培训内容也更加广泛和深入。人力资源管理人员垂直社区是一个新兴模式,其中比较有代表性的是三茅网,它通过免费的社区学习以及收费的线上课程,帮助人力资源管理人员参与学习,提高能力,也给人力资源管理人员提供交流和分享的平台。除了这样针对人力资源管理人员的垂直社区,更多细分人群的基于社群的培训也在各平台逐渐活跃起来。

基于移动终端的技术发展和普及,微课这种利用碎片化时间的培训形式更加被企业和员工所接受。不仅传统培训机构和一些在线培训网站在推出各类微课,很多大企业也在积极研发企业内部的微课。而如何让互联网碎片化学习更有效,将会是培训行业需要研究的重要问题。

培训行业发展迅速,但是依然存在一些不利因素,其中最为突出的问题是培训课程的知识产权得不到有效保护。由于缺乏相关法律法规的有效支持,不仅我国优秀的培训课程难以维护自己的权益,国外版权课的引入也因此受到制约,这极大地削弱了企业的创新意识和版权意识,进而引发了严重的产品同质化现象。这几乎是整个培训行业一直以来急需解决的问题。

(五) 人才测评

国家质检总局和国家标准化管理委员会于 2017 年 5 月发布了《人力资源服务机构能力指数》国家标准,该标准的出台对人力资源服务机构的各个要素设定了量化指标。其中关于人才测评服务业务的指标包括了从业人员、服务场所、业务范围、测评工具、测评项目、信息化管理程度、材料归档、客户投诉记录及处理八个方面的相应指标,这些指标都是统一的定量指标,评估结果分为五个等级,为客观评价一个服务机构提供了客观的标准。这些指标的制定有助于促进人才测评行业的标准化和规范化。

人才测评未来的发展有着非常大的拓展空间,这首先得益于新技术的发展。大数据技术的使用将会大幅提高人才测评的信度和效度。除了被测试者自己提供的信息,利用大数据技术还能够提取到被测试者在网络搜索、社交娱乐、关注事项和兴趣点、平时工作、邮件和电话通讯、过往的就职信息等各方面的行为数据以及各项生理指标数据,并利用数据挖掘技术对这些数据进行分析,从而获得更客观、更精确的人才测评结果;随着行业的进一步发展和行业内部整合以及人才测评行业的专业性水平提高,将会逐渐形成一定的标准,人才测评的标准会朝着一致性方向发展;VR 和 AR 等新技术的发展将会提供更加接近真实场景的场景化测评,在接近真实的场景中获取的被测试者的反应数据会更加真实和客观;随着脑科学发展和脑机接口等技术的发展和商业化,将使得人才测评工具能够更方便地获取被测试者的大脑信息,这些信息会更加真实和客观,也会更加精确。未来的人才测评意义会更广泛。

人才测评不再局限于用人企业内部,因为标准统一化程度的提高,同一个人才测评报告在多个企业都可以使用,甚至在整个劳动力市场都可以使用。人才测评的报告使用者也不再只是用人单位的人力资源部门,也可以为被测评者提供参考,并在此基础上为被测评者提供改善自我的方案。人才测评对于求职者来说也会更加个性化,求职者不再只是人才测评的被动接受者,而有可能变成主动的需求者。

(六) 劳务派遣

劳务派遣因为能够有效解决企业的灵活用工问题、编制问题、成本问题、招聘问题、用工风险等问题,在我国发展很快。劳务派遣行业极大地促进了就业,可以预见,劳务派遣将作为一种重要的用工形式,继续发挥其不可或缺的作用。我国劳务派遣行业还处于初级发展阶段,派遣企业对派遣员工的调配能力和专业化服务程度有限,很多派遣企业缺乏专业管理经验,还出现了劳务派遣工的泛滥现象。针对这一系列的问题,《劳务派遣暂行规定》对劳务派遣的比例、数量、期限和岗位类型等方面都作出了一定的限制性规定,但是劳务派遣工的权益还需要进一步的立法保障。

劳务派遣行业发展的一个重要趋势是受到法律和政策制约越来越严格,对工人的保护力度会得到加强。新的法律和政策制定将会为劳务派遣行业提供更多的约束和规范。劳务派遣的岗位性质将会受到更加严格的限制,只有临时性、辅助性和替代性岗位才能使用劳务派遣工;劳务派遣企业的市场准入门槛将会进一步提高,实施准入许可制度,这将会提高劳动派遣行业的专业化和规范化水平;劳务派遣工的权益保护水平将会提高,同工同酬、福利保障等方面的要求会越来越严格;因为劳务派遣公司受到的约束越来越多,一些劳务派遣公司将会朝着劳务外包的趋势发展;随着劳务派遣工保护水平的进一步提高,除了低端劳动力之外,越来越多的高端劳动者也会选择通过劳务派遣的方式就业。

劳务派遣的另一个发展趋势与技术发展密切相关,未来的劳务派遣公司将会进一步利用互联网进行劳务招聘、培训、管理和派遣。互联网技术的使用会进一步降低劳动力需求方和供给方的信息不对称,劳务派遣会更加透明,双方的选择都会更加科学;随着机器人技术的进一步发展,劳务派遣公司可能用机器人代替人力进行劳务派遣。

(七) 高级人才寻访

为了提升人才活力,给人才提供专业化的服务,2016 年 3 月,中央颁布《关于深化人才发展体制机制改革的意见》,明确提出"大力发展专业性、行业性人才市场,鼓励发展高端人才猎头等专业化服务机构,放宽人才服务业准入限制"。这对提升社会对高端猎头服务的认知和在更广阔的领域内使用猎头服务提供了战略机遇,势必也将迎来猎头服务机构发展的又一个高潮。

随着市场的不断升级与发展,企业对于使用高级人才寻访的门槛也在进行调整,从传统的"高管"延伸成了"关键岗位",也就是说,只要被企业定义为"关键岗位""高专业岗位"的就业者均可进入到高级人才寻访序列中,为企业找寻最佳胜任者。高级人才寻访公司在早年的中国市场中,很少能充分发挥作用,仅仅在一些大型企业中少数的职位才能获得利润,使得许多专业的高级人才寻访企业不得不转型成为综合性的招聘公司。而在中国日益发展的经济形势下,企业对人才的需求以及对高级人才的定义已经得以放开,许多被束缚的岗位及思维得以解放,在此背景下,中国的高级人才寻访服务获得了空前的发展。

随着 IT 技术在猎头行业的应用,市场上还出现了云猎头,集众多的猎头公司资源于一体,将人才与企业的资源进行整合,获得最前沿的数据,利用大数据,加以分析和运用,让企业最快找到适合自己的猎头公司。近几年来国内一些新兴的猎头公司发展非常快,他们向国际猎头公司学习,更加规范企业运作,更加重视品牌,更加强调诚信,逐渐缩小与国际猎头公司的差距。

(八) 人力资源外包

人力资源外包在我国虽然起步较晚,一方面企业还没有认识到人力资源外包的有效性和必要性,一些企业不愿意采用人力资源外包的方式;另一方面提供人力资源外包服务的企业专业化水平和规范程度不够,只能提供一些简单的基础性服务,并不能一站式地解决企业所有的人力资源服务需求,一些人力资源外包服务企业的质量和信誉还没有赢得市场的信任。对于人力资源外包企业,国家也出台了规范化的要求,国家质检总局和国家标准化管理委员会于 2017 年 5 月发布的《人力资源服务机构能力指数》国家标准中,关于人力资源外包的评价指标包括从业人员、服务场所建筑面积、服务规模、服务内容、服务质量要求、信息化管理制度、材料归档、客户投诉记录及其处理八个方面的指标,这些规范和标准有助于克服人力资源行业现存的各种乱象,重塑行业秩序。

虽然面临一些问题,但也有了一定程度的发展,越来越多的企业在选择人力资源外包业务这一问题上,其目的也逐步从降低成本、降低用人风险转换到提升企业价值创造和竞争力上。这意味着人力资源外包已经成为我国企业解决人力资源管理问题的选择之一,人力资源管理人员有实施外包的强烈意愿,无疑是今后外包业务迅速发展的巨大推动力量。

人力资源外包服务的发展也呈现出一些新的趋势,主要表现在以下方面:互联网时代的共享经济模式下,一些人力资源外包服务企业建立第三方的 B2B2C(Business to Business to Customer)平台,利用互联网平台进行岗位和劳务匹配,使劳动者的业余时间能够有效利用,同时解决企业的用工需求。新技术的使用和规模经济效应的发挥将会进一步提升人力资源外包服务公司的专业化水平,越来越多的企业会把人力资源服务外包出去;人力资源服务外包公司业务朝着多元化方向发展,朝着产业链的两端延伸,不再只专注于解决企业的一部分问题,而是为企业的所有问题提供一站式的整合服务;人力资源外包行业的专业化水平将会进一步提高,人力资源外包的企业竞争方式也将会越来越多地朝着品牌竞争发展;人力资源外包服务会朝着个性化和定制化方向发展,为不同的企业提供具有更强针对性的服务。

（九）人力资源管理咨询

我国咨询业起步较晚,在理论和方法上也主要是借鉴欧美发达国家的发展经验,在高端市场上与国际咨询巨头相比竞争力较弱。但由于我国市场经济发展迅速,政策支持也比较到位,近几年来本土咨询企业成长很快。咨询行业专业能力的提升和外部市场对咨询服务需求的增加都为咨询行业提供了广阔的发展前景,尤其是大量的国内项目由于成本控制,给了本土咨询企业生存的空间,让咨询行业在长期激烈的市场竞争中逐渐走向成熟。国家质检总局和国家标准化管理委员会于 2017 年 5 月发布了《人力资源服务机构能力指数》国家标准当中关于人力资源管理咨询服务业的相关标准,有助于整个行业的服务实现标准化。

为了应对更高的要求和规范,人力资源服务企业也在积极调整以寻求新的竞争优势,呈现出一些新的趋势。首先,人力资源咨询公司的专业化程度会进一步提高。过去的很多咨询公司提供多种咨询服务,人力资源管理咨询只是其部分业务,现在的人力资源管理公司朝着专门的人力资源咨询业务发展,这个行业还通过人力资源咨询师考试等方式选择出专业的人力资源管理咨询服务人才。其次,人力资源管理咨询企业也在积极降低企业的成本,通过在线咨询等方式提供资讯,以谋求降低单个企业的咨询费用、增加服务的客户数量;除此之外,人力资源服务的数字化、科学化、智能化水平也会因为大数据和人工智能等新技术的使用而得到提高。企业将会得到更加有效的人力资源咨询服务,这些服务也会更加个性化和更具针对性。

（十）人力资源信息软件服务

随着信息技术和数据处理技术的发展,人力资源信息软件(人力资源管理过程中公司内部成员之间信息沟通的软件)的功能进一步多元化,除了满足企业内部员工之间、员工和管理者之间的信息沟通,还可以对企业内部产生的信息进行数据挖掘,为企业管理决策提供参考。

人工智能的发展则使得软件走向更加智能化的趋势,为员工和管理者提供"秘书"服务,辅助管理者和员工工作;移动互联网技术的发展使得人们能够随时随地进行信息沟通,人力资源信息服务软件的发展也会顺应这个趋势,人力资源信息服务软件将会从传统的固定终端转移到移动终端上来;云计算的发展使得人力资源信息服务软件朝着平台化发展,人力资源信息沟通的需求将会被服务商通过统一的平台来满足,使用者不必操心数据处理和硬件维护等方面的问题,他们通过信息的输出和输入终端就能够满足所有的需求。基于云计算的人力资源软件主要分为三种服务模式:SaaS(Software as a Service,软件即服务)、IaaS(Infrastructure as a Service,基础架构即服务)、PaaS(Platform as a service,平台即服务)。SaaS 主要将应用作为服务提供给客户,IaaS 主要是将虚拟机等资源作为服务提供给用户,PaaS以服务形式提供给开发人员应用程序开发及部署平台。目前,人力资源管理领域 SaaS 市场正从发展起步期趋向成熟,企业对 SaaS 服务模式的应用也越来越规范和丰富。未来的软件将向"一体化、服务化、网络化、平台化"转型,从传统的技术转向了服务,从服务转向平台,这是技术发展、社会分工与产业升级的必然趋势。

三、人力资源服务技术创新与应用

(一) 大数据技术在人力资源服务业的应用

1. 大数据的概念及其特征

大数据是信息技术发展的必然结果。计算机和互联网技术被称为第三次科技革命,计算机和互联网技术的发展产生了海量的数据,这些数据数量巨大,而且大多是非结构化数据,利用传统的数据搜集和分析技术,不足以开发海量数据的价值。要搜集、处理、分析和利用这些数据,大数据技术应运而生。2011 年 5 月,麦肯锡全球研究院,发表了一篇名为《大数据:下一个创新、竞争和生产力的前沿》的报告,报告当中最早提出了"大数据"的概念。麦肯锡全球研究院在报告中指出,大数据是指其大小超出了传统的数据处理软件的采集、存储、管理和分析等能力的数据集。大数据研究机构

Gartner 给出了这样的定义："大数据是高容量、高生成速率、种类繁多的信息价值,同时需要新的处理形式去确保判断的作出、洞察力的发现和处理的优化"①。"大数据"的翻译容易给人们造成一种误解,认为大数据就是数据量很大的数据。事实上,大数据不只是数据量很大,而且多为非结构化数据、实时数据、多源数据,大数据样本量巨大,甚至有人认为在大数据时代"样本即总体",而且大数据采集的数据指标大大超出了传统的指标数量,所以利用大数据建模的结果偏差很小、精度高、代表性强。

大数据的特征,被总结为"4V":数据量大(Volume)、种类多样(Variety)、处理速度快(Velocity)、价值高(Value)。数据量大:互联网的发展和信息爆炸的时代,人们的生产、生活和信息交流活动产生了大量的数据。"经国际数据企业监测统计,截至 2011 年底,世界数据总量已高至 1.82ZB,且每隔一年均呈现出增长翻倍的趋势②。"种类多样:微信、微博等社交平台、各种新媒体、搜索引擎、各种传感器等提供了来源广泛的数据,数据表现形式有数字、文本、图片、视频等形式,数据有结构化、非结构化和半结构化数据,这些都体现出数据的多样性特征。处理速度快:大数据的处理已经超出了人工处理的能力,都是利用计算机进行自动化、半自动化的处理,而且可以实时采集、实时处理,因此处理速度快,能够及时地为决策者提供决策依据。价值高:如果能对大数据进行有利的处理和分析,能够获得非显而易见的、前瞻性的、独特的洞察,能够帮决策者抢占先机,带来巨大的价值。

粗略地分类,人力资源服务主要包括人力资源规划、招聘与职位配置、培训与教育、绩效管理、薪酬福利管理五个板块。大数据凭借其特有的优势,在人力资源服务的各个环节都能够发挥巨大作用,而且极大地提高了人力资源服务的效率和效果。

(1)大数据在人力资源规划方面的应用

人力资源规划,首先要进行人力资源需求分析,以往主要采用趋势分

① GRAHAM-ROWED, GOLDSTON D., DOCTOROW C., et al., "Big data: science in the petabyte era", *Nature*, 2008, 455(7209):8-9.

② 张凯:《大数据时代背景下人力资源管理所面临的机遇分析》,《现代营销(下旬刊)》2016 年第 10 期。

析、回归分析、比率分析、时间序列分析等方式,这些分析存在样本量有限、数据指标维度少、每一个指标维度细化程度不够、数据来源单一、非结构化数据不能采集和分析、多渠道数据无法实现链接和整合、数据的非实时性、缺乏动态性等缺陷,分析和预测的结果精确度不够。以大数据为基础的人力资源规划,采集信息的样本更大、数据指标维度和详细化程度高、数据来源多元化和非结构化、多渠道数据的链接和整合程度高、实时化采集和分析数据,能够为企业的人力资源需求提供更为及时、更为精确的预测。

除了对企业的人力资源需求进行分析,还可以对企业现有的人力资源进行分析。通过大数据的信息采集工具从企业内部和外部采集关于员工的信息,并结合员工的职业生涯规划和个人目标,预测员工未来的流动性,根据预测的员工流动概率和流动数量,判断企业未来的人力资源供给状况,并结合企业未来人力资源供给和需求的差额,制定人力资源规划。

(2)大数据在招聘与职位配置方面的应用

传统的招聘无论是校园招聘还是社会招聘,无论是网络招聘还是现场招聘,都面临一些共同的问题:招聘方对求职者的信息掌握太少,求职者提供的有限信息不足以对求职者的知识、能力、态度、动机和个性等各个方面作出全面的判断,人职匹配的效果不好;由于人工筛选简历处理信息的能力极其有限,筛选的简历数量很小、筛选成本高速度慢、筛选的精确性和客观性不足;获得的信息是静态信息,无法对求职者进行动态的全面分析;人才选拔很大程度上受到面试官主观性的影响,很难避免面试官以权谋私的情况,很难实现客观、公正、科学的选拔。

以大数据为基础的招聘系统,有大量的信息采集接口,可以通过微博、微信、社交网络、新媒体等网络信息平台搜集求职者的静态信息和动态行为,了解他们的基本信息、生活状态、工作经历、兴趣爱好、价值观等方面的全面信息,分析应聘者和招聘岗位的匹配程度。大数据搜集的求职者样本量巨大,可以把所有潜在的求职者都涵盖在内,效率高成本低;数据类型更加丰富和全面,可以通过对个人网络行为信息的追踪,了解求职者在工作、生活、娱乐、社交等各个方面的信息,对求职者作出全面评估;可以获得动态和实时信息,不但能够获取现在的信息还能够搜集过去的信息,不但能了解横向数据还能了解纵向数据,对求职者有动态的了解;因为数据来源更为全面和丰富,可供参考的样本数量巨大,所以评估模型对求职者的评估和筛选更加精确;评估模型采用标准化或定量化指标,模型评估的结果更加公正客观。

(3)大数据在培训与教育方面的应用

传统的人才培训,确定培训需求,通常采用观察法、问卷调查法、访谈法等方法,但是这些方法获取的信息都是比较片面的,容易受到受访者和人力资源管理者主观因素的影响,不能全面、准确、客观地确定员工的培训需求,导致培训缺乏针对性,培训效果有限。传统的人才培训设计,无论是采用线上培训还是线下培训,都是单向的培训,缺乏培训者和受训者之间的双向互动,对培训的效果也不能进行有效考核和及时反馈。因为对受训人员缺乏针对性的分析,很难评估受训者哪些方面取得进步,哪些方面还需要改进。

以大数据为基础的人才培训,在确定员工的培训需求时,所依据的参考信息不只是问卷、观察和谈话所获得的信息,更多的是平时采集的信息。通过多种维度的指标进行预先的设定,采用对应的信息采集工具,对员工工作过程中所表现出来的知识、能力、行为、态度、动机、绩效等方面的数据进行全面的搜集,对这些信息进行分析进而确定培训需求。通过大数据进行组织分析、职能分析和人员分析,在三者结合分析的基础上确定培训需求。由于搜集的信息全面准确、数据分析方法科学客观,所确定的培训需求更精确,培训方案的设计也更有针对性,这也是保证培训质量的前提。利用大数据和互联网的结合,能够实现培训者和受训者的双向互动,为受训者提供具有针对性的指导,而不是"一刀切"。同时,大数据能够对受训者的培训过程进行监测,有效评估培训的效果,还可以通过动态信息分析来比较培训前后的变化情况,对受训者的情况进行记录、分析和比较,形成个人成长档案。除此之外,大数据还能够监测每一个受训者的具体信息并进行分析,了解受训者现在的状况,发现不足并针对性地提出进一步培训方案。

(4)大数据在绩效管理方面的应用

传统的绩效考核,通常采用 KPI、BSC、MBO 和 360 度考核等方式考核员工的行为。虽然传统的绩效考核方法也尽力兼顾各个方面的数据指标,但是因为指标的覆盖面有限,而且以定性指标为主,往往受到管理者主观判断的影响,所以测评结果的代表性、准确性和公允性受到很大的限制,测评结果并不一定是员工的绩效。测评结果是静态信息,没办法观测到员工绩效的变化情况。

以大数据为基础的绩效考核,能够全面地搜集相关岗位信息,制定科学合理的绩效测评指标,并以测评指标为依据,监测员工工作过程中的工作行为、工作态度、工作效果等方面的数据。这些数据指标数量更多、每个指标更为详细具体、数据来源多元化、采集的数据具有实时性,能够建立全面、系统、多维度、立体化的评价模型,实现更客观、更精细化的绩效考核。大数据与网络系统的结合,还可以实时地向员工反馈考核结果,允许员工质疑考核结果,促进考核的公开、公平、公正,通过与员工的互动和讨论能够确定员工和管理者都认同的问题并提出有效的解决办法。

(5)大数据在薪酬福利管理方面的应用

薪酬管理是企业人力资源管理的重要内容,薪酬既是对员工的报酬,也是一种激励。管理规范的企业都有自己的薪酬体系,确定薪资标准的方法有很多种,包括职等职级、工作的难度和强度、技术复杂度、员工的能力和学历等,但是这些薪资标准都是静态的,而且并不一定与员工的贡献一致。

在大数据情况下,可以对员工工作过程中每一天、每一项工作的具体内容进行记录,可以对工作完成的数量和质量进行客观的评估,根据预先设计的模型生成科学合理的工资报酬数额,每个员工的工资收入都实现了精准化计算,真正实现了按贡献大小分配,真正发挥了工资的报酬作用和激励作用。除了精确计算薪酬,大数据的使用还可以实时跟踪同行业的薪酬状况,通过模型建立同行业薪资水平的预警系统,帮助企业针对性地调整薪资水平,防止因为薪酬水平低于同行业而导致人员流失的情况。

2. 我国人力资源服务行业运用大数据的现状

大数据受到了政府的高度重视,2015年9月5日国家发布了《促进大数据发展行动纲要》,主要传达了如下内容:(1)大数据成为推动经济发展转型的新动力;(2)大数据成为提升政府治理能力的新途径;(3)大数据能够建设以人为本、惠及全民的民生服务新体系;(4)大数据应率先在就业保障、教育培训领域推广应用,激发大众创业、万众创新;(5)大数据发展,要求加强信息采集、保存和分析建设能力;(6)大数据能够推动政府治理精准化;(7)政府要与社会合作开发大数据试点,包括劳动就业与收入分配领域;(8)发展大数据科学,积极培育大数据技术与应用人才。人力资源和社会保障部 2016 年 10 月 21 日发布了《人力资源社会保障部办公厅关于加快推进公共就业服务信息化建设和应用工作的指导意见》,提出加快实现就业服务和就业管理工作全程信息化,到 2020 年,全面建成系统省级集中、信息全国共享的公共就业服务信息化格局①。

我国人力资源服务业与大数据结合刚起步,大数据的运用还没有渗透到人力资源服务的各个环节,目前国内人力资源服务与大数据的结合主要有两种方式②:

(1)测评

例如智联招聘有智联测评,前程无忧也为企业量身定制各种公开课程、内部培训、实战模拟及体验式培训,帮助企业员工迅速提高职业水平、加强专业知识和综合素质,同时进行人才测评工具及服务,帮助企业在招聘选拔、人才评估及发展、素质模型建立方面提供完整的解决方案。

(2)行业报告

猎上网、猎聘网等服务商每年都会出具人力资源行业报告,为一整年人才市场情况进行盘点和总结,为市场走向提供判断依据。

由于技术、人才、成本和思维方式的制约,大数据的开发和运用主体主要是一些提供就业招聘服务的互联网公司,大数据在人力资源服务中的作用和价值还没有充分发挥出来。但是随着行业对大数据重视程度的提高,越来越多的人力资源服务机构会采用大数据技术,无论是使用的深度还是广度,都会持续提升。

(二) 企业移动管理平台在人力资源服务业的应用

1. 移动人力资源管理平台的背景和特征

随着智能手机、平板电脑等轻便的移动终端的普及,现在人们通过移动终端上网的频率已经超过台式电脑等固定的互联网终端。移动人力资源管

---

① 云基华海:《人社部:依托大数据研判就业形势,实现就业服务管理信息化》,https://sanwen8.cn/p/5493FqK.html,2016 年 11 月 1 日。

② 亿欧、王玛珺:《当分析不再只是提供数据,大数据将如何为 HR 服务?》,http://www.iyiou.com/p/40124,2017 年 3 月 3 日。

理平台目前也只处于起步阶段,但是它的运用空间非常广阔,由于其自身具备的随时随地都可以使用的便捷性,将逐渐取代台式电脑终端的人力资源服务系统,已经成为人力资源管理的趋势。移动人力资源管理的诸多优势如下。

(1)系统外包化、专业化。很少有企业自己开发移动人力资源管理系统,系统的开发、维护、更新换代都外包给专业的 IT 企业,企业的人力资源管理部门只是系统的使用者。这样降低了人力资源管理的成本,同时保证了人力资源管理的专业性和科学性。

(2)企业亲民化、娱乐化。通过移动人力资源管理平台发布企业的战略目标、提出组织任务、宣传企业文化,可以打破原来那种严肃的、自上而下的表达方式,利用漫画、小视频等更为亲切的形式传递信息。员工之间可以通过发红包等娱乐化的方式进行互动,建立融洽的企业内部关系。

(3)信息整合化、一站式。一个企业内部的信息往往是碎片化的,员工总是要花费大量的时间和精力去获取信息。但是通过移动人力资源管理平台,可以把企业各个部门分散的信息整合到一起,为员工提供一站式的信息服务。

(4)以人为中心、服务化。移动人力资源管理系统不只是一个管理系统,也是一个贴心的服务系统。通过人力资源管理系统的移动端,员工可以接受日程安排、备忘录、任务提醒、生日祝福、福利发放、事项查询等一系列贴心服务,提高员工满意度。

(5)员工主体性、参与性。在移动人力资源管理框架下,每一个员工既是管理的接受者又是管理的参与者。移动人力资源管理系统为员工提供了表达的渠道和工具,员工可以通过移动端发表自己的意见和想法,还可以与管理者进行双向互动,提高了员工的主体性和参与程度。以管理者为中心的管理模式逐渐向员工倾斜。

(6)组织扁平化、社交化。移动人力资源管理系统的使用,将企业内部的所有人员置于同一个系统当中,员工与管理者之间、员工与员工之间可以进行实时的互动,体现出社交化的特征。

(7)时间地点灵活、实时化。移动人力资源管理同样具备移动互联网的优势,即不再受到时间和空间的限制。只要有网络,员工就可以通过人力资源管理系统的移动端接收信息和发出信息,组织内部的信息沟通和协调无论在时间上还是在空间上都更加自由和灵活。

这些特征使得移动人力资源管理受到越来越多企业的青睐,我们也相信移动人力资源管理将会成为人力资源管理的一种趋势。

2. 移动人力资源管理平台在企业中的运用

移动人力资源管理平台无论具有什么特征,归根到底是帮助企业进行人力资源管理的工具,辅助人力资源管理部门提升人力资源管理的效率、改善人力资源管理的效果。虽然移动人力资源管理平台与传统人力资源管理相比在形式上存在很多差异,但是其内容都是一样的。粗略地分类可以把人力资源管理分成人力资源规划、招聘与职位配置、培训与教育、绩效管理、薪酬福利管理、员工关系管理六个板块,移动人力资源管理平台在每一个模块都能够发挥它的独特优势。下文将做简单的介绍:

(1)人力资源规划:员工使用人力资源管理的移动端,根据人力资源部门的要求及时上传相关信息,人力资源部门可以根据这些信息进行分析,了解每一个员工的情况,更加准确地预测企业内部人力资源变化,促进人力资源规划决策的科学化。

(2)提高招聘效率:企业可以在微博、微信、招聘平台等通过移动客户端接触的平台实时地发布招聘信息、进行建立筛选、发布面试通知、进行背景调查、反馈录取结果,提供招聘一站式服务。移动端投放招聘信息可以有效地降低招聘成本,扩大招聘广告的传播范围。

(3)方便培训教育:人力资源主管可以通过移动端搜集员工的信息,了解员工的具体情况,为提供针对性的培训奠定了基础。同时,员工也可以通过移动人力资源管理系统反映自己的想法和要求,使得公司和员工探讨双方都能够接受的培训计划;移动人力资源管理系统本身就可以成为提供培训的载体,员工通过该系统接受培训,真正实现了随时随地学习,时间地点更为灵活,而且可以重复观看。顺应时间碎片化的趋势,可以通过"微课堂"、要点提示等方式提供碎片化的培训;员工也可以在接受培训的过程中和培训之后通过移动人力资源管理系统反馈情况、提出建议。

(4)便捷的绩效考核:人力资源部门主管可以根据预先设定的绩效考核标准,要求员工通过移动人力资源管理系统客户端录入对应的信息,将搜集信息的任务分散化,降低人力资源部门的负担;考核的结果可以通过移动人力资源管理系统及时发布,员工还可以就绩效考核结果通过移动客户端提出质疑,与考核人员沟通。关于绩效考核的一些常规性内容,比如出勤打卡、外勤记录、加班、迟到、早退、请假等信息都可以通过移动端完成,还可以根据预先设定的模型自动考核绩效。

(5)便捷的薪酬管理:人力资源管理部门可以通过移动端采集员工的工作情况,协助计算员工的每月薪酬,通过移动端发放工资条,还可以通过移动支付工具进行工资结算,极大地提高了薪酬管理的效率。

(6)提高沟通效率:移动人力资源管理系统把公司的所有员工聚集到同一个平台上,方便了企业内部的信息沟通。领导可以通过移动人力资源管理系统发布命令和要求,员工也可以通过移动人力资源管理系统向管理者提出建议、反馈情况;移动人力资源管理系统也促进了员工之间随时随地的信息共享,提高协调效率。

移动人力资源管理平台的最大优势在于其灵活性和便捷性,不受时间和地点的限制,随时随地把员工和企业联系在一起。移动人力资源管理平台将来和大数据、人工智能结合到一起,将会发挥越来越大的作用,把人力资源部门从繁琐的事务中解放出来,为员工提供更具个性化的服务。

3.移动人力资源管理平台在人力资源服务行业的发展

移动人力资源管理平台在人力资源服务行业的发展,主要是移动人力资源管理平台开发商的发展。由于移动人力资源管理平台的开发有比较高的技术门槛、人才门槛和成本门槛,所以很少有企业自己开发移动人力资源管理系统,系统的开发、维护和更新一般都是外包给专门的移动人力资源管理平台开发商。移动人力资源管理平台开发商一般的商业模式是为企业提供整合的移动人力资源管理解决方案,满足企业的移动人力资源管理需求。以金蝶移动人力资源管理系统为例,"通过金蝶移动HR,企业员工能够随时随地管理重要的公司和个人信息,也可以查阅自己的薪资单,管理个人假期,还可通过移动企业通讯录搜索并联络相关同事等。金蝶移动HR还为直线经理提供团队信息查询及动态事件预警等;通过搜索快速定位目标组织及目标人员,及时了解和掌握组织信息及人员状况;为企业负责人提供企业人力资源状况全景视图;支撑分管领导基于业务领域内的组织和人员能力展开绩效分析；为 CHO 关注人才建设及能力培养提供信息决策"①。

现在的很多软件开发商都能够提供移动人力资源管理平台的开发服务，整个行业呈现出小而散的特征，尚未形成专门开发移动人力资源管理平台的独角兽企业。随着这个行业的发展，一些成本承担能力有限的中小企业也有机会使用到移动人力资源管理平台。以神州数码为例，这个公司开发出了适合中小企业的移动人力资源管理系统，"对于中小型企业客户而言，在支持即开即用的同时，不需要购买服务器，也不需要企业有完整的 IT 建制，甚至可以不需要专业 IT 服务人员，从而大大降低了成本"②。

随着行业的发展，移动人力资源管理系统开发企业的集中度会继续提高，一些专业性更强的企业会逐渐脱颖而出；因为中小企业的数量巨大，所以会有越来越多的企业开发出适用于中小企业的低成本的移动人力资源管理系统；移动人力资源管理系统与大数据和人工智能的结合，也会呈现出更加智能化、更加人性化的特征。

移动人力资源管理平台带来便捷的同时，也带来了问题。因为员工随时随地可以通过移动终端接收到公司的信息，这有可能会进一步打破员工的工作与生活之间的界限，使员工的业余生活也会受到公司信息的干扰；另外，移动人力资源管理平台还可能导致企业信息泄密等问题。

（三）企业大学在人力资源服务业中发挥的作用

1. 企业大学的概念、特征和功能

北京大学教育学院吴峰教授对企业大学进行了定义："从性质上，企业大学是员工在后大学时代的终身教育机构，是一种创新形式。从所有权上，企业大学是企业出资成立并且为企业的战略服务。从服务对象上，企业大学不仅为本企业员工服务，而且拓展服务到外部重要客户、供应商及合作伙伴等。从内容上，组织学习与知识管理是企业大学的主要活动。从目标上，企业大学推动员工培训与学习使得员工知识与技能得到提升，最终促进个

---

① 参见《金蝶移动 HR 解决方案》，http://www.xuanruanjian.com/art/112211.phtml，2014年 12 月 10 日。

② 《神州数码 iQuicker 移动与社交浪潮下企业 EHR 探路》，http://news.163.com/16/1219/18/C8LUQUTN00014JB5.html，2016 年 12 月 19 日。

人与组织的绩效提高。"①企业大学的产生,一方面是因为普通全日制高等教育学校提供的教育与企业实践的需求相脱离,企业大学需要填补这一空白;另一方面是因为随着企业间竞争的白热化,企业意识到学习型组织越来越成为影响自身竞争力的重要因素,企业越来越重视组织成员的教育和学习。

要理解企业大学的特征,需要将它与企业培训中心和普通全日制高等教育学校区分开来。与企业培训中心相比,企业大学更关注企业整体而非员工个体,企业大学的教育更加系统化而非零散化,企业大学与企业的整体战略相关而非只关注某一局部的问题,企业大学服务于整个企业而非某一部门,企业大学可以为上下游合作伙伴提供服务而不只是服务企业自身;与普通全日制高等教育学校相比,企业大学更侧重专业知识教育而非通识教育,企业大学的目标是提高企业绩效而非只关注知识传播,企业大学是工作能力教育而非学历教育,企业大学教育体系的依据基于实用目的而非基于学术体系的完整性,企业大学教育的对象是企业员工而非社会公众。

企业大学承担一系列的功能:从企业的角度来看,企业大学的功能在于体现企业战略和助力企业战略的实施;从知识的角度来看,企业大学的功能在于积累企业创造的知识和成功的经验,并传递和创新知识;从员工的角度来看,企业大学的功能在于为员工提供教育和培训,提升员工能力;从对外影响的角度来看,企业大学的功能在于培育企业文化、提升企业形象、树立企业品牌,增强与合作伙伴的合作关系。

2. 企业大学的发展历程和角色作用

现在普遍认同的第一所企业大学是通用电气于 1955 年成立的克劳顿学院(杰克·韦尔奇领导发展中心),该学院培养了大量优秀的职业经理人。1993 年,摩托罗拉公司成立了中国区的企业大学,第一次将企业大学引入中国。1999 年成立的海信大学是中国本土成立的第一所企业大学②。据统计,从 1998 年第一家中国本土企业大学海信学院成立到 2008 年,仅仅通过媒体公开报道和企业官方信息对外宣称已经建立或正在筹备建设中的

---

① 吴峰:《企业大学:当代终身教育的创新》,《北京大学教育评论》2016 年第 7 期。
② 吴峰:《企业大学:当代终身教育的创新》,《北京大学教育评论》2016 年第 7 期。

中国本土企业大学就超过了 190 家,企业大学在中国正得到快速的发展,中石化、国家电网、中石油、鸿海科技、中国工商银行、中国移动、中国人寿、南方电网、中国中化集团、宝钢集团等企业都建立了自己的企业大学①。国内的很多国有和民营企业都对企业大学的建设进行了有益的探索,上海交通大学海外教育学院发布了 2016 年最佳企业大学排行榜,上榜的企业大学有华润大学、中广核大学、中国移动学院、中国兵器人才学院、京东大学、南京银行培训学院、红星美凯龙管理学院、神华管理学院、扬翔大学、广州医药有限公司沙槐学院、途牛学院、新世界百货管理学院、老板大学、苏宁大学、四川置信职业培训学校、诺基亚学院(中国)、中国航天科工二院天剑学院、广州农商银行珠江商学院、TCL 大学和九州通大学,这些大学的主要功能仍然是以培训功能为主,主要目的在于提升员工的业务素质和职业技能,培养管理人才和技术人才,为企业自身的发展和战略服务。

国内涌现出一批优秀的企业大学,而其中一些大学已经逐渐跟上了国际的步伐,例如:万达学院占地面积巨大,有环境优美的学校,强调案例教学,强调培训必须有用;苏宁大学旨在开拓员工视野,转变思维,促进企业转型;创维学院建立了完善的领导力开发体系,为企业选拔和培训优秀的职业经理人和国际化人才;中国移动通信的南方基地交流合作中心,由传统的内部员工能力培养中心逐步转型为连接企业内外的合作伙伴型企业大学;欧莱雅培训中心通过创新、多元、专业的课程设置,同时采用先进的在线推送学习模式,为公司未来发展做好准备,提供保障②。

在互联网的条件下,企业大学正在探索 E-Learning 网络教育模式,这将会成为未来企业大学的发展趋势之一。网络大学以互联网为信息传递工具,开展线上培训、在线学习和在线考试,它的优势是不受培训场地、教室数量等因素的限制,增加学员数量的边际成本极低,适合大量员工同时培训,例如:中国移动通信集团开展电子课件比赛项目,鼓励员工参与学习;2015年,兴业银行搭建了"兴业银行培训中心"微信学习平台,帮助员工培训;

---

① 《全球视野下的中国企业大学现状:由成长走向成熟》,http://money.163.com/12/1010/01/8DDSKEVM00253B0H.html,2012 年 10 月 10 日。

② 参见《商学院》2015 年企业大学测评榜单。

2015 年,南方电网公司在全国 5 个省 9 个子公司范围内首次开展全员微课大赛,大量员工参与学习。企业大学的互联网探索有了一些成效,但是目前还存在一系列问题,例如:课程开发周期长导致网络课程的针对性和实时性不足;与真实的线下培训场景不同,导致效果有限;在线学习注重形式,关注学习参与率和考核通过率,学习效果无法保证;网络教学大多是员工按要求参与,缺乏主动学习。

除了传统的行业在尝试创办企业大学,国内一些新兴的行业也开办了自己的大学,这种大学与传统的企业大学有鲜明的不同之处,它不再属于某一个企业、也不只是服务于某一个企业,主要功能也不再是培训员工的业务能力和技术,而是培养高层次的创业人才,它是由多个商界领袖共同合作创立的,成为国内主要商业领袖进行合作、建立圈子的一种工具,最典型的代表就是由阿里巴巴主导、多位商界领袖和学术领头人共同创办的湖畔大学,它一方面培养了新兴的创业者和商业管理人才,另一方面也搭建了一个企业家交流合作的圈子。

3. 中国企业大学现在存在的问题

虽然国内一些优秀的企业大学已经取得成效,但是仍然存在一些问题:

对企业大学功能和价值的认知不足,定位不清晰。当前很多企业对企业大学的认知仅仅停留在人力资源培训和开发的层次上,没有认识到企业大学更系统、更综合的功能和价值。企业大学还没能有效地服务和服从企业战略,企业大学的办学与企业战略脱节;企业大学的教育体系设置缺乏系统性和传承性,不利于知识和经验的积累、传播和创新;企业大学对于培育企业文化、塑造企业品牌、促进合作关系的作用有限。如果对企业大学的认知不准确、定位不清晰,企业大学的发展就会受到限制。

一些企业大学盲目跟风,做表面工作,缺乏实际意义。一些企业看到其他企业大学办得好,就盲目跟风,只是为了制造噱头,提高企业知名度而开设企业大学,缺乏与企业自身实际情况的相关性。他们创办企业大学只是一个形式,甚至没有自己的教育培训体系、基础设施和运行机制,并没有带来培训员工、积累知识、促进创新、提升品牌、落实战略、促进合作等方面的实际作用。

一些冲动性建立的企业大学,因为没有充分预测到创办企业大学可能面临的困难,没有正确评估自身建立企业大学的能力,资金投入不足、师资力量和质量缺乏、课程体系不完备,在后期办学的过程中各种困难涌现出来,教育培训体系不完善、缺乏企业大学治理经验、管理机制混乱、软硬件设施跟不上等种种局限都有可能使得企业大学陷入僵局,最后导致效果不好,骑虎难下,甚至不了了之。

没有正确评估投入与回报的关系。一些企业投入大量的资金建设企业大学,但是因为企业大学定位不清晰、课程体系不健全、师资不足等原因,企业大学的功能没有充分发挥,企业大学创造的价值和回报根本不足以弥补创办企业大学的投入;另外一类企业大学则一开始就是抱着盈利的目的而开设,企图对外提供培训获得收入,而不是为了服务企业自身的发展战略。这两类情况都是没有正确评估投资与回报之间关系的表现,其结果要么是企业大学办不下去,要么是偏离企业大学的目标和价值。

师资力量和培训体系的不足。企业大学面临的一个共同问题是谁来提供培训? 如果企业高管提供培训,可能面临高管时间不足、不能提供系统化培训等问题;如果聘请大学或研究机构的专家学者提供培训,可能面临成本过高、过于理论化、缺乏针对性等问题。另外一个问题是课程体系的设置,一方面要考虑课程体系的系统性、整体性和理论性,另一方面又要考虑结合企业实际情况和实践需求,这对于企业大学设置合理的课程体系来说,是一项重大挑战。

以上列举的这些问题,都在不同程度上限制着国内企业大学的发展,只有合理地解决这些问题,才能促进企业大学的良性发展。

(四) 人力资源服务创新技术应用的发展趋势

互联网时代的到来,信息技术对很多传统行业都造成了颠覆性的冲击,它不仅改变了人们的沟通方式,而且重塑了新的商业模式,无论是制造企业还是服务企业,无论是生产过程还是销售过程,都在被新技术重新塑造,很多互联网创业公司如雨后春笋。伴随着这些新技术带来的机遇和挑战,人力资源服务行业很难置身事外,要么主动拥抱,要么被淘汰。人力资源服务行业是一个典型的人力资本集中型行业,过去几乎所有工作都是由人来完成的,而这个行业当中的很多工作是可以用机器来替代的,机器带来的不仅是效率,还能够解决传统人力资源服务所不能解决的痛点。本文将从互联网+人力资源服务、大数据+人力资源服务、人工智能+人力资源服务、云技术+人力资源服务、机器人与劳务外包,以及 VR、AR、MR 技术几个目前比较热门的技术出发来阐述新技术在人力资源服务业中的发展趋势。

1. 新技术在人力资源服务业中的运用

(1)互联网+人力资源服务

传统的人力资源服务行业,从人力资源规划、招聘、培训、绩效考核、薪酬福利管理到员工关系管理,基本都是靠人来完成的,交流沟通方式也基本是面对面的沟通为主。互联网的运用带来了很多改变,将很大一部分信息沟通从线下转移到线上,速度更快、效率更高,还解决了很多传统人力资源管理所不能解决的痛点。在招聘方面,传统的招聘由于信息传播途径和信息传播广泛程度的限制,招聘信息的发布只能影响很小一部分人,能够收到的简历也非常有限,互联网技术的使用使得人力资源工作人员可以搜集广泛的候选人,选择空间更大;在选拔过程中互联网技术也打破了传统面对面的考核和面试,可以采用视频面试、在线测试等方法,不仅可以选择更多的人,而且可以异地选择,极大地提高了效率、降低了成本。在培训方面,在线培训的边际成本非常低,而且灵活性强,成为越来越多人力资源管理部门的选择;绩效考核方面,远程考勤、在线考勤等方式也极大地节省了时间、降低了成本,还能够对员工平时的工作状况进行全面的记录;互联网技术也为员工之间的沟通协调打开了方便之门,反映问题、请假、协调工作都可以在线完成,不需要人到现场;薪酬福利也可以通过互联网进行发放,五险一金的缴纳也可以通过网络完成,大大降低了人力资源部门的工作负担。互联网技术的使用,凭借其便捷、迅速、及时等优势,不但提高了人力资源部门的效率,而且提高了员工的体验。

互联网+人力资源的运用,目前比较成熟的是前程无忧、中华英才网和智联招聘三大网站,以及专注于蓝领招聘的 58 同城和赶集网;最近又发展出了很多细分领域垂直招聘、直聘、视频招聘、测评、人事外包等功能的提供人力资源服务的互联网业态。腾讯和阿里也从企业内部沟通的角度切入互联网人力资源服务行业,百度也从兼职和蓝领招聘角度切入互联网人力资源服务领域。

（2）大数据+人力资源服务

大数据的运用也是人力资源服务业的又一个趋势,大数据能够采集和分析数据的能力远远超出了人类的能力,大数据在人力资源服务行业各个方面都有施展的空间。在人力资源规划环节,大数据能够采集企业运营过程中各个方面的信息,从而更加精准地预测企业未来需要什么人才、什么人才可能流失,进而提前作出预警,协助人力资源规划;在企业在招聘环节,利用大数据能够捕获一个人在网络上的所有行为信息,通过对这些信息的分析实现精准定位,为企业选出最适合的人;在培训环节,利用大数据能够分析每一个员工的特征,从而针对性地提供培训,培训效果的评估和反馈也会因为大数据的使用而更加客观准确;在绩效考核方面,利用大数据也能够自动地采集相关数据,根据既定的模型给出客观的评估结果;在薪资福利方面也能够根据员工平时表现的所有行为数据进行分析,结果更加客观公正,让贡献大的人得到公正的回报。总的来说,在人力资源服务行业,大数据分析技术能够搜集和处理的数据比传统方法更为广泛,分析的结果也更加客观真实,大数据能够帮助人力资源管理更加精准。在这个方面智联招聘做得比较好,智联招聘结合企业长期积累的数据,通过数据挖掘和算法优化,寻找到和岗位匹配程度最高的人才,还能在发布招聘需求之后将合适的人才主动推荐给企业,实现精准迅速的推荐。

（3）人工智能+人力资源服务

如果说大数据让人力资源服务更加精准,那么我们可以说人工智能让人力资源服务更加主动。利用机器学习技术,人工智能不只是能够识别数字,还能够识别自然语言、图片、语音等信息。人工智能在人力资源服务行业当中的运用也是有很大想象空间的:在招聘环节,利用人工智能,能够自动地寻找和推荐适合的人选,能够自动地筛选简历,甚至对候选人进行考核;在培训环节,人工智能则更像是一个助手,它能够根据每个人的特征推荐适合的学习方案和考核方式;在平时的工作和沟通过程中,人工智能又像是一个秘书,能够帮助人们预测可能面临的任务,管理需要处理的事务,还可以进行提醒。在人力资源管理过程中,人工智能可能发挥参谋的作用,提供一些参考的信息和方案。

在国内,人工智能与人力资源服务相结合的尝试刚刚起步,51 猎头已经在这个方面进行了探索,"51猎头正在使用基于人工智能和大数据认知下的机器人,已经阅读了5000万份简历,500万个招聘岗位,1000本左右人力资源相关的教材和资料。对比专业的HR,想要具备这样的知识积累,需要1000年的时间。而51猎头只用了1年的时间便打造出这样的一套系统,并且已经在对全国30多个省、400多个城市做服务,服务了超过10万候选人、5000家企业①"。

(4)云技术+人力资源服务

云技术的使用,能够把人力资源管理所需的一切硬件设施和数据集中在同一个服务商那里,所有数据的输入、处理、分析、输出全部由一个服务商来完成,人力资源部门只需要选择和使用软件。在云计算的背景下,人力资源管理者只需要一个信息终端,就可以完成他的工作,一方面不需要关注软件、硬件相关的技术性问题,另一方面又能够使用到更大范围的数据和信息,还能享受到服务商提供的具有针对性的产品,能够一站式地满足人力资源管理过程中的需求。

在人力资源服务行业,云技术在人力资源服务行业运用的一个典型案例是由广州红海人力资源集团股份有限公司最新推出的网上购买社保、公积金平台。目前,全国开通城市100个,覆盖全国一线、二线、三线大部分城市。它的特征就是由一个服务商集中地建立软硬件设施和进行产品设计,直接通过网站、APP等方式对不同地区、不同种类的使用者提供使用的终端,客户通过这个终端满足自己的需求。从成本层面来讲,云技术本身能够发挥规模经济优势,降低使用者的成本;从消费者层面来讲,一切的软硬件设备和数据处理都由服务提供商集中解决,使用起来更便捷。凭借着这些优势,云技术在人力资源服务业的其他方面也会得到进一步发展。

(5)机器人与劳务外包

中国的人口红利迎来转折点,廉价劳动力的时代已经过去,再加上劳务派遣政策的制约,企业的用工成本越来越高。随着机器人技术的发展,很多工作都能够由机器人来完成,能够在一定程度上缓解人力成本升高的问题。

①《51猎头 & IBM"巧看"人工智能+人力资源的化学反应》,http://www.cctime.com/html/2016-6-6/1179741.htm,2016年6月6日。

一些投资机器人的企业可以承接劳务外包,然后让机器人完成这些工作,这实际上是替代了原来的劳务派遣公司的功能。由于机器人一次性投资过大,单个企业很难进行投资购建,所以可以由专门的公司来投资购建机器人,然后用劳务外包或者租赁的方式提供劳务服务。从长期来讲,机器人提供劳动力能够进一步把人解放出来,劳动力成本也会越来越低;但是短期内也有可能造成一些简单体力劳动者失业。

（6）VR、AR、MR 在人力资源服务业中的运用

VR、AR、MR 即虚拟现实技术、增强现实技术和混合现实技术,这些技术在人力资源服务行业大有可为的作用领域可能主要在培训方面。传统的培训方式存在一个弊端,那就是培训的实际效果不大。而培训效果不好的原因之一就是脱离实际工作场景,用得着的技能不培训、培训的技能用不着,而且培训完就忘记。而 VR、AR、MR 正好可以弥补这种工作场景的缺失,通过 VR、AR、MR 可以模拟出真实的工作场景,让员工在具体的情境当中接受培训,一方面和实际工作结合紧密,另一方面场景化教学给人的印象更为深刻。VR、AR、MR 还可以在人才选拔、人才测评过程中发挥作用,通过场景的模拟,检测被试在具体场景当中的表现,能够观察到被试者最真实的一面,测评的效果更加客观真实。随着技术的成熟和商业化程度的提高,VR、AR、MR 将在人力资源服务行业当中得到越来越多的运用。

2. 新技术对人力资源服务行业的影响

新技术的使用,改变了人们的沟通方式,也改变了人和人、人和组织之间的相互关系。在过去,由于信息不对称的制约,个体要想完成一项复杂的任务,必须要相对稳定地依赖一个组织,个人和组织是绑定到一起的。个人是组织中的一颗螺丝钉,是实现组织目标的一个工具。但是现代新技术的发展改变了这一现状,人与人、人与组织之间的关系不再是依附关系,人越来越多地成为一个原子化的个人。一个人要完成一项复杂的工作,他不再需要依赖某一个固定的组织,他可以通过网络寻找到新的合作者,建立虚拟组织,共同实现一个目标。新技术对人力资源服务行业的改变,主要表现在以下方面:

（1）工作方式呈现出灵活化趋势

随着信息沟通便捷性的提高,劳动者不再需要固定地依附于某一个组

织,因为他离开一个固定组织也能够发挥他的才能。个人不再需要一天八小时为一个企业服务,他一天的时间可以分割成多个片段,每一个片段都可以为不同的组织和个人提供劳务,然后获得他应得的回报。这根本上是由于信息不对称降低所导致的,因为劳动力的提供者可以通过网络寻找到他的服务对象,劳动力的需求者也可以寻找到相应的劳务供给者,而且双方都有很多选择。在这样一种条件下,就没有谁会再稳定地依赖某一个个人或者组织,他可以更加灵活和自由地安排自己的时间,也可以灵活自由地选择自己的合作者。在人力资源服务行业,也会有越来越多的企业为这些灵活的劳务提供者和劳务需求者牵线搭桥。最典型的就是个人通过微工网APP可以实现类似全职工作的"全时就业",通过一个 APP,劳动者可以寻找适合自己的工作,并在一天之内干完多项工作。

(2)劳动力分享成为一个趋势

网络时代经济的一个特征就是可以分享,人的劳务也可以分享。传统的劳动力资源就是为了一个组织服务的,而在新的技术推动下,人的劳务不仅可以为他身处其中的组织做贡献,还可以在其他地方发挥价值。一个医生除了在医院工作,还可以通过网络帮助人们诊断病情,提供治疗方案;一个工程师除了供职于他所在的公司,也可以为公司之外的单位和个人提供咨询;一个教授除了在大学讲课,还可以通过网络为大学之外的其他人提供知识……信息沟通技术的便捷性和广泛性,使得一个人的技能和劳务可以服务更多的人。人力资源服务行业需要抓住这些机会,让那些有知识、有能力、有技术的人充分发挥他们的价值,通过劳务分享实现更大范围的辐射。代表性平台企业有阿姨来了、58 到家等,劳动者通过这些平台寻找服务对象,可以使自己的同一种技能服务不同的主体。

(3)劳动力使用者与供给者合作方式的平台化趋势

传统的劳动力提供方和使用方之间的关系是员工和组织的关系,是员工和老板的关系,劳动力提供方和使用方之间存在依赖关系。但是信息技术的发展使得多个劳务提供方和多个劳务使用方共同汇聚于同一个平台上,双方是同一平台上平等的合作主体,他们之间的依附关系被打破。以城市交通运输行业为例,原来的出租车司机是出租车公司的员工,他们为出租车公司提供劳务,然后获得报酬,出租车司机对出租车公司有依赖关系。但是自从打车软件出来以后,所有的司机都可以在软件上进行注册,一旦进入这个平台,他们就再也不隶属于哪一个公司,而是平台上的一个服务提供者,他独立地为交通运输的需求方提供服务,然后获得回报。劳务供给方和需求方在同一个平台上就供求关系进行撮合,然后达成合作,一方获得回报,另一方获得服务。

(4)劳务提供的线上线下配合趋势

劳务提供的线上线下配合,即所谓的 O2O 模式。有的服务可以在线上撮合供求双方,在线上达成交易,在线上提供服务,例如在线培训,就完全可以通过网络完成,不再需要线下的互动;而有的劳务服务则必须在线下完成,这样的服务往往是供求双方在线上达成交易,然后在线下提供服务,例如理发、按摩等。虽然很多劳务服务还是离不开人和人的面对面接触,但是前期通过网络进行信息匹配撮合达成交易,让人们寻找到更广泛的合作机会,对合作双方都更方便。互联网正在潜移默化地改变人们的沟通方式和合作方式,人们通过网络建立关系,然后再通过线下的合作使得这种关系的价值得以实现。

四、人力资源服务业先进机构的经验与启示

虽然我国人力资源服务业起步较晚,近几年在国家政策的支持和推动下,各业态也正在逐渐走向成熟,涌现了越来越多优秀的本土企业。《人力资源服务机构能力指数》国家标准的发布,也对人力资源服务机构走向更加规范化、标准化的方向提出了更高的要求。本书挑选了两家具有代表性的人力资源服务机构,在此介绍它们的发展历史、业务结构及成果经验,以期为国内人力资源服务机构的发展提供参考借鉴。广西锦绣前程人力资源有限公司是一家发展迅速的民营企业,成立刚满十年就已成为广西首家在北京新三板挂牌上市的人力资源服务机构,有着非常值得借鉴的企业管理经验,在业务上,该公司在人力资源外包服务上重点着力,同时推出了主打家政服务的贝福管家,形成了自己的特色。北京外企人力资源服务有限公司成立于 1979 年,是开创中国人力资源服务行业的第一家企业,该公司在中国人力资源服务业有着不可取代的领先地位,在各个业务领域也都有着

非常成熟的经验,可供各类人力资源服务机构借鉴。

(一)　广西锦绣前程人力资源股份有限公司

1. 公司简介

广西锦绣前程人力资源股份有限公司(证券简称:前程人力,证券代码:833486)是广西壮族自治区一家人力资源专业服务机构,成立于2007年3月,属于民营单位,是一家正在快速发展的人力资源公司。

前程人力10年来一直专注于人力资源服务领域,服务于区内外广大国有、民营和外资用工单位,为其提供人力资源外包(HRO,含劳务派遣,下同)及其关联业务、高级猎头、人力资源管理咨询、人才培训、贝福管家五大类综合性HR产品服务。根据市场需求的变化,前程人力及时跟进研发并升级换代服务产品,可满足企业高中基层全方位的需求,打造出了完整的服务产品线和价值链,形成了自身特有的运营模式和商业模式,以及以"每位员工都是合作伙伴、每位朋友都是人生财富"为核心理念的企业文化。

面对外部东盟10国14亿人口的大市场和国家"一带一路"海上丝绸之路重要结点区域的市场需求,前程人力在人力资源服务业发挥着"桥头堡"作用,截至2017年6月已在广西区内14个市设立了分公司,在广西区外深圳、北京、杭州等地设立了9家分支机构,并在云、贵、川等人力资源大省布设了招聘代理网点,未来拟在越南、老挝、柬埔寨等国设立分支机构,将业务范围拓展到东盟10国。

前程人力一直是中国人力资源社会保障理事会副理事长单位、中华人力资源研究会华南分会常务副会长单位、深圳市管理咨询行业协会副会长单位,依托这些行业组织的技术支持,依靠北上广深杭等地联盟企业的业务协作,充分利用"互联网+"技术手段,规范运作、快速发展,营业收入每年均以"亿元"速度递增,2016年营业收入已达7.48亿元,利润721万元,10年来累计为国家创造税收已达6000余万元(2016年1000余万元);现已是国家人社部评定的全国人力资源百强企业,广西民营企业和服务业50强,广西和南宁人力资源行业诚信经营标杆单位和排头兵;2015年9月在全国中小企业股份转让系统成功挂牌的基础上,现正在进一步做强做大自身业务,向更高的经营目标冲击。

2. 主营业务介绍

前程人力一直奉行"诚信、和谐、高效、独创"的企业精神和"打造一流团队、提供一流服务、开拓一流市场、创造一流效益"的经营理念,专注于"人力资源外包及其关联业务"为主的综合性人力资源服务的精耕细作。

(1)人力资源外包及其关联业务

自从 2013 年 7 月 1 日国家劳动合同法修改意见实施以来,企业纷纷将原有劳务派遣业务保留在"三性岗位"、不超过在职职工总数 10%的范围,而其余的和新增的辅助岗位,为了突出自身核心业务,开始连人带活外包出去。为此,前程人力与时俱进,及时转型。除按照各个外包项目服务方案正常进行日常作业以外,还为客户单位提供新员工入职岗前培训、服务礼仪及保洁技能培训、军训等培训活动,协助客户单位解决劳务纠纷,2016 年为 40 家客户单位共计补充招聘安置 3854 人(其中外包 2752 人、派遣 942 人等)。

截至 2017 年 3 月,前程人力已是中国移动广西公司、中国邮政集团广西公司、中国石油天然气股份有限公司广西销售公司等 1000 余家单位的人力资源外包服务提供商,拥有外包/派遣员工 60000 余人,营业收入占比 2016 年达到 90%以上,客户满意度持续保持在 98%以上,成为前程人力对其新三板财报贡献最大的业务板块。

(2)高级猎头

高级猎头属于前程人力产品线高附加值业务,为客户单位提供标准猎头服务。猎头顾问通过专业的寻访途径获取人才信息,再运用专业的人才测评技术和人才评价技术进行匹配筛选,将合适的人才推荐给客户,并跟踪服务到客户满意为止。目前该业务尚属起步阶段,已在南宁和深圳两地先行铺开——2016—2017 年上半年南宁签约科技、投资、水务等行业 17 家客户单位,约 30 个生产、财务和人力等中高端职位,猎聘服务费收入近 30 万元;深圳客户签约 1 家科技公司,生产和质量负责人中端职位各 1 人,猎聘服务收入 3.6 万元。各地的猎聘团队也在不断发展壮大之中,其业务定位于各自地区的热门行业寻访面试候选人,丰富人才库,对接匹配客户单位人才需求,也处于渐进发展当中。

(3)HR 管理咨询

依托中华人力资源研究会和深圳市管理咨询行业协会的技术支撑,针对客户单位在传统人力资源管理六大模块(人力资源规划、员工招聘与配置、绩效考评、培训与开发、薪酬福利管理和劳动关系)内容方面的需求,前程人力借助其管理咨询师丰富的知识和经验,在客户单位提出要求的基础上深入其中,与客户单位管理人员密切结合,应用科学的方法,找出其存在的主要问题,进行定量和确有论据的定性分析,查出存在问题的原因,提出切实可行的改善方案,进而指导实施方案,使客户单位的运行机制得以改善、其管理水平和经济效益得以提升。前程人力顾问团队骨干成员均为国际注册管理咨询师(CMC),来自大型制造业企业的高管岗位,又经过顾问公司的项目锻炼,咨询经验丰富,咨询风格讲求"实在、对标、简洁"。目前,该业务位于前程人力产品线高附加值业务端,正与我国制造业供给侧改革、市场需求旺盛但消费能力不足一样,仍处于原生态生长状态当中。

(4)人才培训

围绕客户单位招聘难、业绩提升难、融资难等痛点和内部成长服务水平需要不断提升这两大问题,前程人力通过管理实战训练、企业内训、体验式教育等培训项目,为发展中企业提供系统解决方案。自培训业务开展以来,为上市公司、国有企业、当地龙头企业及各大院校,如中石油、广西投资集团、南宁中车等客户单位完成 10 次以上培训课程,课程内容包括:"中高层管理人员+储备干部'鹰雁团队'(拓展培训)""团队融合·凝聚力量——新员工入职培训""企业内训师能力提升""中层管理人员自我激励与高效执行""职业经理人综合素质提升""商务接待礼仪""互联网+电子商务"等,培训达 5000 人次以上,培训费用收入累计为 176 万元;2016 年也组织内部员工进行了大大小小的培训共计 36 场,培训主要课程有"向华为学奋斗·管理模式文化—团队—机制""管理能力训练(MTP)""执行力管理""流程管理""经营目标及计划管理""绩效管理""中层管理干部的定位及角色"及日常业务技能、产品知识学习等,极大地提高了客服团队成员的综合素质与能力。2017 年 9 月,前程人力培训业务荣获 22 省市自治区经信委(工信委)联合评选颁发的 2017(第 13 届)"中国企业培训最佳服务商 20强"称号。

(5)贝福管家

针对"银发产业"和大健康产业良好的发展前景,前程人力在自身产品线上延伸开发了具有"菲佣"和"英式管家"特色的"中式菲佣管家"（即贝福管家），以实现跨界经营、延续收益的目的。2015 年 4 月正式启动了"中式菲佣管家"项目，成立了管家公司，赴菲律宾参观考察，引进了"英式管家"和"菲佣"教官及其培训课程，已连续招募开班 10 余期，培训了百余名管家人才，上游开拓生源，筹建百色家政学院等。2016 年 3 月贝福管家深圳总部运营——线下开设了蛇口培训基地、南山、福田等门店；线上开通了贝福管家官网、微信公众号、手机 APP 等；引入了石墨烯高科技健康理疗护具系列产品，为其提供配套附加服务；下一步还将引入机器人智能化服务。时至今日贝福管家已形成了"总部+分公司+实训基地及体验中心+门店+连锁加盟"的运营模式和线上"宣传推广及业务下订单"+线下"持续地推及跟踪服务"的营销模式；截至 2017 年 3 月营收已达 100 余万元。按其五年规划，以"北上广深沿海发达城市布点自营，全国其他城市连锁加盟他营"的经营策略，借助"互联网+"和"资本运作"这双翅膀，在全国范围内尽快形成规模效应，达到预期的经济效益和社会效益。

3. 业内评价

前程人力 10 年来忠实履行"帮助个人成长、服务企业发展、满足社会需求"的企业使命，一直是南宁市、广西自治区人力资源服务业诚信经营示范单位，被评为南宁市、自治区"放心职业中介机构""人力资源诚信服务机构""先进职工之家""先进基层党组织"，连年客户单位"零投诉"，是一家负责任、有担当的人力资源服务机构，是用工单位选取人力资源服务供应商的首选，是广西 HR 行业标杆单位与排头兵，位居广西优秀企业 100 强。同时，前程人力还获得了"北京大学教育贡献奖"，国家人社部评定的"中国劳务派遣诚信单位""全国千户百强家庭服务企业（单位）"等各类荣誉称号，是 2014 年颁布的中国人力资源服务机构诚信示范单位 106 强，2016 年荣获广西壮族自治区民营企业和服务业 50 强，公司董事长周文皓先生于 2017 年 7 月当选为广西总商会副会长；据 HRoot 2017 年 7 月 13 日公布的最新数据显示，前程人力已经跻身于全球 HR 行业 100 强之列。

在以"人力资源外包及其关联业务"为核心业务的服务中，中国移动广西公司、中国邮政集团广西公司、上汽通用五菱等发包单位对接人均对前程人力的 HRO 服务给予的高度评价；在历年定期开展的人力资源服务供应商服务质量评比中,前程人力连续多年获得优秀评价,客户满意度持续保持在98%以上。

前程人力发展同时不忘履行企业社会责任:通过公司工会、党支部组织全体员工常态化地积极参与各种社会公益活动,如公司每年都会定期定点慰问特困家庭、孤寡老人、留守儿童、边防官兵等;每年"六一"定点走访山区贫困学校,捐资助学结对子,捐赠"爱心暖冬鞋",捐建阳光书屋、锦绣前程书香坊和多媒体教室;每年组织开展无偿献血公益行、环保知识宣传普及活动等,并倡导全体员工身体力行、多做公益、多行善举以回馈社会。2017年7月与广西百色市政府签约定向精准扶贫,成立了百色贝福家政学院,通过"无偿培训、有偿派遣"方式,计划每年帮助8000名贫困人员进行家政服务培训,然后输送到北上广深杭等沿海发达城市高档社区雇主家从事贝福管家服务;协助百色市政府共同打造"家政之都"。

(二) 北京外企人力资源服务有限公司

1.公司简介

北京外企人力资源服务有限公司(以下简称FESCO)成立于1979年,是开创中国人力资源服务行业的第一家企业,在业界最具竞争力和品牌价值,荣膺中国500强企业。目前,FESCO服务于近3万家中外企业客户,近200万国际化人才。客户包括众多国际知名跨国企业、三资企业、国营企业、民营企业,横跨通讯、电子、IT、汽车、石化、医药、金融、快速消费品等多个行业。在中国建立了160余家投资公司及分公司,拥有100余家人力资源战略合作伙伴,服务覆盖31个省市自治区的400余座城市。

多年来,FESCO以成为中国人力资源服务行业的领导者为愿景,以汇聚人力资本、助力中外企业、服务职场员工为使命,认真践行诚信、专业、真情、合作、责任的企业价值观。

FESCO是中国首家为外商驻华代表机构、外商金融机构和经济组织提供专业化人力资源服务的公司,在业界缔造了诸多第一。1988年,FESCO与北京市人才交流服务中心合作,以人才截掉方式将人才派遣到外商机构中工作,这是最早尝试人事档案管理改革的新举措。1989年,牵头成立中国对外服务行业协会。1995年,由FESCO牵头重新修订的《聘用中国员工合同》全国统一文本开始实施,这是中国员工的第一版聘用合同。2004 年, "FESCO 呼叫中心"正式运行,是业内最早的呼叫中心。2013 年,FESCO 作为北京市人力资源服务行业标杆式企业被授予《聘请外国专家单位资格认可证书》A3 类别,这标志着 FESCO 成为北京市第一家具有合法资质开展外籍人派遣业务的企业。拥有多年的专业化积淀和国际化发展经验,FESCO 见证了改革开放的发展成就,引领着国内人力资源服务行业的发展,推动着中外企业在华业务的快速增长。

FESCO 希望通过"一地签约,全国服务"为客户提供最大便捷。自 1996 年起,FESCO 便开始向北京以外地区提供服务,发展至今,已拥有全国统一的网上操作系统和解决方案,服务网络覆盖 31 个省市自治区的 400 余座城市。在全国各地拥有专业的服务团队,具备专业素质、丰富经验、国际化视野,能够根据客户的不同需求,提供全面专业的服务。服务通过 ISO:9001 质量管理体系认证,FESCO 商标被认定为中国驰名商标,连续多年被政府公示为人力资源诚信服务示范单位。

FESCO 一直以市场需求为先导,通过搭建以先进 IT 技术为基础,专业团队为核心,有效整合、管理各类资源的共享服务平台,提供全方位的人力资源服务解决方案,成为客户的坚实合作伙伴。FESCO 现已具有完备的线上线下服务产品链,集结与整合各方优势资源,为企业打造开放式的价值平台,助力企业竞争优势提升,为企业带来持续发展动力。

2010 年,FESCO 携手全球人力资源服务行业领航者德科集团(Adecco), 先后在上海、浙江、重庆、深圳、苏州成立了 FESCO Adecco 合资公司,这是 FESCO 推进国际化发展的一个里程碑,更是 FESCO 走向国际舞台的一个新起点。合资之后 FESCO 国际化的服务网络遍布全球 60 多个国家和地区。未来,FESCO 将不断提升参与国际竞争的能力,为推动中国人力资源服务行业的国际化和专业化发展作出贡献。

FESCO 力图为企业提供全生命周期的服务,员工关系及员工活动是企业文化的重要组成部分,对企业可持续发展具有深远意义。2007 年,成立北京外资企业工会联合会。工会联合会每年举办 4 次大型户外活动,次参与者逾千余名,创办杂志、电子刊物,丰富企业员工的生活。为了满足广大客户员工的体育文化需求,创立北京外企体育协会,每年定期举办各类体育赛事。在 FESCO 每年面向客户进行的满意度调查中，"丰富多彩的活动"一直是客户满意度中关注的内容。

从 2014 年开始，FESCO 与全球顶尖的管理杂志《哈佛商业评论》中文版携手，共同打造了《哈佛商业评论》中国年会，"人才经济论坛"等品牌活动，通过举办专场公开课或高端论坛的形式，邀请世界级管理大师以及国内外顶尖企业高管进行企业管理相关话题的分享，为千余家企业客户提供多元化的服务和价值，在行业内具有较大的影响力。

FESCO 希望能够通过自身资源，为各类型企业 HR 搭建一个自由交流的平台。2009 年，"FESCO 交享悦"主题沙龙正式成立，汇聚行业资深专家，旨在成为企业 HR 彼此分享经验、互助成长，推进行业发展，扩大社会影响的平台。此外，举办 HR 行业俱乐部，为各领域的 HR 营造独属于各自行业的交流契机。2011 年起，FESCO 与人力资源和社会保障部联手举办"律·动中国"全国法律巡讲活动，面向数千家中外企业客户，围绕劳动法律热点问题，通过专家讲解、现场案例分析等方式，帮助企业人力资源管理者正确掌握和科学实施相关法律政策。至今成功举办六届，走遍 23 个城市，两万余家企业的近千万员工在此项普法活动中受益。活动不仅为全国企业客户在法律需求方面提供增值服务，更是 FESCO 积极承担企业社会责任，为企业解决实际管理问题、增强员工法律意识、促进和谐劳动关系的一项重要举措。

作为人力资源服务行业的领跑者，FESCO 一直致力行慈善之举，传递正能量、承担社会责任。在 FESCO 的倡导下，于 2005 年成立的北京外企志愿者协会，在北京市志愿者联合会领导下，借助 FESCO 丰富的资源优势，协调组织中外企业的志愿者组织及个人，实现统一管理，参与、开展和宣传各类志愿服务活动，多年来携手广大客户公司开展了多项意义重大的公益活动，共同促进了企业公益事业的蓬勃发展。

FESCO 携手北京市人力资源和社会保障局大中专毕业生就业处、北京市毕业生就业服务中心主办的"'职'为你来"中外企业校园行活动，联手百家世界 500 强、中国 500 强企业走进校园招贤纳士，搭建起学生与企业之间面对面交流沟通的招聘宣讲平台，是 FESCO 积极履行企业社会责任，畅通大学生就业渠道，助力企业吸引和储备人才的一项重要活动。

2. 主营业务介绍

FESCO 的战略目标是通过搭建以先进 IT 技术为基础,专业服务团队为核心,有效整合、整理各类资源的共享服务平台,提供全方位人力资源解决方案,成为客户坚实的合作伙伴。FESCO 人力资源服务体系依托网站、微信、呼叫中心等技术手段,贯穿用工管理、人才配置、薪酬福利、商业外包、HR 共享服务、培训发展、管理咨询七大领域。

移动互联网时代下,FESCO 正积极进行创新,为企业及员工带来更便捷高效的服务体验。FESCO HELO 员工在线服务平台(全称 Happy Experience Leads to Opportunities)集合 PC 端、微信端多项功能于一体,整合人事、福利、健康、生活四大服务模块,将社保公积金、医疗报销、人事档案、体检预约、弹性福利等多项服务的查询和办理实现在线自助服务,目前累计注册用户达到 350000 人次。通过 HELO 连接 FESCO 弹性福利平台,企业既可以选择标准版的福利积分兑换方案,也可通过定制弹性福利平台提供专属的在线福利解决方案,而 FESCO 集合优质的供应商资源和集中采购的优势为员工提供涵盖医疗健康类、节日礼品类、培训活动类、旅游签证类等丰富实惠的福利产品。

图 1-3-1　FESCO 服务体系示意图

(1)用工管理

①劳务派遣

FESCO 是我国最早专门从事人力资源外包服务的国营企业,作为政府指定的专业人才派遣机构,根据国家相关政策和法律的要求,与派驻到客户方工作的员工签订劳动合同,并提供相关的人事、社保、住房公积金及工资发放等人力资源管理服务,能够满足客户对人员编制、劳动风险、成本控制的需要,并通过专业化的服务流程,帮助客户聚焦主业,提高管理效率和管理水平。作为国内首家专业人力资源服务机构,与政府部门和众多著名企业有着长期深入的合作关系,对客户需求有着深入而全面的理解。具有专业化的服务流程,专家式的服务人才,全国统一的优质服务平台、呼叫中心。

此外,凭借对政策法规的深入理解,且具有丰富的劳动纠纷调解经验,是全国首家以人力资源服务为依托,跨区域、跨行业,专门调处外商投资企业劳动争议纠纷的人民调解委员会(调委会)。调委会积极发挥参政议政作用,在"两会"期间启动人大代表议案。不仅选拔法律部门、工会委员以及各业务部门经理和业务骨干担任调解员,还聘任客户企业的人力资源高级管理者加入调解员队伍。自主编制调解员法律学习与案例分享手册,出版拥有完全知识产权的图书著作。截至2015年12月,累计调解量达到812件,调解金额总量突破1个亿。2016年起,开展劳动争议预防调解师培训认证课程,旨在培养更多的人力资源风险管理专家,全面提升劳动争议的预防及调解能力。在市级优秀调解集体的评选活动中,多次获得北京市司法局、北京市人力资源和社会保障局共同授予的"北京市人民调解先进集体"的荣誉称号。

②人事委托

人力资源流程工作占据了企业人力资源从业者的大量日常工作时间,FESCO提供人力资源工作中的各种流程外包,向客户提供高效率、高质量的服务,从而帮助客户聚焦主业,节约管理成本,有效控制因操作失误产生的风险,并能提升员工满意度。

人事委托工作包含入离职管理、在职人事管理以及户籍管理等各方面服务,涵盖员工入离职、在职人事档案、组织和社保关系的转接、收集、整理、保管、借阅、传递,毕业生与归国留学人员的接收,相关工作证件、人事档案有关的人事证明文件的办理,为符合条件员工提供集体户口落户,及日常管理等全方面服务。可以为客户企业提供全面完善的服务、合法合规的管理、最新鲜的政策解读,以及最及时的适法性调整建议。

（2）薪酬福利

①薪酬管理

薪酬管理是企业 HR 的日常工作之一，FESCO 薪酬及税务服务可以根据客户提供的工资数据，编制当月工资计算及汇总表，并依照税法的规定计算个人所得税，在客户指定工资发放日前将工资代发至员工指定工资账户，制作多种版式的保密纸质工资单或电子工资单等服务。员工可以进行网上个人工资信息、历史数据的网上自助查询。对于涉外员工，可以替企业购买外汇，并向外籍员工境外账户支付外币工资。为企业提供全面、专业、深入的薪酬外包服务，旨在为企业提供全方位的薪酬外包服务解决方案，并助力于方案的落地实施，从而协助企业规范操作流程，降低人工成本，分担潜在风险，实现企业效率最大化。

②法定社保及公积金代缴与管理

社会保险和住房公积金代缴及管理服务是 FESCO 的核心服务产品之一。FESCO 依据政府相关规定，为符合条件的客户提供社会保险和住房公积金账户的建立、日常缴纳、基数核定及账户查询等服务。在北京地区，FESCO 的服务范围已经覆盖了大部分区县，并且北京市住房公积金管理中心外企营业厅和朝阳区双井地区劳动保障服务中心已经进驻外企总部。

自 2011 年 10 月，北京市人力资源和社会保障局发布了《关于在本市就业的外国人参加社会保险有关业务操作问题的通知》，要求在京就业的外籍人自 2011 年 10 月 15 日起参加社会保险。为了能够满足客户为外籍员工缴纳社会保险的需求，同时，也考虑到外籍员工参加社会保险需要解决很多疑难，以及需要更优质的服务，FESCO 设计了外籍员工社会保险代理服务产品，并于 2011 年 11 月开始为客户提供外籍员工社会保险代理的相关服务。

③企业年金

企业年金日渐成为客户关注的一项重要福利，为员工所重视。为给广大客户及员工提供优质高效的企业年金服务，2007 年 FESCO 成立企业年金管理中心，是最早开始年金产品的服务机构。FESCO 不仅为中小客户制定了多套适应不同投资需求的年金集合计划（方案），还可以为客户设计和实施个性化的年金方案，或协助客户办理年金计划的政府报备事宜，从而全方位帮助客户解决实施企业年金计划中遇到的难题,让员工享受到周到便捷的服务,充分发挥年金福利的激励作用。

④健康医疗福利

FESCO 同样是最早为员工提供健康补充福利的企业,自 2002 年起,成立 FESCO 健康管理部,具有丰富的服务经验和专业的服务人员,以提供专业的健康指导和医疗报销服务。为所服务的客户及其员工提供内容全面、丰富且实用的健康补充福利,包括定制化的意外保障方案、补充医疗保障方案,以及住院补贴、大病救助及重疾安康等保障性福利,以及惠及配偶和子女的补充医疗保障,还可以为外籍员工和大型客户提供高端医疗保险或定制化的医疗保险的保险经纪服务。不仅可以使员工在个人健康方面得到充分保障和额外特定数额的补贴,还因其配偶及子女的保障服务,使员工可以更加安心地投入工作,从而提高员工的工作积极性和对企业的忠诚度及满意度。

⑤弹性福利及员工激励

弹性福利作为一种新型福利解决方案,能够有效解决企业成本控制和员工满意度之间的矛盾,吸引和保留关键人才,改善企业文化,提升雇主品牌。

FESCO 弹性福利服务提供先进的网络服务和管理平台,集合众多优质的供应商资源,提供涵盖健康管理、节日慰问礼品、福利卡、培训、旅游、员工关爱等多个方面的福利套餐和产品。以庞大的员工数量发挥集中采购的优势,为员工提供更加丰富、实惠的福利产品,有效地为企业节省成本。FESCO 弹性福利通过 FESCO 好生活网提供,是满足企业个性化弹性福利需求为目的综合性电子商务网站。好生活网涵盖 11 大类,2000 余种礼品可以支持员工自主选择,并可覆盖全国地区;丰富多样的福利产品选择,还有 FESCO 体检卡、签证等自有产品服务。

弹性福利平台强调提供贴合企业需求的解决方案,常年为大型客户提供年节福利、体检、健康福利的定制,拥有成熟的标准定制模块,可以根据企业需求进行个性化改造,服务经验丰富。在积分发放上,可以根据企业需求按月、按季度、按年、按次发放积分,并且可以自由选择商城积分或积分卡两种发放方式,重大节庆期间,推出节日主题祝福卡,丰富企业年节福利内容,员工可以选择积分与现金相结合的方式,进行自由支配和选择。福利设置多档主题,不仅关爱员工本人,还能关注员工家庭,父母、子女、配偶,员工可根据自身需求,使用积分,还可以自己付费升级福利。整个网站操作流程清晰,使用及发放过程省时省力。

⑥员工关爱福利

员工关系及员工活动是企业文化的重要组成部分,做好这两项规划及实施对提高员工工作积极性有着重要的推动作用,对企业可持续发展有着深远的意义。为使客户能更加专注于自身企业的战略性人力资源管理,满足客户对自身员工的福利规划与制定,同时丰富广大员工的业余生活,舒缓紧张工作带来的疲劳与压抑,FESCO 推出了丰富多彩的员工活动产品。

户外活动方面,FESCO 按照季节分别推出以环保绿化为宗旨的春季植树公益活动;以穿越长城、挑战自我为主题的长城穿越活动,既能领略祖国古迹的宏伟博大,又能感受挑战体能极限的成就;借古人九九重阳登高远眺的习俗,登山节让员工邀请长辈共同参与;冬季,FESCO 挑选价格、环境都适合的滑雪场地,带领客户员工尽享冬季运动的激情。各类活动都深受广大员工欢迎。

FESCO 成立了外企体协,每年定期举办各类体育赛事:如羽毛球联赛、足球联赛、篮球联赛、网球赛、乒乓球赛、台球赛、高尔夫赛事等。让更多热爱体育运动的员工可以有机会展示其工作以外的风采与魅力。

除了以上活动,FESCO 还努力丰富客户员工的文化生活。电影兑换券按季度发放和使用,凭券可在本市范围不低于 20 家影院兑换当日的电影票。非北京地区的电影兑换券,将根据当地城市的观影情况特别定制。

(3)人才配置

FESCO 依托于万余家中外知名企业,针对企业批量化、流程化、定制化的招聘需求,提供综合招聘解决方案,凭借丰富的人才数据库及渠道整合优势,为企业量身打造适合企业发展的招聘计划。FESCO 招聘事业部专注于为客户提供招聘解决方案的专业化部门,由中高端人才招聘、专项定制招聘、顾问式招聘等多个团队组成,凭借优质的客户资源、丰富的人才数据库,长期为候选人提供工作机会,把专业、高效的人力资源服务带给企业和候选人,持续地帮助企业创造更大人力资本价值,帮助人才实现更高的职业理想。

项目招聘是 FESCO 最具竞争力的招聘项目之一。可在一定时间内,有针对性地解决客户迅速扩张带来的数量多、地区多、职位多的招聘需求,进行全国性的批量招聘。北京、上海、成都、广州四大招聘区域统一执行招聘方案,北京总部统一协调,可降低企业的沟通成本,提高招聘效率。招聘渠道已覆盖全国 300 余个城市。此外,FESCO 还可以为客户提供实习生招聘、招聘流程外包、校园招聘及就业指导、专项招聘会、派驻式顾问招聘等多种人才配置服务。

(4)商业外包

①业务外包

FESCO 积极延伸服务模式,在人力资源行业最早推出"人才/岗位外包",通过对员工进行全流程的管理和服务,实现真正意义上的"我的员工,您来用",彻底解决客户对于灵活用工的需求。2008 年 FESCO 作为北京奥组委人力资源服务协作伙伴,为奥运相关工作提供了上千个岗位的外包服务;为多家国有大型银行提供大堂引导员、柜员、信用卡销售等金融岗位的外包服务;为上百家外资企业、三资企业、北京办事处提供近千人的办公室秘书、助理、财会、IT 工程师等岗位的中短期外包服务。

当前,FESCO 的外包服务集中于三大服务产品类型。灵活用工外包服务适用于配置前台文秘人才库,提供前台行政无空岗的专业化外包服务。金融银行业初级岗位外包服务,用于金融银行业初级岗位招聘及灵活的短期项目、大批量用工外包。业务外包服务,针对各行业初级岗位进行以业务结果为导向的纯业务外包服务项目(BPO)。

②财务外包

随着财务、税务等法律法规和相关政策不断更新,有关政府部门对于编制完整、准确财务记录的要求越来越繁杂,加重了管理者工作负担。FESCO 和北京中瑞岳华金融服务外包公司共同组建中瑞方胜金融服务外包(北京)有限公司,作为专业的财务服务供应商。越来越多的客户为了节省时间和人员成本,选择将财务、税务及其相关工作外包给 FESCO。随着经济全球化和网络技术的不断发展,FESCO 不仅局限在传统代理记账、纳税申报等服务,还可以为您提供包含财务分析、风险管理等方面的财务解决方案。在致力于大型企业进行财务专项外包的同时,致力于为中小企业提供专业的财务管理服务。

业务范围涵盖会计审计、薪酬福利、税务等管理职能外包,企业行政与人力资源服务外包,基于云技术的财务共享服务,面向金融机构和政府采购的数据整理与数据分析。FESCO 希望为企业提供全面、专业、深入的会计外包服务,旨在为企业提供全方位的财务外包服务解决方案,并助力于方案的落地实施,从而协助企业规范操作流程、降低人工成本、分担潜在风险、实现企业效率最大化。

③商务代理

自 1992 年以来,FESCO 一直致力于为外国企业常驻代表机构、外商独资合资以及分支机构提供专业化的注册代理服务、外籍人来华就业手续代理服务、出入境服务等商务代理服务,并形成了完整的服务链,希望为客户提供一站式服务。依托 FESCO 强大的竞争力和巨大的品牌优势以及专业化的团队,已发展成为相关领域的权威服务机构,是众多知名企业首选的战略合作伙伴。业务团队作为最早一批的北京经纪人协会理事单位,注册代理服务团队成员均为取得代理资格证书的正规代理人员;作为最早的一批政府授权代办机构,外籍人来华就业手续代理服务团队成员均为相关政府机构的备案人员;出境服务赢得了政府的认可,开辟了多条证件办理的绿色通道,在多类服务领域中具有唯一性。

(5)管理咨询

为满足企业劳动法律服务的个性化需求,凭借 FESCO 三十余年人力资源服务法律的支持经验,FESCO 成立了北京外企管理咨询有限公司,针对客户的行业特点、领域性质及客户的实际需求,提供与企业客户密切联系的劳动用工法律服务。为企业规范用工提供法律支持和保障,帮助企业构建有效的法律风险防控体系。

作为 FESCO 旗下专业从事劳动法律咨询、员工背景调查、行政审批、人力资源管理咨询服务的专业机构。自成立以来,北京外企管理咨询有限公司秉承专业至上、换位思考、精益求精的服务理念,致力于为广大企业客户提供高附加值人力资源管理咨询服务,初步形成了辐射全国的服务网络,在劳动法律咨询、劳动争议案件处理、员工关系管理、企业管理培训、员工背景调查、特殊工时代理申报、人力资源管理咨询等领域具有丰富的实践经验。是近50家全球知名外企的常年法律顾问单位,也是北京市人力资源行业唯一一家获得公司律师试点单位资质的专业机构。

(6)培训发展

FESCO秉承从客户角度出发、不断关注客户需求的变化的基本工作原则,为客户组织发展、团队发展、人才发展提供强有力的支持。FESCO成立北京外企新感觉企业管理培训有限公司,组建一支由100余名具有丰富管理实践经验的海内外培训师、专家、高级顾问和50余名培训专业人员组成的专业团队,致力于为客户和合作伙伴提供专业系统化的培训和咨询服务。培训人次近10万,包括众多世界500强企业、政府部门、大型国有和民营企业共计数百家。可以提供职场英语、人才测评、AACTP系列认证课程等各类标准培训;以及如企业人才发展培训课程、企业团队熔炼培训课程、新员工入职培训课程等定制化培训。此外,北京外企新感觉公司还可以提供培训咨询、大型综合拓展培训等,提供丰富的、针对不同行业的专业化培训及咨询服务。

此外,FESCO还成立了FESCO留学服务中心。FESCO留学服务中心是经国家教育部、公安部、工商行政管理局认定,在北京市工商行政管理局注册登记的可从事自费出国留学服务的合法中介机构。中心一直致力于发展具有FESCO特色的、以就业为导向的职业规划型的留学教育产品,多年来成果斐然。目前以FESCO特有的主要针对外企员工的美国MBA项目为主打产品,业务范围涵盖美国、加拿大、澳大利亚、新西兰、英国、法国、意大利、德国、俄罗斯、新加坡等国众多所大学、学院与中学。

除与美国伊利诺大学芝加哥分校(UIC)、美国北伊利诺大学(NIU)等美国名校合作开办的MBA项目之外,FESCO还定制了旅游酒店管理硕士学位项目、在职金融硕士项目、在职EMBA硕士项目、美国名校本科"2+2"直通车项目、美国精选高中项目、赴美暑期带薪实习等多种面对不同人群的海外留学项目。与名校强强联手,签证通过率高,获得学位被中美两国认可。从产品设计、讲师配置、互动交流学习保障、学习考核等环节最大限度贴近企业及个人的实际需求。

(7)HR共享服务

共享服务在促进企业核心业务发展、提高流程遵从性、提升服务质量和客户满意度以及持续节约成本方面具有不可替代的优势。iSynergy 是 FESCO 集合优质资源打造的基于云计算和大数据技术的一站式人力资源服务管理平台,为客户提供云端的人力资源系统解决方案,也是 FESCO 在新业务领域的有力突破。FESCO 的共享服务以 Saas HR-iSynergy 为基础,已经涵盖劳动合同续签服务、入职服务、转正服务、绩效管理、员工状态变更、时间管理、供应商管理、离职服务、薪资和福利等多项服务,通过"端到端"的服务流程,为企业提供覆盖员工完整职业周期的"一站式 HR 服务"。

目前,FESCO 的 iSynergy 已经达到市场占有率第一:超过 500 家企业用户采用,超过 3000 名招聘人员及 10000 名业务部门经理在系统中协同,超过 3000 万份简历被上传至系统,并得到有效保护和处理。FESCO 希望通过应用互联网技术和外包服务,让 HR 能够快速建立"灵敏的能力"支持企业面对日益激烈的竞争环境,进而帮助企业建立起良好的雇主品牌。

劳动合同管理是人力资源管理中重要的一个环节。加强劳动合同管理,提高劳动合同的履约率,对于提高劳动者的绩效,激发劳动者的积极性,维护和谐的劳动关系,促进企业的健康发展来说具有十分重要的意义。FESCO 劳动合同管理服务是 HR 共享服务中的一个模块,依照相关法律法规,依托业内先进的管理系统,代客户完成员工劳动合同的签订、变更、续签手续及到期提醒,并配套提供劳动合同保管、扫描、借阅、查询服务。

3. 行业评价

2016 年,FESCO 集团实现总营收 413 亿,在 2016 年中国企业 500 强排名 316 位,荣膺亚太人力资源服务领军企业奖。FESCO 被北京市人力社保局评为 5A 级人力资源服务机构。同时,FESCO 连续多年被政府公示为"守信企业"。获得"人力资源行业卓越贡献奖"称号,被北京市人社局、北京市总工会协会以及北京市妇女联合会共同授予"三八红旗集体"称号。荣获中华人民共和国国务院评委评定的"全国就业先进企业"称号,获北京市教委"2011 年北京高校毕业生就业百佳用人单位"称号,被北京市妇女联合会选为北京市女大学生实习实践基地。FESCO 荣获"北京市构建和谐劳动关系先进单位"。

FESCO 配合共青团中央大力推进"青年就业创业见习基地"的活动,承担企业责任,帮助客户招用实习生、共建就业见习基地,同时积极促进学生就业,实现学校、社会、客户、学生多赢的良好社会效果。FESCO 建立了北京市和朝阳区就业见习基地,运用自己丰富的校园人才资源,为客户提供从实习生的招聘、职业指导到人事管理、实习补贴发放、实习人身意外保障等全方位的服务。

　　FESCO 先后获得首都文明单位、北京市国资委系统学习型党组织建设十佳示范点等各类荣誉称号。

第二部分

专题报告篇

第一章　人力资源服务业各省市
重视度与发展度评价

【内容摘要】

本章从公众、政府、非政府组织三大群体的视角出发,通过大数据方法和文本分析方法对主流社交媒介、纸质媒介、网站、各省政府工作报告以及相关政策法规、规划文件进行数量统计和内容分析,来阐述人力资源服务业在我国各省市受到的重视程度及发展情况。

本章第一部分,通过具有权威性的三类检索指数来反映各地公众对于人力资源服务业关注度的变化趋势,并描绘关注人群的特征;通过大数据分析方法对微博、微信这两大社交网络平台的用户进行分析来呈现各地公众对于人力资源服务业的关注度和支持度;以 Alexa 排名来分析人力资源服务相关网站的流量,以反映公众对该行业的关注度。

在第二部分,通过各地 2016 年政府工作报告、人力资源服务业相关政策、法规、规划,来系统揭示各地政府对于人力资源服务业的政策保障与规划支持力度。

在第三部分,通过对各地媒体对于"人力资源服务业"的相关报道和各地行业协会和人力资源服务中心等社会组织发展度,来反映各地非政府组织对于人力资源服务的关注度。

Chapter 1　Recognition Level and Development Evaluation of Human Resources Service Industry in Different Provinces and Cities

【Abstract】

This chapter employed the methods of Big Data Analysis and Content Analysis, analyzed the mainstream social media, paper media, websites, provincial government work reports and relevant policies, regulations and planning documents, from three different perspectives of the public, government and non-governmental organizations, to describe the degree of attention and development situation of Human Resources services in China's provinces and cities.

In the first section of this chapter, three authoritative search index reflected the trend of public attention around the human resources services, and depicted the characteristics of the followers. This part adopted big data analysis methods to analyze the users on the mainstream social platform, Sina Micro-blog and WeChat, to explore the public attention and support to the human resources services. Alexa ranking is also applied to analyze the traffic of web sites related to human resources services, to reflect public's attention to the HR service industry.

The second part systematically reveals the level of local governments' policy support for development of the human resources services industry through the government work report in 2016, human resources service industry-related policies, regulations and planning.

In the third part, we make analyses through the reports and news concerning human resources services on local media and the development of social organizations like Human Resources Consulting Association and Human Resources Service Centers, to reflect the attention of local non-governmental organizations paying to human resources services.

一、各地公众对人力资源服务业的关注度

在网络高度发展的现代社会,社会公众在网络上对人力资源服务业的关注度能够在一定程度上反映各地公众对该行业的关注度。本部分借助具有权威性的三类检索指数来反映各地公众对于人力资源服务业关注度的变化趋势;通过大数据分析方法对微博、微信这两大自媒体平台的用户进行分析来呈现各地公众对于人力资源服务业的关注度和支持度;引入 Alexa 排名来分析人力资源服务相关网站的流量,以反映公众对该行业的关注度。

(一)关注趋势

本部分将利用当前网络时代具有权威性和代表性的三类指数来分析公众对于人力资源服务业的关注度。百度指数主要反映关键词在百度搜索引擎的搜索热度;微博指数主要反映关键词在微博的热议度;微信指数主要是帮助大家了解基于微信本身的某个关键词的热度。

1. 百度指数

百度指数是以百度海量网民行为数据为基础的数据分享平台。通过检索特定关键词,可以呈现关键词搜索趋势、洞察网民兴趣和需求、监测舆情动向、定位受众特征。

"人力资源"是输入百度指数的关键词,将时间段限定为 2016 年 7 月 1 日到 2017 年 6 月 30 日,得到的搜索指数①如图 2-1-1 所示。

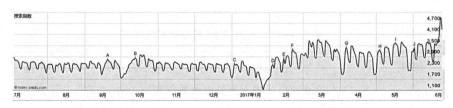

图 2-1-1 "人力资源"搜索指数变化趋势(2016 年 7 月 1 日—2017 年 6 月 30 日)

---

① 搜索指数是以网民在百度的搜索量为数据基础,以关键词为统计对象,科学分析并计算出各个关键词在百度网页搜索中搜索频次的加权和。

图 2-1-2 需求分布图所呈现的是近一周与"人力资源"相关的检索关键词,该图是针对特定关键词的相关检索词进行聚类分析而得的词云分布。从中可以看出公众对于人力资源的检索关注点在于"人力资源和社会保障部""人力资源专业考试"等领域,对于"人力资源服务业"的关注还未明显展现出来。

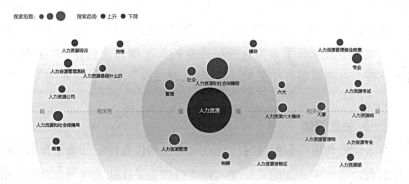

图 2-1-2　近一周与"人力资源"相关的需求分布图

2016 年 7 月 1 日到 2017 年 6 月 30 日的新闻热点监测如表 2-1-1 所示:人力资源产业发展得到了广泛的关注,人力资源服务业也占据了多条热点新闻,例如 2016 年 8 月"湖南人力资源服务产业联盟成立",有 20 条相关报道,2017 年 6 月人力资源和社会保障部发布的《2016 年人力资源市场统计报告》也引发众多关注,相关报道 17 条。并且从这些热点新闻中可以发现,社会公众高度期待人力资源服务业未来的发展能与大数据技术融合。

表 2-1-1　"人力资源"相关新闻热点

时间	名称	来源	相关报道
2016/8/15	搜前途与搜弘网络达成人力资源大数据领域战略合作	新浪新闻	4 条相关
2016/8/22	湖南人力资源服务产业联盟成立	新华网	20 条相关
2016/9/26	泛员网助力人力资源总监　打造企业 HR 的洪荒时代	凤凰网	10 条相关
2016/11/21	2016 年全国人力资源市场高校毕业生就业服务周启动	中国政府网	34 条相关

续表

时间	名称	来源	相关报道
2017/4/5	全国人力资源市场建设工作座谈会在郑州召开	中国劳动保障新闻网	5 条相关
2017/4/10	首届国防军工企业人力资源管理创新大会在京召开	网易新闻	7 条相关
2017/5/8	沈阳铁西区人力资源产业园启动运营	华夏经纬网	11 条相关
2017/5/26	佩琪集团:VUCA 时代,人力资源管理需要数据赋能	网易新闻	13 条相关
2017/5/31	天津人力资源部门赴京校园招聘提供 2000 个岗位	北方网	5 条相关
2017/6/12	2016 年人力资源市场统计报告发布全年行业营收同比增长超两成	凤凰网	17 条相关
2017/6/20	2016 年人力资源行业总收入逾万亿	中国政府网	15 条相关
2017/6/25	猎聘网创始人戴科彬:人力资源行业未来要立足大数据	网易新闻	3 条相关

对关注"人力资源"的人群展开分析,可以发现,从地域上来说,华东地区公众的关注度明显高于其他地区,华北、华南次之,而东北、西北的社会公众关注度相对较低。

从省份上来看,广东、北京、浙江、上海则是社会公众关注度相对高的地区。从检索关注的人群地域分布可以发现,经济发达的沿海地区,对于人力资源服务业的关注度较高,侧面反映出这些地区人力资源服务业发展具有相对良好的社会环境基础和广泛的社会关注度。

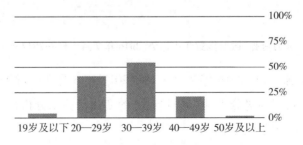

图 2-1-3 关注"人力资源"人群的年龄分布(2016 年 7 月 1 日—2017 年 6 月 30 日)

图2-1-4 关注"人力资源"人群的性别分布(2016年7月1日—2017年6月30日)

从图2-1-3可以看出,20—39岁的中青年人对人力资源的关注度高,处于劳动黄金年龄的中青年人更加关注人力资源领域。从图2-1-4可以看出,性别上男女之间没有显著差异。

2. 微博指数

微博指数是"新浪微博"基于海量用户行为数据、博文数据,采用科学计算方法统计得出的反映不同事件领域发展状况的指数产品。其中的"热词指数"是基于关键词每日的微博热议度,以关键词为统计对象,科学分析并计算出各个关键词在新浪微博平台中的长期热议趋势,并以曲线图的形式展现的指标(如图2-1-5所示)。

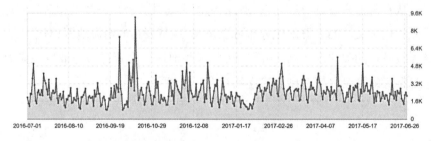

图2-1-5 "人力资源"微博指数变化趋势(2016年7月1日—2017年6月30日)

"人力资源"是在2016年7月1日—2017年6月30日微博热议度较高的关键词,可以通过分析其"热词指数"的变化趋势来分析社会公众对于"人力资源"领域的关注度。

此外,根据微博数据中热词指数在地域上的差异,可以了解不同地区对于人力资源关注度的差异。从图2-1-6来看,与百度指数反映出的结论类

地域热议度		用户热议度	
❶ 北京	10.90%	❶ 天津	12.75%
❷ 江苏	8.52%	❷ 北京	8.77%
❸ 广东	8.20%	❸ 广东	8.44%
❹ 浙江	5.91%	❹ 江苏	4.80%
❺ 上海	5.41%	❺ 浙江	4.64%
❻ 天津	4.67%	❻ 山东	4.22%
❼ 四川	4.12%	❼ 上海	3.97%
❽ 山东	3.99%	❽ 福建	3.81%
❾ 河南	3.80%	❾ 新疆	3.56%
❿ 河北	3.16%	❿ 四川	2.81%

图 2-1-6　"人力资源"地域热议度和用户热议度
（2016 年 7 月 1 日—2017 年 6 月 30 日）

似,北京、浙江、广东、江苏等地区对于人力资源服务的热议度最高,总体上看沿海地区的热议度高于内陆地区。

从关注用户的性别看（如图 2-1-7 所示）,男性与女性对于人力资源服务业的关注度并无显著差异,从年龄来看（如图 2-1-8 所示）19—34 岁的青年人关注度最高。

图 2-1-7　"人力资源"热议用户性别分布（2016 年 7 月 1 日—2017 年 6 月 30 日）

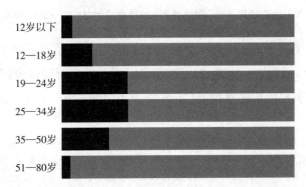

图 2-1-8　"人力资源"热议用户年龄分布（2016 年 7 月 1 日—2017 年 6 月 30 日）

3. 微信指数

微信指数①是腾讯开发的整合了微信上的搜索和浏览行为数据,基于对海量云数据的分析,形成的当日、7 日内、30 日内以及 90 日内的"关键词"的动态指数变化情况,即用具体的数值来表现关键词的流行程度。相较于长时间段的百度指数和微博指数,微信指数能够更加精确地反映某个词语在短时间段内的热度趋势和最新指数动态,能够预测该关键词成为热词的潜力。

以"人力资源服务业"作为检索关键词,得到了近 90 日(2017 年 3 月 31 日—2017 年 6 月 28 日)"人力资源服务业"微信指出变化趋势图(如图 2-1-9 所示)。

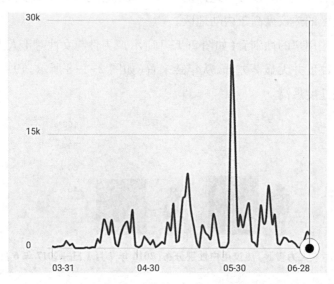

图 2-1-9 "人力资源服务业"微信指数(2017 年 3 月 31 日—2017 年 6 月 28 日)

从图 2-1-9 可以看出,社会公众对于人力资源服务业的关注在 2017 年 5 月底到 6 月初有一个高峰。究其原因,在于这一时间段内,人力资源和社会保障部于 6 月 5 日发布了《2016 年人力资源市场统计报告》。该报告

---

① 微信指数计算采用数据:总阅读数 R,总点赞数 Z,发布文章数 N,该账号当前最高阅读数 Rmax,该账户最高点赞数 Zmax。采用指标:总阅读数 R,平均阅读数 R/N,最高阅读数 Rmax,总点赞数 Z,平均阅读数 R/N,最高阅读数 Rmax,总点赞数 Z,平均阅读数 Z/N,最高点赞数 Zmax,点赞率 Z/R。

中显示,2016 年,我国人力资源服务业营业总收入 11850 亿元,同比增长 22.4%,近年来连续保持了 20% 左右的高增长态势。可见,行业良好的发展 态势吸引了社会公众的广泛关注。

4. 对比分析

鉴于三类指数的计算方式有所差别,难以直接进行比较,我们以一个月 为周期,来审视近 30 天(2017 年 6 月 1 日—2017 年 6 月 30 日)关注趋势的 短期变化。根据表 2-1-2 可以看出,无论是百度指数还是微信指数,指数 在同比和环比上都有所增长,尤其在微信指数上增幅巨大。

表 2-1-2 三类指数对比(**2017 年 6 月 1 日—2017 年 6 月 30 日**)

百度指数(近 30 天)		微博指数(近 30 天)		微信指数(近 30 天)	
整体搜索指数	2745(同比增长 20%,环比增长 39%)	整体热议度	当月均值:2132 当月最高:3669	整体指数	由于微信无 PC 端,整体指数与移动端指数相同
移动搜索指数	1858(同比增长 10%,环比增长 15%)	移动热议指数	当月均值:1194 当月最高:2670	移动端指数	当月均值:3012 当月最高:23796 (日环比增长 2517.71%)

数据来源:百度指数、新浪热词指数、微信指数。

(二) 网络社交体传播途径

随着互联网的发展,微博和微信已经成为社会公众交流互动、信息发 布、意见表达的重要平台。因此本部分在微博和微信环境下进行研究,探究 各地网民对人力资源服务业的关注度。

1. 微博

2017 年 5 月 16 日,新浪微博发布 2017 年第一季度财报,截至 2017 年 3 月 31 日,微博月活跃用户达 3.4 亿,已超过 Twitter,成为全球用户规模最 大的独立社交媒体公司。2017 年 3 月的月活跃用户数(MAU)较上年同期 增长 30%,已达到 40 亿,其中 91% 为移动端用户。2017 年 3 月的日均活跃 用户数(DAU)较上年同期增长 28%,至 1.54 亿[1]。凭借用户规模的优势,

---

[1] 参见 http://www.yxdown.com/news/201705/352742.html。

微博已经成为内容生产者传播信息和与粉丝互动的重要平台,也是观察社会公众对"人力资源服务业"关注度的重要窗口。

通过新浪微博的用户高级搜索界面,搜索到了"人力资源服务"相关用户数量为 6501,比去年同期增长了 451 个,增幅 7.43%。其中机构认证用户数量 2030 个,个人认证用户数量 454 个,普通用户 4016 个。通过对微博用户的标签信息进行检索,搜索到了 169 个机构认证用户,19 个微博个人认证用户,207 个普通用户(如图 2-1-10 所示)。认证用户较 2016 年仅增长了 2 个,用户数量较之 2016 年度没有明显变化。

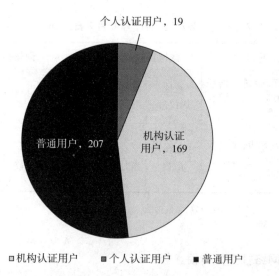

图 2-1-10 新浪微博用户分析(用户标签"人力资源服务",
截止时间:2017 年 6 月 30 日)

表 2-1-3 人力资源服务相关用户地区分布

排名	地区	用户数量	排名	地区	用户数量	排名	地区	用户数量	排名	地区	用户数量
1	北京	64	8	湖北	13	15	湖南	7	22	吉林	2
2	上海	62	9	辽宁	12	16	安徽	6	23	山西	2
3	广东	58	10	山东	12	17	天津	6	24	香港	2
4	其他①	36	11	四川	10	18	重庆	5	25	甘肃	1

① 表中的其他为微博自动分类的,除了国内省市区之外的其他地区。

续表

排名	地区	用户数量	排名	地区	用户数量	排名	地区	用户数量	排名	地区	用户数量
5	江苏	22	12	福建	8	19	海外	4	26	贵州	1
6	河南	21	13	陕西	8	20	广西	2	27	青海	1
7	浙江	20	14	河北	7	21	黑龙江	2	28	云南	1

　　根据表2-1-3，从地域分布上来看，数量排在前三位为北京、上海、广东，其人力资源服务相关用户数量远高于其他地区，属于第一梯队。江苏、河南、浙江区域内的相关用户数量都在20个及以上，也相对较高，属于第二梯队。湖北、辽宁、山东、四川地区的用户数量在10个及以上，属于第三梯队。其余则是在各个省份零散分布，不成规模。

　　在这些用户中，粉丝量在1万及以上的都是认证机构，有10个认证机构粉丝量达到了1万以上（如表2-1-4所示），相较于2016年并无显著变化。

表2-1-4　粉丝量在1万以上的用户概况

微博名称	地区	认证信息	粉丝数量	微博数量	简介
百伯HR联盟	北京	百伯招聘百分百官方微博	1万	1476	百伯网成立于2011年1月，是由全球最大的中文搜索引擎百度投资的招聘网站。百伯网前身为百度人才，2011年9月22日正式更名为百伯。
智联招聘	北京，朝阳区	智联招聘	78万	17081	成立于1997年的智联招聘（www.zhaopin.com）是国内最早、最专业的人力资源服务商之一。客服热线：400-885-9898。
百伯	北京，朝阳区	百伯网官方微博	6万	3671	百伯网，成立于2011年，由全球最大的中文搜索引擎百度投资的招聘网站。
北京外航服务公司	北京，朝阳区	北京外航服务公司	1万	1097	北京外航服务公司（简称北京FASCO），于1982年1月29日正式成立，隶属于中国民用航空局国际合作服务中心（中国民用航空局外航服务中心），专门为境外航空公司提供各类劳务人员。

微博名称	地区	认证信息	粉丝数量	微博数量	简介
理才网	广东，深圳	深圳市理才网信息技术有限公司	7万	3564	1.理才网改变传统企业管理，引领人才互联，商业互联潮流。2.产品 dayHR，基于移动互联、云计算和 SaaS 服务，免费人才资本管理云平台领导者。3.理才君是谁？传递互联网管理新思路的职场小生。
中原 IT 人才网	河南，洛阳	洛阳鸿卓电子信息技术有限公司	2万	1705	中原 IT 人才网为个人提供最全最新最准确的企业职位招聘信息，为企业提供全方位的人力资源服务，帮助个人求职者快速地找到工作。
徐州英才网	江苏，徐州	徐州英才网官方微博	2万	38354	徐州英才网是淮海地区大型、专业的人才招聘网站。徐州人才求职，企业招聘首选！热门职位、求职指导、HR 交流、每月定期举办大型招聘会。
DDA FESCO	辽宁	大连经济技术开发区外国企业服务有限公司	1万	1659	大连开发区外国企业服务有限公司（DDA FESCO），是中国对外服务行业协会理事单位、大连市人力资源服务行业协会常务理事单位、大连市优秀诚信人力资源服务机构，于 1994 年 6 月 1 日经大连市政府批准设立，是大连本土发展起来的最具竞争优势的区域性人力资源服务机构。
金柚网	浙江，杭州	杭州今元标矩科技有限公司	3万	2067	互联网公司及人力资源。它是全国首家 100% 在线人力资源服务平台，依托对行业的深入理解及业界领先的云+SaaS 模式，为企业提供五险一金缴纳、跟踪查询、线上转移、咨询等全方位在线社保服务，更有薪酬管理、商业保险、人事管理及福利商城等一站式人力资源在线管理服务。
重庆博乐人力资源	重庆，南岸区	重庆市博乐人力资源管理有限公司	1万	1074	重庆博乐人力资源公司是重庆市人才服务行业重点以人事外包、劳务派遣、高端猎头、银行培训与咨询为主的整体化解决方案提供商，总部设于重庆和成都，经营网络覆盖全国。

接着，用 Rost Content Miningr(5.8.0 版本)软件对新浪微博的用户信息关键词进行文本分析，初步探索微博用户对于人力资源服务业的关注度和

关注点。

　　对以上用户的简介和标签信息进行文本分析,得到关于前 200 个关键词的语义网络图(如图 2-1-11 所示)。出现的高频词包括:人力资源、服务、招聘、人才、猎头、管理、咨询、外包、培训、派遣、劳务等。这些关键词展现了当前人力资源服务业的主要业务内容。

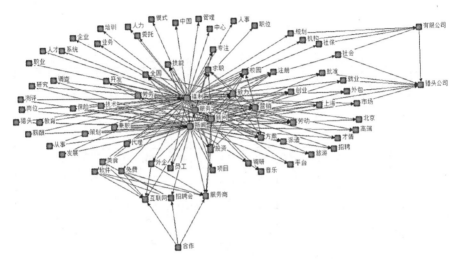

图 2-1-11　"人力资源服务"相关用户标签关键词语义网络图

2. 微信公众号

　　2017 年 4 月 24 日,腾讯旗下企鹅智酷公布的《2017 微信用户 & 生态研究报告》显示,截至 2016 年 12 月,微信全球共计 8. 89 亿月活用户,拥有 1000 万个新兴的公众号平台。与 2015 年相比,受访公众号运营者中,所运营公众号粉丝规模在万人以下的大幅增加,而在百万人级别以上的则有小幅增长①。可见微信公众号当前在社会中具有日益增长的影响力。

　　以"人力资源服务"为关键字在搜狗微信公众号检索平台上进行检索(检索时间段为:2016 年 7 月 1 日—2017 年 6 月 30 日),得到 1031 个相关微信用户,用户数量较之 2016 年同期有所增长。在这些用户中具有认证资

---

　　① 《微信 2017 用户研究和商业机会洞察》,腾讯网,http://tech. qq. com/a/20170424/004233. htm#p = 1。

格的 183 个公众号,按照地域进行分类(如表 2-1-5 所示)。

表 2-1-5 "人力资源服务"相关微信公众号地域分布

地区	区域内微信号数量	微信号数量占比	近一个月发文量总量	近一个月发文量均值
广东	27	14.8%	353	13
江苏	24	13.1%	494	21
河北	16	8.7%	356	22
北京	13	7.1%	234	18
上海	12	6.6%	208	17
浙江	11	6.0%	137	12
云南	7	3.8%	143	20
山东	7	3.8%	62	9
四川	5	2.7%	207	41
陕西	5	2.7%	196	39
内蒙古	5	2.7%	165	33
新疆	5	2.7%	67	13
甘肃	4	2.2%	286	72
安徽	4	2.2%	239	60
天津	4	2.2%	91	23
山西	4	2.2%	62	16
福建	4	2.2%	60	15
湖南	4	2.2%	45	11
河南	3	1.6%	62	21
湖北	3	1.6%	37	12
西安	3	1.6%	21	7
重庆	3	1.6%	5	2
辽宁	2	1.1%	245	123
海南	2	1.1%	26	13
贵州	2	1.1%	11	6
江西	2	1.1%	8	4
吉林	1	0.5%	44	44
广西	1	0.5%	1	1
总计	183	100%	3865	21

数据来源:搜狗微信公众号检索,http://weixin.sogou.com/,截止日期:2017 年 6 月 30 日。

　　根据表 2-1-5,发现其中广东省分布的公众号数量最多,为 27 个,占全部的 14.8%,其次是江苏省,24 个,占总数的 13.1%。这两个省份区域内分布的公众号数量明显多于其他地区,分布较为分散,活跃度较高,属于第一梯队,反映出该地区公众对于人力资源服务业的关注度高。河北、北京、上海、浙江区域内也有 10 个以上的公众号分布,属于第二梯队。而在四川、陕西、甘肃、安徽、辽宁、吉林等地区,虽然区域内公众号数量少,但每个公众号的活跃度很高,属于集中分布式。

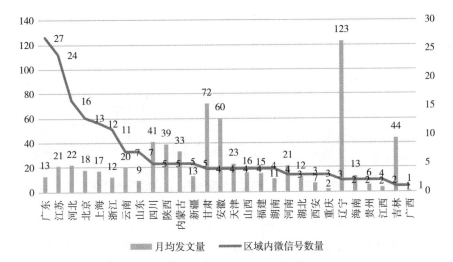

图 2-1-12　"人力资源服务"相关微信公众号概况

数据来源:搜狗微信公众号检索,http://weixin.sogou.com/,截止日期:2017 年 6 月 30 日。

　　总体上看,东部沿海地区分布着更多与"人力资源服务业"相关的微信公众号,在人力资源服务业信息发布和传播中发挥着更加积极的作用。

(三) 人力资源服务网站

　　Alexa 排名是常引用的用来评价某一网站访问量的一个指标。Alexa 中国提供 Alexa 中文排名官方数据查询、网站访问量查询、网站浏览量查询、排名变化趋势数据查询。Alexa 每三个月公布一次新的网站综合排名,即特定的一个网站在所有网站中的排名。此排名的依据是用户链接数(Users Reach)和页面浏览数(Page Views)三个月累积的几何平均值。因此,通过 Alexa 排名看人力资源类网站的排名和流量分析可以反映各地公众对于人力资源服务业的关注度。

在 Alexa 中国官网①,以"人力资源服务"为关键词进行检索,得到 228 个相关网站,以下针对这些网站的排名和基础信息进行分析。

从网站的地域分布上来看(如图 2-1-13),山东、广东、江苏、浙江、安徽、河南在数量上高于其他地区。可见,这些地区对于人力资源相关资讯关注较多,为人力资源服务业发展提供了良好的社会氛围。

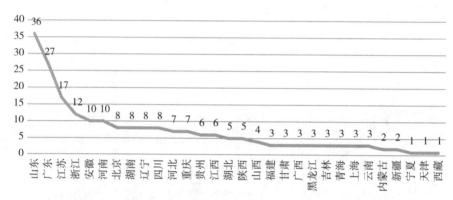

图 2-1-13　人力资源服务相关网站的地域分布(截止时间:2017 年 6 月 30 日)

根据 Alexa 的网站分类来进行统计(如表 2-1-6),政府类的网站(政府职能、事业单位、政府门户)占据了近 80% 的比重。除政府网站外,公共团体和求职招聘数量也较多,能够反映出此类信息也是社会公众访问需求量较大的。

表 2-1-6　人力资源服务相关网站的类型分布

网站类型	数量	占比
政府职能	149	65.4%
事业单位	22	9.6%
公共团体	21	9.2%
求职招聘	11	4.8%
政府门户	10	4.4%
门户网站	4	1.8%

---

① 参见 http://alexa.chinaz.com/。

续表

网站类型	数量	占比
政府组织	4	1.8%
地方网站	2	0.9%
教育考试	1	0.4%
论坛综合	1	0.4%
商务服务	1	0.4%
生活服务	1	0.4%
新闻报刊	1	0.4%
总计数	228	100%

数据来源:http://alexa.chinaz.com/。

二、各地政府对人力资源服务业的重视度

地方政府发布的政府工作报告、年度工作计划以及相关的法律法规、政策文件能够集中体现该地区政府的政策关注点。因此,本部分通过各地2017年政府工作报告、人力资源服务业相关政策、法规、规划,来分析各地政府对于"人力资源服务业"关注与重视程度。

(一) 各地政府对人力资源服务业的关注度

首先通过对各省市(港澳台地区除外)的2017年政府工作报告进行文本分析,探究省级政府对人力资源服务业的关注度。

明确在政府工作报告中提及"人力资源服务业"的仅有北京和广东两地政府,其余则是在相关战略背景下间接体现,主要是两大背景性要素,第一,"实施人才强国战略",提升人力资源水平,以人才驱动发展是多个省市的重要提法;第二,加快发展生产性服务也是发展人力资源服务业的重大政策性背景。人力资源服务业作为新兴的现代服务业之一,符合"创新、协调、绿色、开放、共享"五大发展理念,也是激发人才活力,提升人力资源水平,推动发展的重要驱动力。因此,2017年的政府工作报告中可以初步看出,各省市已直接或间接地提出了有助于人力资源发展的要素。

表 2-1-7　各地 2017 年政府工作报告与"人力资源服务业"相关内容（节选）

类型	省份	政府工作报告相关内容
明确提出人力资源服务业	北京	着力推动产业高端化发展。落实加快生产性服务业发展的实施意见，巩固提升金融、科技、信息、商务服务等优势产业，大力发展节能环保服务、计量标准、检验检测认证、人力资源等新兴产业，加快奥体文化商务园、新首钢高端产业综合服务区建设。
	广东	（十）加快补齐率先全面建成小康社会民生短板……稳妥做好去产能职工安置工作。搭建就业创业线上线下对接服务平台，大力发展人力资源服务业。……
着重点明人力资源重要作用	河北	提升人力资源水平，实施"人才兴冀"工程，实行更具灵活性和吸引力的人才政策，积极引进海内外科技领军人才、创新团队、管理人才和高技能人才。
	云南	推动更多人力资源进入新领域、新业态，特别是以互联网为基础的电商、微商、众筹、快递、电子竞技等。
	湖南	培育和引进创新人才。着力培养引进科技领军人才、专业技术人才、高技能人才和具有国际影响力的创新团队。建立引才绿色通道，探索人才柔性流动机制，完善引进人才的服务和保障措施，建设高标准国际化人才社区。
	贵州	我们要充分发挥人才在创新中的引领作用，让创新成为经济发展的制胜法宝。
	甘肃	着力实施人才强县战略，拓宽人才引进渠道，营造人才创业环境，解决人才缺乏问题。
	江西	大力发展现代物流、现代金融、信息技术服务、节能环保服务、中介服务等现代服务业。
提出着力发展现代服务业	吉林	全面落实加快发展服务业政策意见，坚持生产性服务业与生活性服务业并重、现代服务业与传统服务业并举，发展提速、比重提高、水平提升并进，使服务业成为稳增长、攒后劲的新引擎。
	湖北	加快发展现代服务业。抓好"五个一百"和"三千亿元产业培育工程"落地。着力发展工业软件、工程设计、现代物流、商务服务、检验检测等生产性服务业。……更加积极主动招商引资，继续办好华创会、楚商大会、粤港澳等招商活动，加强对世界500强、高端制造业和现代服务业的精准招商，抓好重大招商项目落实落地。
	湖南	积极发展现代服务业。建设"三基地两中心"和服务业集聚区。
	广西	提升发展服务业。继续实施服务业百项重点工程，加快建设现代服务业集聚区，带动专业市场、商贸服务业集聚发展，大力发展工业设计、信息服务、金融保险等生产性服务业。
	安徽	实施皖江示范区展期规划，健全拥江发展、两岸联动机制，加快建设具有国际竞争力的先进制造业和现代服务业基地。

（二）各地政府对人力资源服务业的政策保障度

使用"北大法宝 V5 版"数据库的高级检索针对"地方法规规章"进行检索。以"人力资源服务"进行全文检索，发布时间范围为：2016 年 7 月 1 日—2017 年 6 月 30 日。检索到各地政策主要包括两类，一类是地方性法规，另一类是地方规范性文件。

1. 地方性法规

检索得到与"人力资源服务"相关的地方性法规有 3 篇。这些法规主要是地方性经济开发区的相关条例，在人才相关的章节中，有"人力资源服务业"的相关内容。主要从人才市场建设、人才引进、发展现代服务业等视角，对"人力资源服务业"进行阐述。以下进行解读：

（1）《深圳经济特区人才市场条例》（2017 年修订）①

2017 年 5 月 16 日，深圳市人大常委会发布了对于 2002 年版本的《深圳经济特区人才市场条例》的修订，将"人事行政部门"调整为"人力资源行政部门"；原"人才中介机构"和"中介机构"调整为"人力资源服务机构"；"人才中介服务"调整为"人力资源服务"，并对人力资源服务机构的登记、管理和发展提出了规范性要求。例如：

第二十二条明确规定可以开展人力资源服务业务机构所需要具备的条件，包括依法登记、制度明晰、设施完备、诚信经营等。

第二十三条和第二十五条对人力资源服务机构的登记备案作出了详尽要求。例如"登记备案事项包括机构名称、类型、法定代表人、营业地址、出资总额、投资人姓名或者名称及其出资额、业务范围等内容"。

第二十六条规定了人力资源服务机构要实行年度报告制度，并且要求"人力资源行政部门对人力资源服务机构的年度报告进行监督检查"。

从 2017 年的最新修改中，可以看出深圳市对于发展人力资源服务业的重视，深刻认识到"人才中介服务"到"人力资源服务"的跨越式转变。针对人力资源服务机构的设立、管理和发展作出了详细规定，有利于规范人力资源服务业的发展，有利于完善该地区的人才市场体系。

---

① 《深圳市人大常委会关于修改〈深圳经济特区人才市场条例〉的决定》，深圳市第六届人民代表大会常务委员会公告第 67 号。

（2）《珠海经济特区科技创新促进条例》（2016年修订）①

2016年7月29日，珠海市第八届人民代表大会常务委员会第三十七次会议修订并通过了《珠海经济特区科技创新促进条例》，在第四章"人才引进和保障"的第三十九条规定："市政府鼓励人力资源服务业创新，加强人力资源服务载体建设，扩大人力资源服务业开放，健全人力资源服务业监管体系。支持香港、澳门从事人才中介服务的企业和其他经济组织在本市设立独资或者合资人才中介机构；支持其他国家或者地区投资者按规定在本市设立中外合资人才中介机构，探索由外方合资者控股。"

该条款从人才引进和保障的角度，突出了人力资源服务业在人才引进中的重要地位和作用。鼓励推动人力资源服务业机构发展和人力资源服务业创新，有利于吸引集聚人才，激发人才创新创业活力，从而促进该地区的科技创新和经济发展。

（3）《山东省经济开发区条例》②

2016年7月22日山东省第十二届人民代表大会常务委员会第二十二次会议通过了《山东省经济开发区条例》，在第五章"服务保障"的第三十一条规定："鼓励在经济开发区内设立金融服务、法律服务、资产评估、信用评级、投资咨询、知识产权交易、人力资源服务等中介服务机构，为经济开发区的生产经营和创新创业活动提供服务。"

该条款从人才服务保障的视角出发，体现了人力资源服务业等现代服务业在经济开发区发展中的积极作用，为人力资源服务机构在开发区内的设立和发展提供了良好的政策环境。

2.地方规范性文件

截止到2017年6月30日，检索得到与"人力资源服务"相关地方规范性文件共392篇（如表2-1-8所示）。

---

① 《珠海经济特区科技创新促进条例》（2016年修订），珠海市人民代表大会常务委员会公告〔8届〕第35号。

② 《山东省经济开发区条例》，山东省人民代表大会常务委员会公告第144号，2016年7月22日。

表 2-1-8 "人力资源服务"相关地方规范性文件地域分布
（截止日期：2017 年 6 月 30 日）

排名	地区	数量	占比	排名	地区	数量	占比
1	江苏省	40	10.2%	17	山西省	9	2.3%
2	河南省	29	7.4%	18	广西壮族自治区	9	2.3%
3	河北省	29	7.4%	19	吉林省	7	1.8%
4	广东省	29	7.4%	20	青海省	6	1.5%
5	山东省	23	5.9%	21	黑龙江省	6	1.5%
6	辽宁省	22	5.6%	22	海南省	6	1.5%
7	福建省	19	4.8%	23	重庆市	5	1.3%
8	湖北省	18	4.6%	24	甘肃省	5	1.3%
9	宁夏回族自治区	17	4.3%	25	内蒙古自治区	4	1.0%
10	江西省	17	4.3%	26	天津市	3	0.8%
11	四川省	16	4.1%	27	湖南省	3	0.8%
12	新疆维吾尔自治区	14	3.6%	28	贵州省	3	0.8%
13	北京市	14	3.6%	29	云南省	2	0.5%
14	安徽省	13	3.3%	30	陕西省	2	0.5%
15	浙江省	12	3.1%	31	西藏自治区	0	0.0%
16	上海市	10	2.6%		总计	392	

根据表 2-1-8，从地域来看，江苏省发布的与人力资源服务相关的地方规范性文件数量显著多于其他地区，在一年之内发布了多达 40 份相关文件，其次是河南省、河北省、广东省、山东省、辽宁省，发布文件数量均超过 20 份，也展现出这些地区政府对于"人力资源服务业"相当高的关注度。而贵州、云南、陕西、西藏等地区则发布的相关政策文件数量最少。

将 392 篇地方规范性文件的标题及与"人力资源服务"相关的内容提取，进行文本分析，得到如图 2-1-14 所示语义网络图。

从图 2-1-14 中关键词可以看出，高频词包括"人才""发展""就业""保障""建设""市场""'十三五'规划""管理"等。

从具体的文件内容来看，大致可以分为几类，第一类与地区人才发展相关，例如《中共山东省委组织部、山东省人力资源和社会保障厅关于组织开展 2017 年度社会力量引进高层次人才奖励申报工作的通知》；第二类与就

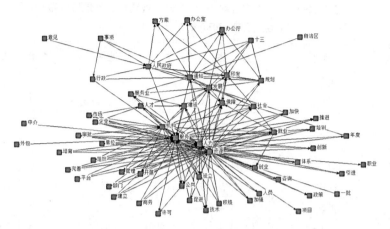

图2-1-14　地方规范性文件标题及"人力资源服务"相关内容文本分析语义网络图

业保障相关,例如《辽宁省人民政府关于印发辽宁省"十三五"促进就业规划的通知》;第三类与人力资源市场建设与管理相关,例如《河北省人力资源和社会保障厅关于做好 2016 年度人力资源市场统计和年度报告公示工作的通知》;第四类则与发展服务业有关,例如《宁夏回族自治区人民政府办公厅关于印发宁夏服务业发展"十三五"规划的通知》。

(三)　各地政府对人力资源服务业的发展规划

1.人力资源和社会保障事业发展"十三五"规划

2016 年 7 月 6 日,中华人民共和国人力资源和社会保障部关于印发了《人力资源和社会保障事业发展"十三五"规划纲要》,在第五节"完善人力资源市场机制"中明确指出要"大力发展人力资源服务业,推进人力资源服务产业园建设。加强人力资源服务业从业人员职业培训,实施人力资源服务业领军人才培养计划",并且在该节的专项行动的第五项中列出了"人力资源服务业发展推进计划",要求"推进人力资源服务业集聚发展。加强人力资源服务产业园的统筹规划和政策引导,依托重大项目和龙头企业,培育创新发展、符合市场需求的人力资源服务产业园,形成人力资源公共服务枢纽型基地和产业创新发展平台"①。

---

① 《人力资源和社会保障事业发展"十三五"规划纲要》,http://www.pkulaw.cn/cluster_form.aspx? check_gaojijs＝1&menu_item＝law&EncodingName＝&db＝lar。

为贯彻落实人力资源和社会保障部的规划纲要,各地相继制定和细化了本地区的《人力资源和社会保障事业发展"十三五"规划纲要》,"发展人力资源服务业"在多个省市的"十三五"规划中有所提及,下面展开分析。

2016年以来各地省(直辖市、自治区)、市政府发布了"人力资源和社会保障事业发展"的"十三五"规划,如表2-1-9所示。

表2-1-9　各地"人力资源和社会保障事业发展"的"十三五"规划概况

序号	地区	级别	文件名称	文号/发布时间
1	安徽	省级	安徽省"十三五"人力资源和社会保障事业发展规划	皖人社发〔2016〕,2016.12.30
2	北京	直辖市	北京市"十三五"时期人力资源和社会保障发展规划	京人社规发〔2016〕112 号 2016.06.13 发布
3	重庆	直辖市	重庆市人力资源和社会保障事业发展"十三五"规划	渝府办发〔2016〕186 号 2016.10.10
4	福建	省级	福建省"十三五"人力资源和社会保障事业发展专项规划	闽政办〔2016〕43 号 2016.03.28 发布
5	福建	市级	泉州市"十三五"人力资源和社会保障事业发展专项规划	泉政办〔2016〕184 号 2016.12.14 发布
6	福建	市级	漳州市"十三五"人力资源和社会保障事业发展专项规划	漳政办〔2016〕111 号 2016.05.18 发布
7	广东	省级	广东省人力资源和社会保障事业发展"十三五"规划	粤人社发〔2016〕160 号 2016.07.29 发布
8	广东	市级	深圳市人力资源和社会保障事业发展"十三五"规划	深人社发〔2016〕93 号 2016.08.31 发布
9	广西	省级	广西人力资源和社会保障事业发展"十三五"规划	桂政办发〔2016〕117 号 2016.09.21 发布
10	广西	市级	南宁市人力资源和社会保障事业发展"十三五"规划	南府办〔2017〕13 号 2017.02.22 发布
11	海南	省级	海南省人力资源和社会保障事业发展"十三五"规划纲要	琼府办〔2016〕296 号 2016.12.05 发布
12	江苏	省级	江苏省"十三五"人力资源和社会保障发展规划	苏政办发〔2016〕116 号 2016.10.29
13	河北	省级	河北省人力资源和社会保障事业发展"十三五"规划	冀政办字〔2016〕153 号 2016.09.19 发布
14	河北	市级	衡水市人力资源和社会保障事业发展"十三五"规划	衡政办字〔2017〕8 号 2017.01.25 发布

续表

序号	地区	级别	文件名称	文号/发布时间
15	河北	市级	邯郸市人力资源和社会保障事业发展"十三五"规划	邯政办字〔2016〕168号 2016.11.21 发布
16	河南	省级	河南省"十三五"人力资源和社会保障事业发展规划	豫政办〔2017〕16号 2017.01.12 发布
17	河南	市级	郑州市人力资源和社会保障事业发展"十三五"规划纲要	郑政办〔2016〕67号 2016.11.10 发布
18	湖北	省级	湖北省人力资源和社会保障事业发展"十三五"规划	鄂政发〔2016〕53号 2016.09.26 发布
19	湖北	市级	黄石市人力资源和社会保障事业发展"十三五"规划	2016.10.21 发布
20	湖北	市级	武汉市人力资源和社会保障事业发展"十三五"规划	武政〔2016〕36号 2016.08.28 发布
21	湖南	省级	湖南省"十三五"人力资源和社会保障事业发展规划	湘人社发〔2017〕1号 2017.01.14
22	辽宁	市级	大连市人力资源和社会保障事业发展"十三五"规划	大政办发〔2016〕33号 2016.04.19 发布
23	内蒙古	市级	巴彦淖尔市人力资源和社会保障事业发展第十三个五年规划	巴政发〔2016〕99号 2016.12.02 发布
24	宁夏	省级	宁夏回族自治区人力资源和社会保障事业发展"十三五"规划	宁政发〔2017〕10号 2017.01.16 发布
25	青海	省级	青海省人力资源和社会保障事业发展"十三五"规划	青政办〔2016〕125号 2016.07.14 发布
26	山东	省级	山东省人力资源和社会保障事业发展"十三五"规划纲要	鲁人社发〔2016〕42号 2016.10.31 发布
27	山东	市级	青岛市"十三五"人力资源和社会保障事业发展规划	青政办发〔2017〕6号 2017.01.17 发布
28	山西	省级	山西省"十三五"人力资源和社会保障事业发展规划	晋人社发〔2016〕 2016.11.18
29	四川	省级	四川省人力资源和社会保障事业发展"十三五"规划纲要	川人社发〔2016〕45号 2016.10.17 发布
30	四川	市级	泸州市人力资源和社会保障事业发展"十三五"规划纲要	泸市府办发〔2017〕19号 2017.04.07 发布
31	天津	直辖市	天津市人力资源和社会保障事业发展"十三五"规划	津发改规划〔2016〕925号 2016.10.28
32	新疆	自治区	新疆维吾尔自治区人力资源和社会保障事业发展"十三五"规划	新人社函〔2017〕216号 2017.05.10

数据来源:法宝 V5 版,地方规章检索。

在人力资源和社会保障事业的规划中,多地在发展战略或规划中列出了"加快发展人力资源服务业"的单独一节,可见地方政府对于发展人力资源服务业的重视程度。

• 安徽省:加快发展人力资源服务业,构建统一规范灵活的人力资源市场和较为完善的现代人力资源服务体系。打造合肥人力资源服务业集聚高地,支持阜阳、蚌埠、芜湖、安庆等市建设人力资源配置中心。提升人力资源服务企业质量,培育一批本土人力资源服务龙头企业,引进一批国内外知名人力资源服务企业。鼓励发展人力资源服务高端业态,打造人力资源服务全产业链。规范人力资源市场秩序,加强市场监管,推进市场诚信体系、分类体系和标准体系建设①。

• 北京市:促进人力资源服务业规模化、集约化、专业化、规范化发展,推进人力资源服务标准化和诚信体系建设。扩大人力资源服务业对外开放,重点发展战略规划咨询、人才培训、人才测评、高级人才寻访、人力资源外包、"互联网+"人力资源服务等高端业态。大力推进北京劳动保障职业学院领衔的人力资源服务职教集团建设,推动政、校、企、行紧密结合,创新人力资源开发新模式。建设国家级人力资源服务产业园区,打造人力资源市场公共服务枢纽型基地和人力资源服务产业创新发展平台②。

• 重庆市:推进人力资源服务业发展。制定《关于加快人力资源服务业发展的意见》,促进人力资源服务业专业化、信息化、产业化发展。具体举措包括:建设人力资源服务产业园;构建定位明确、分工合理、各具特色的人力资源服务聚集区;推进人力资源服务业标准化及诚信体系建设;打造10个以上智慧型公共人力资源市场;充分发挥重点产业人力资源服务公司作用;发展人力资源服务联盟;等等③。

• 江苏省:加快建设人才强省和人力资源强省,促进人才服务业发展。

---

① 《关于印发安徽省"十三五"人力资源和社会保障事业发展规划的通知》,皖人社发〔2016〕41号。

② 《北京市"十三五"时期人力资源和社会保障发展规划》,京人社规发〔2016〕112号。

③ 《重庆市人民政府办公厅关于印发重庆市人力资源和社会保障事业发展"十三五"规划的通知》,渝府办发〔2016〕186号。

具体举措包括：扩大政府人才公共服务供给，制定人才公共服务规范；培育发展专业性、行业性人才市场；实施人力资源服务产业园区建设工程；加大人力资源服务业骨干企业培育；等等①。

总体上看，这些地区从全方位和立体的角度来提出人力资源服务业发展的"四化"目标体系：第一，规模化，实现人力资源服务机构数量，企业规模增长，相关从业人数增加；第二，集约化，建设人力资源产业园，打造地区聚集高地，提升资源配置效率；第三，专业化，加强人力资源服务业人员的培训，引进高层次专业人才，提升专业水平；第四，规范化，加强人力资源服务业政策体系、诚信体系、标准体系的建设，实现有序发展。各地还针对目标，列出具体的专项计划。

其他地区则是在市场机制建设或完善人力资源服务体系的章节中，将"发展人力资源服务业"作为其中一项内容。

在人力资源市场机制建设的章节中，各地政府发展人力资源服务业的目标主要在于：第一，增加人力资源服务机构数量，培养龙头企业；第二，建设人力资源服务产业园，搭建聚集发展平台；第三，培养和引进人力资源服务业人才，增强人力资源服务业的创新能力；第四，加强人力资源市场诚信体系和标准体系建设，完善行业市场机制。

● 河北省：加快推动人力资源市场机制建设。……大力发展人力资源服务业，以产业引导、政策扶持和环境营造为重点，整合人力资源市场，发展各类人力资源服务机构②。

● 山东省：完善人力资源市场机制。……大力发展人力资源服务业，加强人力资源服务业从业人员职业培训，加强人力资源服务产业园建设，重点培育具有示范引领作用的龙头企业和行业领军人才③。

● 广东省：建立统一规范灵活的人力资源市场。……完善促进人力资源服务业发展的政策体系，鼓励支持各类人力资源服务产业发展，培育人力

① 《江苏省政府办公厅关于印发江苏省"十三五"人力资源和社会保障发展规划的通知》，苏政办发〔2016〕116 号。

② 《河北省人民政府办公厅关于印发河北省人力资源和社会保障事业发展"十三五"规划的通知》，冀政办字〔2016〕153 号。

③ 《山东省人力资源和社会保障厅关于印发〈山东省人力资源和社会保障事业发展"十三五"规划〉纲要的通知》，鲁人社发〔2016〕42 号。

资源服务品牌①。

●湖南省：完善人力资源市场机制。……到 2020 年，建立健全专业化、信息化、产业化、国际化的人力资源服务体系，实现人力资源公共服务充分保障，经营性服务快速发展，高端服务业逐步壮大，服务就业创业与人力资源开发配置能力明显提升，人力资源服务业从业人员达到 3 万人，产业规模超过 200 亿元②。

●山西省：完善人力资源市场机制体制……大力发展人力资源服务业，制定实施人力资源服务业发展规划，规范、引导人才招聘、人才推荐、人员培训、劳务派遣等人力资源服务业发展，培育和发展多层次、多元化的人力资源服务机构，推进人力资源服务创新，培育人力资源服务品牌，促进人力资源服务业健康发展③。

●四川省：完善人力资源市场机制……实施人力资源服务能力提升计划，大力发展人力资源服务业，建成中国成都人力资源服务产业园④。

●天津市：加强人力资源市场体系建设。破除人力资源市场的城乡、地区、行业分割和身份歧视，促进形成有利于人力资源平等有序流动的市场环境⑤。

●新疆维吾尔自治区：大力发展人力资源服务业，积极培育各类专业社会组织和中介服务机构，有序承接政府转移的人力资源培养、评价、流动、激励等职能。加快人力资源市场信息化建设，提供高效便捷的公共服务⑥。

在人力资源服务体系完善的章节中，各地政府主要从人力资源服务体系的完善角度来提出人力资源服务业的发展目标：第一，建设和完善人力资

---

① 《广东省人力资源和社会保障厅关于印发〈广东省人力资源和社会保障事业发展"十三五"规划〉的通知》，粤人社发〔2016〕160 号。

② 《湖南省人力资源和社会保障厅关于印发〈湖南省"十三五"人力资源和社会保障事业发展规划〉的通知》，湘人社发〔2017〕1 号。

③ 《山西省发展和改革委员会　山西省人力资源和社会保障厅关于印发〈山西省"十三五"人力资源和社会保障事业发展规划〉的通知》，晋人社发〔2016〕。

④ 《四川省人力资源和社会保障厅关于印发〈四川省人力资源和社会保障事业发展"十三五"规划纲要〉的通知》，川人社发〔2016〕45 号。

⑤ 《天津市人力资源和社会保障事业发展"十三五"规划》，津发改规划〔2016〕925 号。

⑥ 《关于印发新疆维吾尔自治区人力资源和社会保障事业发展"十三五"规划的通知》，新人社函〔2017〕216 号。

源服务相关的法律法规体系,做好政策保障;第二,推进人力资源市场诚信体系和标准体系建设,规范行业发展;第三,完善人力资源市场的信息系统,助力业态发展。

●福建省:推进人力资源服务体系建设。……促进人力资源服务业发展,放宽准入条件,吸引省外、海外知名人力资源服务机构来闽开展服务,鼓励我省人力资源服务机构开展对外合作,承接国际服务外包业务;支持人力资源服务机构通过兼并重组做大做强,稳步推进政府向社会力量购买人力资源服务,加强流动人员人事档案管理,推动人力资源服务业从业人员队伍建设①。

●湖北省:完善就业服务体系……突破性发展人力资源服务业,充分发挥市场在人力资源配置中的决定性作用,健全人力资源市场法律法规体系,完善人力资源市场管理制度,规范人力资源市场秩序,建立健全功能完善、运行有序、服务规范的人力资源市场体系。推进人力资源市场诚信体系和标准体系建设,加快人力资源市场供求信息监测体系建设,编制发布人力资源市场就业景气指数②。

●青海省:加强公共就业创业服务体系建设……加快推进多元化人力资源服务业发展,完善人力资源市场监管制度,推进人力资源市场诚信体系和标准体系建设,逐步形成功能完善、机制健全、运行有序、服务规范的人力资源市场体系③。

2. 行业专项政策

2014 年人力资源和社会保障部与国家发展改革委、财政部联合下发《关于加快发展人力资源服务业的意见》(以下简称《意见》),对发展人力资源服务业作出全面部署。《意见》要求各地加强人力资源服务业发展的组织领导,探索建立由政府分管领导牵头的工作协调机制。研究制定本地区推进人力资源服务业发展配套政策,将人力资源服务业发展纳入本地区服务业和人才工作综合考核评价体系,确保促进人力资源服务业发展的各

---

① 《福建省人民政府办公厅关于印发福建省"十三五"人力资源和社会保障事业发展专项规划的通知》,闽政办〔2016〕43 号。

② 《湖北省人民政府关于印发湖北省人力资源和社会保障事业发展"十三五"规划的通知》,鄂政发〔2016〕53 号。

③ 《青海省人民政府办公厅关于印发青海省人力资源和社会保障事业发展"十三五"规划的通知》,青政办〔2016〕125 号。

项举措落到实处①。

在这样的背景下,北京、天津、江苏、浙江、河北等省市陆续出台了加快
人力资源服务业发展的专项指导意见。以"人力资源服务业"作为关键词,
在"法宝"中进行标题精确检索,截至 2017 年 6 月 30 日,得到共 42 篇地方
规范性文件。在 34 个省市自治区中,专门出台人力资源服务业指导意见或
专项规划的有 16 个省市自治区(如图 2-1-15 所示)。在专项规划数量排
在前几位的为:浙江、江苏、山东、福建、河北。浙江、江苏对于人力资源服务
业的发展有着很高的重视度,行业指导走在全国前列。

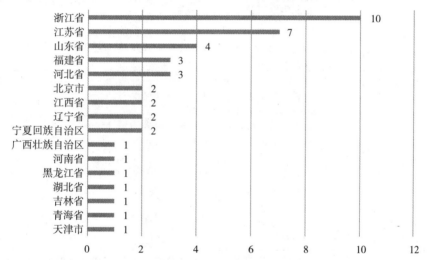

图 2-1-15　人力资源服务业指导意见或专项规划的地域分布
(截止日期:2017 年 6 月 30 日)

具体文件如表 2-1-10 所示:

表 2-1-10　各地人力资源服务业行业专项政策概况

序号	地区	级别	文件名	文号/发布时间
1	北京	直辖市	北京市人力资源和社会保障局关于填报《贯彻落实〈北京市人民政府关于加快发展人力资源服务业的意见〉重点工作分工方案》工作进度表的通知	京人社市场发〔2016〕20 号 2016.10.24 发布

---

①　《人力资源社会保障部、国家发展改革委、财政部〈关于加快发展人力资源服务业的
意见〉》,人社部发〔2014〕104 号。

序号	地区	级别	文件名	文号/发布时间
2	北京	直辖市	北京市人民政府关于加快发展人力资源服务业的意见	京政发〔2014〕31号 2014.09.29 发布
3	福建	省级	福建省人民政府办公厅关于促进人力资源服务业加快发展的若干意见	闽政办〔2016〕12号 2016.01.25 发布
4	福建	市级	厦门市人民政府办公厅关于成立厦门市人力资源服务业发展工作领导小组的通知	厦府办网传〔2016〕23号 2016.11.06 发布
5	福建	市级	厦门市人民政府办公厅转发福建省人民政府办公厅关于促进人力资源服务业加快发展若干意见的通知	厦府办〔2016〕105号 2016.07.15 发布
6	广西	自治区	广西壮族自治区人力资源和社会保障厅关于2016年广西人力资源服务业从业人员资格考试有关事项的通知	2016.09.22 发布
7	河北	省级	河北省人力资源和社会保障厅、河北省发展和改革委员会、河北省财政厅关于转发《人力资源和社会保障部、国家发展改革委、财政部关于加快发展人力资源服务业的意见》的通知	冀人社字〔2015〕10号 2015.01.16 发布
8	河北	省级	河北省人力资源和社会保障厅关于加强人力资源市场管理促进人力资源服务业发展的通知〔失效〕	冀人社函〔2014〕218号 失效 2014.12.25 发布
9	河北	省级	中共河北省委办公厅、河北省政府办公厅关于加快我省人力资源服务业发展的意见	冀办字〔2014〕49号 2014.10.11 发布
10	河南	省级	周口市人民政府关于加快发展人力资源服务业的实施意见	周政〔2015〕20号 2015.04.28 发布
11	黑龙江	省级	黑龙江省人力资源和社会保障厅关于转发人社部《关于举办人力资源服务业从业人员业务培训班的通知》的通知	黑人社办发〔2014〕42号 2014.05.29 发布
12	湖北	省级	湖北省人民政府关于加快人力资源服务业发展的实施意见	鄂政发〔2016〕73号 2016.12.25 发布
13	吉林	省级	吉林省人民政府办公厅关于加快人力资源服务业发展的指导意见	吉政办发〔2016〕44号 2016.06.20 发布
14	江苏	省级	中共江苏省委组织部、江苏省发展和改革委员会、江苏省人力资源和社会保障厅关于开展"全省人力资源服务业十大领军人才"评选工作的通知	苏人社发〔2016〕276号 2016.09.28 发布
15	江苏	省级	中共江苏省委办公厅、江苏省人民政府办公厅印发《关于加快人力资源服务业发展的意见》的通知	苏办发〔2012〕22号 2012.04.24 发布

续表

序号	地区	级别	文件名	文号/发布时间
16	江苏	省级	江苏省人力资源和社会保障厅关于做好人力资源服务业统计指标体系调查工作的通知	苏人社办函〔2011〕82号 2011.08.16发布
17	江苏	市级	常州市人民政府办公室印发《关于加快发展人力资源服务业的实施意见》的通知	常政办发〔2015〕155号 2015.12.30发布
18	江苏	市级	苏州市人民政府印发关于加快推进人力资源服务业发展的若干实施意见的通知	苏府〔2015〕44号 2015.03.16发布
19	江苏	市级	南京市政府关于印发加快推进人力资源服务业发展的实施意见的通知	宁政发〔2014〕316号 2014.12.31发布
20	江苏	市级	无锡市人民政府印发关于大力发展人力资源服务业意见的通知	锡政发〔2014〕126号 2014.09.09发布
21	江西	省级	江西省人力资源和社会保障厅关于开展人力资源服务机构诚信等级及江西省人力资源服务业十强机构评定工作的通知	赣人社字〔2016〕223号 2016.05.05发布
22	江西	省级	江西省人力资源和社会保障厅、江西省发展和改革委员会、江西省财政厅等关于加快发展我省人力资源服务业的实施意见	赣人社发〔2015〕47号 2015.09.30发布
23	辽宁	省级	辽宁省人力资源和社会保障局、辽宁省地方税务局、辽宁省工商行政管理局关于印发促进我省人力资源服务业快速发展若干政策措施的通知	辽人社发〔2012〕22号 2012.09.20发布
24	辽宁	省级	辽宁省人力资源和社会保障厅关于印发辽宁省人力资源服务业倍增计划的通知	辽人社发〔2012〕35号 2012.08.30发布
25	宁夏	省级	宁夏回族自治区人力资源和社会保障厅关于加快发展人力资源服务业实施的意见	2015年发布
26	宁夏	市级	银川市人民政府办公厅印发关于加快发展银川市人力资源服务业的实施方案的通知	银政办发〔2016〕120号 2016.09.26发布
27	青海	省级	青海省人力资源和社会保障厅、青海省发展和改革委员会、青海省财政厅关于印发《青海省加快发展人力资源服务业的实施意见》的通知	青人社厅发〔2015〕93号 2015.07.23发布
28	山东	省级	山东省人力资源和社会保障厅关于组织开展2016年度省级人力资源服务业发展资金重点扶持项目申报工作的通知	鲁人社函〔2016〕132号 2016.09.20发布

序号	地区	级别	文件名	文号/发布时间
29	山东	省级	山东省人力资源和社会保障厅关于组织开展 2015 年度省级人力资源服务业发展资金重点扶持项目申报工作的通知	鲁人社函〔2015〕44号 2015.09.14 发布
30	山东	省级	山东省财政厅、山东省人力资源和社会保障厅关于印发《山东省省级人力资源服务业发展资金管理办法》的通知	鲁财社〔2014〕21号 2014.07.14 发布
31	山东	市级	烟台市人民政府办公室关于加快推动人力资源服务业发展的意见	2014.06.19 发布
32	天津	直辖市	天津市人民政府办公厅关于加快我市人力资源服务业发展的若干意见	津政办发〔2013〕95号 2013.11.06 发布
33	浙江	省级	浙江省人力资源和社会保障厅办公室关于举办第一届浙江省人力资源服务业博览会暨对接省级重点企业研究院活动的通知	浙人社办发〔2013〕80 号 2013.10.16 发布
34	浙江	省级	浙江省人力资源和社会保障厅办公室关于落实 2013 年省服务业发展引导资金支持人力资源服务业发展的通知	浙人社办发〔2013〕52 号 2013.05.15 发布
35	浙江	省级	浙江省人民政府办公厅关于加快发展人力资源服务业的意见	浙政办发〔2012〕130 号 2012.10.15 发布
36	浙江	市级	宁波市人力资源和社会保障局关于印发《加快发展人力资源服务业政策有关问题的实施细则》的通知	甬人社发〔2016〕31号 2016.03.11 发布
37	浙江	市级	宁波市人民政府办公厅关于加快发展人力资源服务业的实施意见	甬政办发〔2016〕13号 2016.02.01 发布
38	浙江	市级	温州市人民政府办公室关于加快发展人力资源服务业的实施意见	温政办〔2014〕79号 2014.06.20 发布
39	浙江	市级	嘉兴市人民政府办公室关于加快发展人力资源服务业的意见	嘉政办发〔2014〕54号 2014.05.26 发布
40	浙江	市级	杭州市人民政府办公厅关于成立杭州市人力资源服务业发展领导小组（杭州市创建国家级人力资源服务产业园工作领导小组）的通知	杭政办函〔2014〕76号 2014.05.21 发布
41	浙江	市级	杭州市人民政府办公厅关于加快发展人力资源服务业的实施意见	杭政办函〔2014〕71号 2014.05.15 发布
42	浙江	市级	湖州市人民政府办公室关于加快推进人力资源服务业发展的实施意见	湖政办发〔2013〕173 号 2013.12.25 发布

根据表 2-1-10,可以发现近年来:北京、福建、江苏、宁夏、山东、浙江在省级专项指导意见之下还出台了市级的实施意见,层级体系相对完整,且各个层级的意见在目标和措施上由上至下不断具体化和细致化。以下以江苏、浙江、福建为例进行具体分析。

(1)江苏省

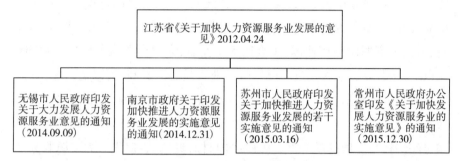

图 2-1-16　江苏省人力资源服务业专项政策体系(截止日期:2017 年 6 月 30 日)

在省级层面,江苏省是最早出台人力资源服务业专项指导意见的省份,早在 2012 年 4 月 24 日,江苏省委办公厅、省政府办公厅便印发《关于加快人力资源服务业发展的意见》的通知。《意见》指出,江苏省的发展目标在于:到 2015 年,基本建成专业化、信息化、产业化、国际化的现代人力资源服务业体系,构筑全国人力资源服务业高地;到 2020 年,力争达到中等发达国家水平,基本实现人力资源服务业现代化①。

在市级层面,无锡市、南京市、苏州市、常州市也陆续发布了市级的人力资源服务业发展指导意见。

2014 年 12 月 31 日,南京市政府关于印发加快推进人力资源服务业发展的实施意见的通知。意见指出南京市人力资源服务业发展的目标在于:①产业规模不断扩大。到 2017 年,人力资源服务机构总数达到 800 家以上,到 2020 年,人力资源服务机构总数达到 1000 家以上。②产业发展不断集聚。到 2017 年,建成 5 家市级以上人力资源服务产业园,其中省级人力资源服务产业园 2 家;到 2020 年力争建成国家级人力资源服务产业园。③专

---

① 《江苏省委办公厅、省政府办公厅印发〈关于加快人力资源服务业发展的意见〉的通知》,苏办发〔2012〕22 号。

业层次不断提高。到 2017 年,人力资源服务业从业人员总量超过 1 万人;到 2020 年,从业人员总量超过 1.5 万人,取得专业资格人数和高层次人才比例分别达到 80% 和 20%①。

2015 年常州市政府发布意见指出,到 2018 年,常州市基本建成专业化、信息化、产业化、国际化的人力资源服务体系,实现基本公共服务充分保障,市场经营服务逐步壮大,高端服务快速发展,人力资源市场化配置水平明显提升,人力资源服务业在现代服务业中的比重明显提高。建立国家、省、市人力资源服务产业园、集聚区 5 个左右,人力资源服务机构总数 500 家以上,年营业总收入超过 80 亿元;从业人员总数 6000 人以上;人力资源服务业政策体系基本完善,市场秩序不断规范,企业、从业人员权益得到有效维护。到 2020 年,常州市人力资源服务业发展水平位居全省前列,更好满足经济社会发展的需要②。为了实现目标,具体从:促进人力资源服务产业集聚;着力培育人力资源服务品牌;支持服务产品创新;鼓励兴办人力资源服务小微企业;鼓励人力资源服务企业引进高层次、高级专业人才;鼓励人力资源服务机构参与就业援助和就业服务;加强人力资源供需对接;提升从业人员素质;加强行业监督管理等九大重点工作入手。

总体上看,江苏省政府在对加快人力资源服务业发展的发展规划和政策支持上走在全国前列,省市各层级之间的目标既有承接也有创新,相辅相成,共同形成了一个体系化、具体化的目标体系,对于其他地区具有示范意义。

(2)浙江省

图 2-1-17　浙江省人力资源服务业专项政策体系(截止日期:2017 年 6 月 30 日)

　　①　《关于加快推进人力资源服务业发展的实施意见》,宁政发〔2014〕316 号。
　　②　《常州市人民政府办公室印发〈关于加快发展人力资源服务业的实施意见〉的通知》,常政办发〔2015〕155 号。

　　在省级层面,浙江省于 2012 年 10 月 15 日颁布了《浙江省人民政府办公厅关于加快发展人力资源服务业的意见》。《意见》指出了浙江省人力资源服务业发展的目标,到 2015 年,基本建成专业化、信息化、产业化、国际化的现代人力资源服务体系,实现基本公共服务充分保障,市场经营性服务产业逐步壮大,高端服务业快速发展,支持有条件的人力资源服务企业"走出去",积极承接国际服务外包业务。人力资源服务业在整个服务业中的比重明显提升,总体发展水平显著提高,各项指标位居全国前列。人力资源服务机构总数达到 3500 家,人力资源服务业营业总收入达到 650 亿元;人力资源服务业从业人员总量达到 4 万人;人力资源服务业政策体系基本完善,市场秩序不断规范,企业、从业人员权益得到有效维护。到 2020 年,力争人力资源服务业达到中等发达国家水平,较好满足经济社会发展的需要,并从建立健全人力资源服务业发展政策体系、大力实施人力资源服务业发展推进工程、依法加强人力资源服务业发展监督管理、切实强化人力资源服务业发展组织保障四个方面提出措施[①]。

　　在市级层面,在省级的《意见》出台之后,台州市、湖州市、杭州市、嘉兴市、温州市、宁波市先后也出台了市级的指导意见。

　　2013 年 9 月台州市在全省率先出台《关于加快人力资源服务业发展的意见》,《意见》对人力资源服务业产业规模扩大、行业发展水平提升、产业人才培养等方面重点做了安排,从财政支持、税收优惠、环境优化等方面增强人力资源服务市场的动力和活力。并且《意见》还针对该市产业发展、转型升级急需的高层次人才的问题提出,对人力资源服务企业为该市引进的高层次人才特设"奖励通道",为该市引进的人才入选国家"千人计划"专家的,给予每名 20 万元的奖励,入选省"千人计划"、市"500 精英"A 类人才的,给予每名 10 万元的奖励。对用人单位通过猎头公司等人力资源服务机构引进中高级管理、研发类人才的,将给予用人单位 2 万元或 1 万元的猎头补贴[②]。鼓励企业加强与人力资源服务机构的合作,通过专业的人力资源

---

　　① 《浙江省人民政府办公厅关于加快发展人力资源服务业的意见》,浙政办发〔2012〕130 号。

　　② 《台州市人民政府办公室关于加快发展人力资源服务业的实施意见》,台政办发〔2013〕116 号。

服务机构全方位地引进、培养、服务各类人才,推动地方经济产业发展,助推转型升级。

2014 年嘉兴市市政府出台了《关于加快发展人力资源服务业的意见》,从资金税收、人才培训、服务创新等多个方面综合给予优惠,勾画了人力资源服务业发展的新蓝图。根据《意见》,到 2016 年,嘉兴市力争基本建成专业化、信息化、产业化的现代人力资源服务体系,全市引育各类人力资源服务机构总数达到 150 家,打造 1 个省级以上人力资源服务产业园区或集聚示范区,人力资源服务业从业人员总量在 3000 人以上。《意见》还鼓励兴办人力资源服务业小微企业,从财税、金融、公共服务等方面加大对小微企业的支持力度。此外,《意见》还从支持服务产品创新、实行特殊人才政策、加大资金扶持力度等方面明确了各种给力的"特权"①。力求做到精准发力精准服务推动人力资源服务业加速发展。

杭州市同样把发展人力资源服务业作为"第一服务业"做大做强做优。早在 2012 年,杭州市率先制定出台《杭州市中长期人力资源发展规划(2012—2020)》;2014 年制定出台了《关于加快发展人力资源服务业的实施意见》,对发展人力资源服务业提出明确要求。《规划》《实施意见》既有目标定位,也有施工蓝图;既有体制创新,也有政策举措,明确了企业税收、资金扶持、人才引进、服务产业园建设、服务产品开发等系列优惠政策。2015 年又出台杭州"人才新政 27 条",对帮助引进国内外顶尖人才、国家"千人计划"人选、"省领军型创新创业团队"的个人和人力资源服务机构,分别给予 30 万、10 万、20 万元资助。系列灵活的体制机制,深度拓宽了杭州人力资源服务业的发展空间。

2016 年《宁波市人民政府办公厅关于加快发展人力资源服务业的实施意见》提出,到 2020 年,宁波将集聚人力资源服务机构 1000 家,产业规模超过 400 亿元,培育行业龙头企业和知名机构 50 家;力争将宁波人力资源服务产业核心区打造成国家级人力资源服务产业园,建成省级人力资源服务产业园区 3 个以上;全行业年服务就业创业 500 万人次,服务企业规模 30

---

① 《嘉兴市人民政府办公室关于加快发展人力资源服务业的意见》,嘉政办发〔2014〕54 号。

万家次①。宁波市的政策措施中,最具有亮点的是,探索建立宁波市人力资源服务产业基金,鼓励社会资本投资人力资源服务业并给予奖励补贴,从资金保障上为人力资源服务业的发展提供了坚实的基础。

浙江省在支持人力资源服务业发展上也形成了目标和政策体系,支持产业规模扩大,力争产业质量提升,在人才、资金、创新服务等方面给予了多方位的支持。

（3）福建省

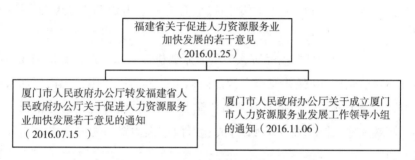

图2-1-18　福建省人力资源服务业专项政策体系（截止日期:2017年6月30日）

在省级层面,2016年1月25日,省政府办公厅印发由省人社厅牵头起草的《关于促进人力资源服务业加快发展的若干意见》(闽政办〔2016〕12号)。《意见》明确了未来几年我省人力资源服务业的发展目标,提出争取到2020年全省人力资源服务机构达到1000家,从业人员达到1万人,年营业收入超过800亿元,建立健全专业化、信息化、产业化、国际化的人力资源服务体系;并在市场准入、财政支持、税费、投融资、开放交流和发展环境等方面,提出了15项促进我省人力资源服务业加快发展的政策措施。

该《意见》吸收、融合了省直有关部门最新的政策和做法,如省委人才工作领导小组出台的引进人才奖励政策、自贸区相关人才政策,工商部门"三证合一""一照一码"登记制度,财政、税务部门最新的财税政策,商务厅、金融办关于投融资的新政策,省发改委对人力资源服务企业申报的信息化建设计划予以优先列入"数字福建"建设项目,人社部门离岗创业政策,

①《宁波市人民政府办公厅关于加快发展人力资源服务业的实施意见》,甬政办发〔2016〕13号。

等等。政策措施涉及省发改委、经信委、财政厅、科技厅、商务厅、国土厅、国税局、地税局、工商局、金融办、人行福州中心支行、福建银监局、福建证监局和福建保监局等 14 个部门（单位），《意见》已对六个方面的政策措施进行了责任分工，由省直相关部门（单位）会同各设区市人民政府、平潭综合实验区管委会共同落实①。

在市级层面，厦门市 2016 年的意见中提出要"努力抓紧抓好《意见》的贯彻落实工作，更好地发挥市场在人力资源配置中的决定性作用，为我市经济社会可持续发展和建设美丽厦门提供有力的人力资源支撑保障"②。具体来说，大力引进一批国内外知名品牌人力资源服务机构，重点引进著名猎头公司。引进国内外知名品牌人力资源服务机构是指入选权威机构发布的全球 50 强、全国 50 强并经市人社部门认可的人力资源服务机构。加大政府购买高级人才寻访招聘方面人力资源服务的力度，通过猎头等市场方式招聘高端人才，并于 2016 年 11 月成立厦门市人力资源服务业发展工作领导小组③。

福建省在省市各层级上，重视加快人力资源服务业的发展，并成立专门的人力资源服务业发展工作领导小组，更好地集中资源，组织协调，大力推进人力资源服务业发展。

三、各地非政府组织对人力资源服务业的关注度

非政府组织是介于政府与公众之间的第三方组织，能够在促进行业发展方面发挥积极作用。本部分通过各地媒体对于"人力资源服务业"的相关报道和社会组织发展程度来反映各地非政府组织对于人力资源服务的关注度。

---

① 《福建省人民政府办公厅关于促进人力资源服务业加快发展若干意见》，闽政办〔2016〕12 号。
② 《厦门市人民政府办公厅转发福建省人民政府办公厅关于促进人力资源服务业加快发展若干意见的通知》，厦府办〔2016〕105 号。
③ 《厦门市人民政府办公厅关于成立厦门市人力资源服务业发展工作领导小组的通知》，厦府办网传〔2016〕23 号。

（一）各地媒体对人力资源服务业的关注度

首先通过对全国性的主流媒体及各省市主要报刊的报道进行分析,以此来反映各地社会关注度的情况。

1. 全国性的主流媒体报道情况

通过搜索引擎,在光明日报、人民网、环球时报、中国青年报、新京报官方网站搜索"人力资源服务业"相关新闻,得到下列数据。与 2016 年相比,总量上略有回落,总体来说报纸媒体的关注度处于稳定状态。这也有可能是受到新媒体的冲击,传统报纸媒体发展放缓。

表 2-1-11　2014—2017 年主要报纸媒体关于人力资源服务业新闻报道数量

	光明网	人民网	环球时报	中国青年报	新京报	总量
2017 年相关报道篇目	81	203	35	4	3	326
2016 年相关报道篇目	154	153	21	*	1	329
2015 年相关报道篇目	169	213	32	6	1	421
2014 年相关报道篇目	104	99	10	*	7	220

数据来源:各报纸官网,检索时间段:2016 年 7 月 1 日—2017 年 6 月 30 日,2014、2015、2016 年数据参考《中国人力资源服务业蓝皮书 2014》《中国人力资源服务业蓝皮书 2015》《中国人力资源服务业蓝皮书 2016》。

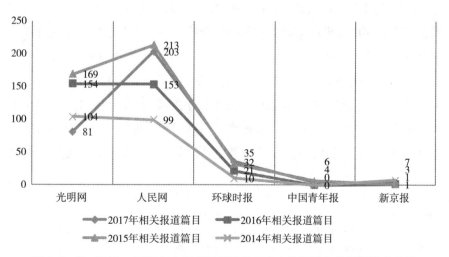

图 2-1-19　2014—2017 年主要报纸媒体关于人力资源服务业新闻报道数量

此外,在其他媒体报道中,较为重要的人力资源服务业会议按时间顺序展示如下。这些会议都聚焦当前国内外战略环境下人力资源服务业的发展的重要问题,围绕创新化、市场化、信息化、国际化等主题展开讨论。

(1)2017 中国人力资源服务业创新大会①

2017 年 1 月"2017 中国人力资源服务业创新大会"在苏州金鸡湖国际会议中心举行。本次大会聚焦"突破与蜕变"主题,围绕中国人力资源服务产业园的创新发展,结合"互联网+"、资本运作、薪税保、服务外包发展方向,深入探讨了人力资源服务企业如何更新服务理念、拓宽服务领域、提高服务能力、创新服务产品、把握市场战略机遇等相关问题。

(2)第十五届中国国际人才交流大会②

2017 年 4 月 15 日—4 月 17 日,第十五届中国国际人才交流大会在深圳举行。大会紧紧围绕"融全球智力,促共同发展"的主题和"国际化、高端化、专业化、精品化、市场化、信息化"的目标,服务中央"千人计划""外专千人计划",服务留学人员回国创业启动支持计划、海外赤子为国服务行动计划、回国(来华)专家工作等高层次人才引进计划,把握高端,紧贴需求,整合各类优质资源,进一步发挥大会作为我国引进海外人才智力第一品牌和重要平台的作用。

(3)第六届中国人力资源服务业大会暨培训发展论坛③

2017 年 5 月 18 日,2017(第六届)中国人力资源服务业大会暨培训发展论坛在天津市和平区丽思卡尔顿酒店隆重举行。大会聚焦京津冀协同发展背景下的人力资源行业发展机会、经济转型中人力资源行业扮演的作用,围绕"HR 创新技术、领导力开发、员工关系变革"三大主题进行深入探讨。大会的另一大亮点是人力资源私人董事会年度峰会,作为国内首个专注于人力资源管理在企业战略发展方面作用的高端智库机构,成立两年来,先后举办多次"私董"活动,得到众多中外企业高管认可,成为众多实体企业高

---

① 《国内 HR 精英苏州"论剑"聚焦人力资源服务变革创新》,苏州都市网,http://www.szdushi.com.cn/news/201701/148378884816624.shtml。

② 《第十五届中国国际人才交流大会周六开幕亮点多多》,深圳新闻网,http://www.sznews.com/news/content/2017-04/12/content_15964454.htm。

③ 《2017 中国人力资源服务业大会暨培训发展论坛举行》,新华网天津站,http://tj.xinhuanet.com/qyzx/2017-05/19/c_1121003188.htm。

管分享管理经验、探讨管理难题的智库。

2. 各省市主流媒体报道情况

通过对各省市(港澳台地区除外)主流报纸对"人力资源服务业"的相关报道数量进行统计分析(如表2-1-12所示)。

表2-1-12　2015—2017年各地报纸媒体人力资源服务业相关报道数量

	2017年相关报道篇目	2016年相关报道篇目	2015年相关报道篇目
北京日报	13	4	19
天津日报	15	6	47
上海新民晚报	*	22	8
重庆日报	18	*	19
河北日报	29	26	3
河南日报	50	1	14
云南日报	10	3	2
辽宁日报	18	23	13
黑龙江日报	24	22	2
湖南日报	11	20	17
安徽日报	33	26	29
山东齐鲁晚报	*	17	15
新疆日报	7	*	*
江苏扬子晚报	*	13	16
浙江日报	24	*	4
海南日报	9	2	1
江西日报	11	17	10
湖北日报	21	10	7
广西日报	17	1	1
甘肃日报	11	*	1
山西日报	19	27	13
呼和浩特新闻网	*	8	1
陕西日报	24	9	1
吉林日报	39	2	2
福建日报	18	2	7

续表

	2017 年相关 报道篇目	2016 年相关 报道篇目	2015 年相关 报道篇目
贵州日报	36	3	7
广东日报	*	6	8
青海日报	6	1	6
中国西藏新闻网	*	8	3
四川日报	23	10	13
宁夏日报	10	3	4
总计	496	292	293

数据来源:中国知网—报纸系统,全文检索:人力资源服务业,检索时间跨度为:2016 年 7 月 1 日—2017 年 6 月 30 日,http://kns.cnki.net/kns/brief/result.aspx? dbprefix = CCND,2015、2016 年数据参考《中国人力资源服务业蓝皮书 2015》《中国人力资源服务业蓝皮书 2016》。

根据图 2-1-20,可以看出近一年(2016 年 7 月 1 日—2017 年 6 月 30 日)来各地报纸媒体关于"人力资源服务业"的相关报道数量相较于前两年有所增长,尤其是河北、河南、浙江、湖北、广西、陕西、吉林、福建、贵州、四川、宁夏等地区。这一趋势可以在一定程度上反映出中西部地区媒体对于人力资源服务业关注度的提升。

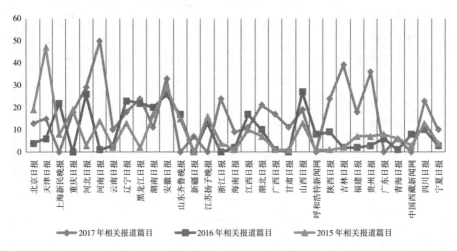

图 2-1-20　2015—2017 年各地报纸媒体人力资源服务业相关报道数量
(截止日期:2017 年 6 月 30 日)

（二）各地人力资源服务业相关社会组织的发展概况

本部分通过对在地方民政部登记的地方社会组织进行查询和分析，来反映各地与人力资源服务相关的社会组织的发展程度，拓展除政府组织之外的各地对于人力资源服务业发展关注度的另一观察视角。

根据 2017 年一季度各地民政部门登记的社会组织，与"人力资源服务"相关的共有 108 个（如图 2-1-21 所示），其中 59 个为社团组织（主要是各地的人力资源服务行业协会），49 个为民非组织（主要是各地的人力资源服务中心）。

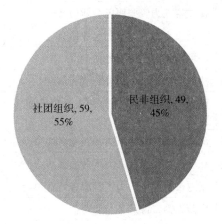

图 2-1-21　与人力资源服务业相关各地民政部门登记的社会组织类型

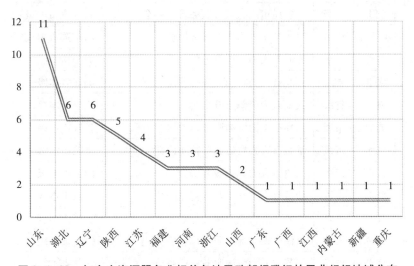

图 2-1-22　与人力资源服务业相关各地民政部门登记的民非组织地域分布

具体名录如表 2-1-13 所示：

表 2-1-13 与人力资源服务业相关各地民政部门登记的社会组织概况

类型	地区	级别	社会组织名称	登记机关
社团	安徽	市级	蚌埠市人力资源服务行业协会	蚌埠市本级
	北京	市级	北京青年人力资源服务商会	市社团办
	北京	市级	北京人力资源服务行业协会	市社团办
	北京	区县级	北京市房山区人力资源服务协会	房山区本级
	福建	省级	福建省人力资源服务行业协会	民管局
	广东	市级	清远市人力资源服务行业协会	清远市本级
	广东	市级	深圳市人力资源服务协会	深圳市本级
	广东	区县级	深圳市宝安区人力资源服务协会	宝安区本级
	广东	区县级	深圳市宝安区沙井街道人力资源服务协会	宝安区本级
	广东	区县级	深圳市龙华新区人力资源服务协会	龙华区本级
	广东	区县级	深圳市坪山新区人力资源服务协会	坪山区本级
	广西	市级	崇左市江州区人力资源服务行业协会	江州区本级
	广西	省级	广西人力资源服务行业协会	广西省本级
	贵州	市级	贵阳市人力资源服务行业协会	贵阳市本级
	贵州	省级	贵州省人力资源服务行业协会	贵州省本级
	河北	市级	石家庄市人力资源服务行业协会	石家庄市本级
	黑龙江	市级	哈尔滨市人力资源服务协会	哈尔滨市本级
	湖北	市级	襄阳市人力资源服务协会	襄阳市本级
	湖北	省级	湖北省人力资源服务行业协会	湖北省本级
	湖北	省级	武汉人力资源服务协会	武汉市本级
	吉林	市级	长春市人力资源服务行业协会	长春市本级
	江苏	市级	常熟市人力资源服务行业协会	常熟市本级
	江苏	市级	南通市人力资源服务协会	南通市本级
	江苏	市级	盐城市人力资源服务行业协会	盐城市本级
	江苏	市级	盐城市人力资源服务行业协会	盐城市本级
	江苏	市级	镇江市人力资源服务行业协会	镇江市本级
	江苏	省级	江苏省人力资源服务行业协会	江苏省本级

类型	地区	级别	社会组织名称	登记机关
社团	江苏	区县级	阜宁县人力资源服务行业协会	阜宁县本级
	江苏	区县级	苏州高新区、虎丘区人力资源服务行业协会	虎丘区本级
	江苏	区县级	苏州工业园区人力资源服务行业协会	工业园区本级
	江苏	区县级	苏州市人力资源服务行业协会	苏州市本级
	江苏	区县级	苏州市吴江区人力资源服务行业协会	吴江区本级
	江苏	区县级	苏州市吴中区人力资源服务行业协会	吴中区本级
	辽宁	市级	大连市人力资源服务行业协会	大连市本级
	辽宁	市级	沈阳人力资源服务行业协会	沈阳市本级
	内蒙古	省级	内蒙古人力资源服务行业协会	内蒙古自治区本级
	宁夏	省级	宁夏人力资源服务行业协会	宁夏回族自治区本级
	山东	市级	菏泽市人力资源服务协会	菏泽市本级
	山东	市级	济宁市人力资源服务协会	济宁市本级
	山东	市级	济宁市任城区人力资源服务业协会	任城区本级
	山东	市级	日照市人力资源服务行业协会	日照市本级
	山东	市级	徐州市人力资源服务行业协会	徐州市本级
	山东	市级	枣庄市人力资源服务协会	枣庄市本级
	山东	区县级	泗水县人力资源服务协会	泗水县本级
	陕西	省级	陕西省人力资源服务行业协会	陕西省本级
	四川	市级	巴中市人力资源服务行业协会	巴中市本级
	四川	市级	成都人力资源服务行业协会	成都市本级
	四川	市级	成都市人力资源服务行业商会	成都市本级
	四川	市级	乐山市人力资源服务行业协会	乐山市本级
	四川	市级	眉山市人力资源服务行业协会	眉山市本级
	四川	省级	四川省人力资源服务行业协会	四川省本级
	浙江	市级	杭州市人力资源服务促进会	杭州市本级
	浙江	市级	嘉兴市人力资源服务协会	嘉兴市本级
	浙江	市级	乐清市人力资源服务行业协会	乐清市本级
	浙江	市级	宁波人力资源服务行业协会	宁波市本级

类型	地区	级别	社会组织名称	登记机关
社团	浙江	市级	温州市人力资源服务业协会	温州市本级
	浙江	市级	永康市人力资源服务协会	永康市本级
	浙江	省级	浙江省人力资源服务协会	省本级
	重庆	市级	重庆市人才研究和人力资源服务协会	重庆市民间组织管理局
民非	福建	市级	福州京闽人力资源服务中心	福州市本级
	福建	市级	福州兴建人力资源服务中心	福州市本级
	福建	市级	三明市总工会人力资源服务中心	三明市本级
	广东	市级	开平市职达人力资源服务中心	开平市本级
	广西	市级	东兴市南方人力资源服务中心	东兴市本级
	河南	市级	焦作市星光人力资源服务中心	焦作市本级
	河南	市级	濮阳市凯瑞亚人力资源服务中心	濮阳市本级
	河南	区县级	梁园区产业集聚区人力资源服务中心	梁园区本级
	湖北	市级	广水市人力资源服务中心	广水市本级
	湖北	区县级	武汉经济技术开发区沌口街人力资源服务中心	武汉经济技术开发区本级
	湖北	区县级	武汉经济技术开发区沌阳街人力资源服务中心	武汉经济技术开发区本级
	湖北	区县级	宜昌市夷陵区军地人力资源服务中心	夷陵区本级
	湖北	区县级	宜昌市夷陵区祺程人力资源服务中心	夷陵区本级
	湖北	区县级	宜昌市夷陵区万足人力资源服务中心	夷陵区本级
	江苏	区县级	灌南县人力资源服务中心	灌南县本级
	江苏	区县级	如东县金桥人力资源服务中心	如东县本级
	江苏	区县级	盐城市振远人力资源服务中心	亭湖区本级
	江苏	区县级	盐城市振远人力资源服务中心	亭湖区本级
	江西	区县级	于都人力资源服务中心	于都县本级
	辽宁	市级	鞍山市民生人力资源服务中心	鞍山市本级
	辽宁	市级	大连市人力资源服务中心	大连市本级
	辽宁	市级	大连市人力资源服务中心培训学校	大连市本级
	辽宁	市级	抚顺市人力资源服务中心	抚顺市本级

续表

类型	地区	级别	社会组织名称	登记机关
民非	辽宁	市级	阜新市启点人力资源服务中心	阜新市本级
	辽宁	市级	海城市民生人力资源服务中心	海城市本级
	内蒙古	市级	乌兰察布市乌兰美人力资源服务中心	乌兰察布市本级
	山东	市级	东营市东方人力资源服务中心	东营市本级
	山东	市级	东营市华夏人力资源服务中心	东营市本级
	山东	市级	日照宏祥人力资源服务中心	日照市本级
	山东	市级	邹城市永信人力资源服务中心	邹城市本级
	山东	省级	山东省天工人力资源服务中心	省本级
	山东	省级	山东省外企人力资源服务中心	省本级
	山东	区县级	济阳县创业人力资源服务中心	济阳县本级
	山东	区县级	垦利县慧通人力资源服务中心	垦利区本级
	山东	区县级	临沂市河东区恒光人力资源服务中心	河东区本级
	山东	区县级	临沂市河东区恒信人力资源服务中心	河东区本级
	山东	区县级	临淄创业人力资源服务中心	临淄区本级
	山西	市级	临汾市忠信人力资源服务中心	临汾市本级
	山西	区县级	铜川市耀州区阳光人力资源服务中心	耀州区本级
	陕西	市级	汉中市东南人力资源服务部	汉中市本级
民非	陕西	市级	汉中天汉人力资源服务中心	汉中市本级
	陕西	省级	陕西怡悦职业人力资源服务中心	陕西省本级
	陕西	区县级	东李人力资源服务中心	灞桥区本级
	陕西	区县级	绥德县逢源人力资源服务中心	绥德县本级
	新疆	区县级	和硕县人力资源服务中心职业技能鉴定所	和硕县本级
	浙江	区县级	海曙区外来人力资源服务中心	海曙区本级
	浙江	区县级	杭州江干智谷人力资源服务中心	江干区本级
	浙江	区县级	金华市婺城区人力资源服务中心	婺城区本级
	重庆	区县级	重庆市合川区工业园区人力资源服务中心	合川区本级

数据来源:地方社会组织查询—地方民政部门登记;检索关键词:人力资源服务,数据来源于各地上报的2017年第一季度数据,http://cx.chinanpo.gov.cn/。

从地区分布上来看,山东、江苏、浙江、湖北四个省的人力资源服务类社会组织数量相对较多,四个省份的社会组织合计占总数的 50% 左右,其余在各地零散分布(如图 2-1-23 所示)。从地域上可以看出,沿海城市的人力资源服务类社会组织的发展程度要高于内陆地区,在人力资源服务业领域已经成了政府、公众、行业协会相辅相成,共促发展的良性行业生态。

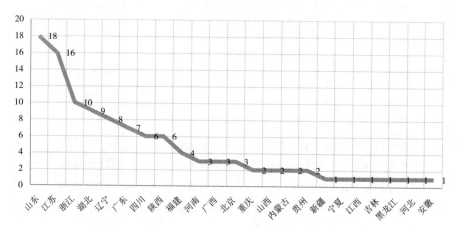

图 2-1-23　与人力资源服务业相关各地民政部门登记的
社会组织地域分布(2017 年第一季度)

从层级分布上看,省级的社会组织占 14%,市级的社会组织占 54%,区县级的占 33%(如图 2-1-24 所示)。从各级社会组织的数量分布可以侧面反映出,当前社会组织主要集中于市一级,在区县级的延伸还有很大的发展空间,目前诸多区县级行政单位还没有人力资源服务类的社会组织。

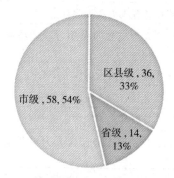

图 2-1-24　与人力资源服务业相关各地民政部门登记的
社会组织层级分布(2017 年第一季度)

　　行业协会是介于政府、企业之间,提供服务、咨询、沟通、协调的社会中介组织,是中国民间组织社会团体的一种,属于非营利性组织。根据表2-1-13可知,目前,已经成立人力资源服务行业协会的地区包括:安徽、北京、福建、广东、广西、贵州、黑龙江、湖北、吉林、江苏、辽宁、内蒙古、山东、宁夏、陕西、四川、浙江、重庆,共18个省市自治区,占到了全国的一半左右。其中在省、市、区(县)形成完整的层级对应体系的地区仅有北京、江苏两个省份。人力资源服务行业协会延伸到县级的有北京、广东、江苏、山东4个省份。人力资源服务业行业协会的体系化发展,有助于推动业内交流合作,维护行业合法权益,规范行业行为,促进行业健康有序发展。

第二章　各地人力资源服务业发展状况评价

【内容摘要】

在中国,人力资源服务业是新兴行业,该行业在国内发展的时间还比较短,各地区之间的发展差异较大。根据之前的研究发现,经济落后地区人力资源服务业发展水平较低,难以为经济发展提供足够的人力资源服务,这直接制约了不发达地区的人才资源配置,造成经济低效率。若放任各地人力资源服务业发展的差距不断拉大,将会进一步扩大地区间经济发展的差异,不利于发挥人力资源服务业对国民经济和产业升级的推动作用。在这种背景下,我们有必要对各地人力资源服务业发展状况进行评价,了解不同地区人力资源服务业的发展态势,进而为制定有效的人力资源服务业产业政策提供依据,以更好地发挥人力资源服务业对经济社会发展的推动作用。

本章通过设计人力资源服务业发展状况评价指标体系,在搜集相关数据资料基础上,依托这一指标体系利用主成分分析法等对各地区人力资源服务业发展状况进行了排序、分类,并对相关的数据分析结果进行了阐释与说明。研究结果显示:我国人力资源服务业区域性发展差异显著,中西部地区行业发展空间广阔;对于人力资源服务业的发展来讲,政府积极、及时的政策扶持与宏观调控是至关重要的;人力资源服务业发展水平较高地区的辐射带动作用尚未充分发挥,未来需进一步关注地区行业互动机制的建立;应正确理解地区人力资源服务业的发展与经济发展间的相互协同关系;增强企业活力也是行业健康发展的重要手段;等等。

Chapter 2　Evaluation of the Development Status of the HR Service Industry in Various Regions

【Abstract】

In China, the human resource service industry is an emerging industry which has developed for only a short period time. Considerable gap in development of the HR service industry has been identified among different regions in China. According to previous researches, the development of the HR service industry in underdeveloped region is in low level which is difficult in providing enough HR service for the economic development. This situation directly restricts the human resources allocation in those areas and further results in economic inefficiencies. Moreover, if it was left untreated, the regional HR development gap will continue to be widened while more HR service providers moving to developed areas, then making the HR service inefficiency even worse in the underdeveloped areas. This will further widen the economic development gap between regions and is not conductive to give full play to the roles of the HR service industry in promoting the national economic development and industrial upgrading. In this context, it is necessary for us to evaluate the development situation of HR service industry to comprehend the development trend in different areas and further provide the basis for formulating an effective industrial policy of HR service industry so that the HR services industry can play a better role in promoting the development of economy and society.

Based on the collection of relevant data and materials, this chapter uses the principal component analysis(PCA) method to rank and classify the development status of human resource service industry in various regions through the design of evaluation index system of human resource service industry development status, the data analysis results are defined and explained. The result of research indicates that there are significant differences among the HR service industry of different areas and there is broad space for industry development in Mid-west areas of China. The positive and timely policy support as well as the macro adjustments and controls by the government are of great significance for the development of HR service Industry. The leading role of areas in which the development of HR service is in a high level hasn't been fully played. Regional industry interaction mechanism should be further established in the future and the synergy relationship between HR service industry and economy development should be correctly understood. Meanwhile, to enhance the vitality of enterprises is also an important method to promote the sound development of industry.

一、研究背景与意义

（一）研究背景

人力资源服务业作为第三产业的重要分支,旨在促进人力资源有效开发与优化配置,从而提高劳动生产率。人力资源服务业较早的出现在美国、欧盟国家、日本、新加坡等地,目前已快速成长为一个独立、推动经济发展的产业。在发达国家,人力资源服务业作为潜力巨大的朝阳产业,为用人单位和人才提供专业化、多面性的服务,成为创造就业岗位的主要动力源。服务贸易自由化推动下,以跨境交付、自然人流动等形式的人力资源服务贸易额迅速攀升。我国的人力资源服务业起步于 20 世纪 70 年代,伴随着改革开放的现实需求,中国逐渐打破计划经济的人力资源配置模式,人力资源服务业应机而生。经过近四十年的发展,我国已基本建成多层次、多元化的人力资源市场服务体系,实现民营、国有、外资等不同类别人力资源服务机构共同发展的格局。新形势下,人力资源服务业开始向知识化、专业化、综合化方向发展。

我国人力资源服务业的萌芽和发展离不开政府和市场"两只手"的引领扶持。从政府角度来讲,政策和制度为人力资源服务业提供坚实的保障。2007 年,《关于加快服业业的若干意见》首次将人力资源服务业写入国务院文件;2011 年,人力资源服务业首次被写入《国民经济和社会发展第十二个五年规划》,同年人力资源服务行业正式被纳入《产业结构调整指导目录》中"第一类鼓励类"行业;2012 年,《服务业发展"十二五"规划》对人力资源服务业的发展模式和路径做了详细的设计;2014 年,《关于加快发展人力资源服务业的意见》首次从国家层面对发展人力资源服务业作出全面部署,提出到 2020 年人力资源服务行业规模达到 2 万亿元,这是首部全国性的行业发展政策文件;2016 年 3 月,《关于深化人才发展体制机制改革的意见》突出了人力资源服务业在人才市场化配置中的地位和作用;2016 年 4 月,人力资源和社会保障部协调财政部、税务总局出台了专门政策,妥善处理营改增后行业税负增加问题。各地政府紧跟国家步伐,纷纷出台相关制度和实施意见,并重点推进人力资源服务产业园区建设。山东、贵州、湖南等地出台人力资源市场条例;浙江连续举办中国(浙江)人力资源服务博览会;重庆、河南等地推出诚信服务制度,确定了一批国家级、省级人力资源诚信服务示范机构;北京、上海颁布实施了人力资源服务业地方标准。

　　从市场角度来讲,市场需求和市场竞争倒逼人力资源服务业延伸到各行各业,扩大服务对象的广度和深度,促使以更加优质高效的手段创新资源配置的业务模式。经济新常态下,中国企业加速改制重组,跨国企业进军中国市场,需要强有力的人力资源支撑,这对人力资源服务提出巨大的要求。"互联网+"推动人力资源服务业不断改进人力资源服务的产品和商业模式,行业发展呈现出云端化、智能化、移动化的态势。此外,国家坚持对外开放的政策和经济全球化的机遇共同推动我国的人力资源服务业与国际接轨,加速了人才的全球化。德科(Adecco)、任仕达(Randstad)、万宝盛华(Manpower Group)、安德普翰(ADP)等全球前十强人力资源服务机构已全部在中国运作。中国实力较强的人力资源服务机构也逐步扩张到全球市场,如智联招聘、前程无忧引入海外资本,并在美国上市。

　　受政府导向和投资环境等因素影响,中国人力资源服务业发展迅速,根据人力资源和社会保障部《2016 年人力资源市场统计报告》数据显示,2016年全行业营业总收入 11850 亿元,同比增长 22.4%;从业人员达到 55.28 万人,同比增长了 22.6%。细化来看,人力资源服务外包、人力资源培训、人力资源管理咨询、高级人才寻访等市场业务均取得不同程度的增长。

　　然而,我国人力资源服务行业因发展历程较短,发展格局还不成熟,还存在服务形态单一、服务同质化倾向严重、行业规范化与专业化程度不高、地区发展差异明显等问题,相关市场需求亟待满足。为了解决上述问题,对我国人力资源服务业发展状况的实施评估就显得尤为重要。出于此目的,本章将会在建立人力资源服务业发展状况评价指标体系的基础上对各省人力资源服务业发展状况进行评价和分析,以帮助政府部门、行业协会、人力资源服务机构更好地了解各地人力资源服务业发展状况和动态趋势,为制定更加科学合理的行业规划提供借鉴与参考。

(二) 研究意义

在全国经济产业发展的总体布局下,人力资源服务业作为现代服务业的重要组成部分,对国民经济的健康快速发展具有重大的战略意义。因此,了解人力资源服务业的发展状况,尤其是不同地区人力资源服务业发展状况差异,对于未来国家制定合理的产业政策,统筹地区发展大有裨益。任何行业的发展都是一个动态的过程,需要经历不同的发展阶段。为了准确洞悉不同阶段不同地区人力资源服务业的发展状况,本章在构建人力资源服务业发展状况评价指标体系的基础上,通过宏观数据对各地区人力资源服务业发展状况进行综合排序,并基于一些核心指标从微观视角出发对各地区的人力资源服务机构竞争力展开分析,这无疑具有很重要的意义。具体来讲,主要包括以下几个方面。

1. 了解不同地区人力资源服务业的发展态势

近年来,我国经济发展势头强劲,国内生产总值增速稳中有升,各行各业对人才的需求急剧增长,人力资源已成为市场竞争的核心战略资源。人力资源服务业作为服务于人力资源的产业,市场潜力巨大。经济新常态强调经济结构的优化升级,人才战略显得尤为重要,急需挖掘人力资源市场潜力,优化人力资源配置效率。因此,良好的经济环境和有利的政策环境既为人力资源服务业提供了发展机遇,同时对人力资源服务业的规模、整体布局、行业规范等提出更高层次的要求。受历史、地理、政策等因素影响,我国经济社会发展呈现出明显的东、中、西部不均衡特征,《中国人力资源服务业蓝皮书 2016》一书基于实证研究发现,各地区人力资源服务业发展水平与其经济社会发展水平密切相关。在这种背景下,基于科学评价指标体系的各地人力资源服务业发展状况评价,是从整体上深入了解不同地区人力资源服务业发展态势的关键,这能够更加直观地把握人力资源服务业发展的阶段性特征和区域性特征,深入跟踪了解行业发展的动态变化,这既可以为未来国家/地区实现更高视角和层次的产业布局和规划打下基础,又可以为加快人力资源服务业的发展进程指明方向。

2.为制定有效的人力资源服务业产业政策提供依据

社会主义市场经济条件下,政府的宏观调控可以有效弥补市场经济中的信息不对称、公共物品(服务)无法提供、外部性等缺陷。行业持久而稳定的发展也离不开政府的有效调控和指引,人力资源服务业同样如此。2014年人力资源社会保障部、国家发展改革委、财政部联合下发了《关于加快发展人力资源服务业的意见》,从国家层面正式对这一行业展开部署,提出到2020年人力资源服务业的发展目标,并从财政支持力度、税收优惠政策、投融资渠道、政府购买人力资源公共服务政策、对外开放与交流、法律法规体系六个主要方面阐述了未来应重点关注的政策方向。以此文件为指导,诸多地区,如北京、山东等,也纷纷出台了本地区未来加快发展人力资源服务业的意见。尽管国家对于人力资源服务产业给予了大力扶持,但是由于我国人力资源服务业仍处于初步发展阶段,地方所制定的相关产业政策在实施中仍出现了一些问题,如目标定位过高,政策设置门槛过高等,亟待未来进一步解决。

在这种背景下,基于科学评价指标体系的各地人力资源服务业发展状况评价就显得尤为重要,一方面,根据相关评价指标体系和评价数据结果,可以更好地从宏观层面把握区域性发展差异,在制定产业政策时能够更加注重统筹发展、提升政策制定的针对性和有效性,亦可以为未来进一步展开行业监管、制定行业规范提供借鉴与参考;另一方面,可以让各地区直观了解目前人力资源服务业的发展状况,摆正位置,更好地树立学习标杆、向行业发展较好的地区借鉴与学习,基于自身情况制定出更为合理的发展目标与产业政策,进而推动整个行业的繁荣发展。

3.更好地发挥人力资源服务业对经济社会发展的推动作用

随着人力资源要素逐渐取代传统的物质资源要素等逐渐成为世界各个国家和地区的经济发展的第一资源要素,人力资源服务业作为衡量市场经济发展水平的重要标志,也开始得到迅速发展。尽管一些实证研究表明,地区人力资源服务业发展水平与其经济社会发展水平密切相关,但是在实践中人力资源服务业对地区经济社会发展的重要推动作用还是在一定程度上被忽视了。从微观层面看,人力资源服务业所提供的培训服务,在提升人员能力素质的同时提升了企业运行效率;通过人力资源外包服务让企业可以在核心业务上投入更多精力,提升核心竞争力。从宏观层面看,增加地区人口的就业数量是最为直观的影响,而对地区产业结构的优化与调整则显得更为长远,一方面,人力资源服务业通过各项专业服务,帮助企业更加有效地完成企业的非核心业务工作,使企业逐渐向专业化和技术化发展,企业内部的价值链和产业链会得到优化,核心竞争力得以提升;另一方面,推动传统产业将对资金、能源的消耗转向对知识、技术的开发与创新上,从而实现对传统产业的改造和升级,提升整个区域的资源配置和利用效率。

本章有关各地区人力资源服务业发展状况评价指标体系和数据结果,可以更加直观地凸显出人力资源服务业与一系列经济社会发展指标间的密切联系,提供了一种联系而非孤立的视角来看待该行业的发展,使其更好地借助服务业改革的浪潮来推动产业向着纵深方向发展,如建设产业园区、扶植行业龙头企业、促进咨询等高端业态的发展等,在行业不断完善、提升中更好地发挥对整个经济社会发展的推动作用,进而实现经济社会发展与人力资源服务业发展之间的协同效应。

二、各地人力资源服务业发展状况评价

(一) 人力资源服务业发展状况评价方法简介

评价不同地区人力资源服务业发展状况实质上就是对不同地区人力资源服务业的竞争力进行评价。对竞争力评价的方法多种多样,比较常见的有综合指数法、聚类分析法、因子分析法等。按其属性划分可分为:定性评价方法、分类评价方法、排序评价方法和操作型评价方法。

1. 定性评价方法

定性评价方法有因素分析法及内涵解析法等几种,因素分析法一般采取"由表及里"的因素分析方式,从最表面、最容易感知的属性入手,逐步深

入更为内在的属性和因素展开分析。内涵解析法将定性分析和定量分析相结合，重点研究影响区域竞争力的内在因素，对于一些难以直接量化的因素，可以采取专家意见或者问卷调查的方式进行分析判断。

2. 分类评价方法

分类评价方法有模糊综合评价法、聚类分析法、物元分析法等几种。模糊综合评价法既有严格的定量刻画，也有对难以定量分析的模糊现象进行的定性描述，定性描述和定量分析相结合是比较适合区域竞争力评价的评价方法。聚类分析法是研究分类的一种方法，是当代分类学与多元分析相结合在区域竞争力评价分析中的运用，可以对不同区域的竞争力状况进行分类，判断区域竞争力的相对强弱。物元分析法把物趣分析理论运用于系统的研究，建立系统物元、相容系统和不相容系统等概念，并提出了化不相容系统为相容系统的有关方法，通过系统物元变换，可以处理不相容系统中的问题。

3. 排序评价方法

排序评价方法有综合指数评价法、主成分分析法、因子分析法、集对分析法、层次分析法、功效系数法等几种。

综合指数评价法是一种综合指标体系评价法。该方法通过选取一定的定性指标以及定量指标，经过无量纲化处理，达到了统一量化比较的目的，从而得出具体的综合评价指数。

主成分分析法就是找到几个彼此不相关的综合指标，并且尽可能多地反映原来指标所提供的信息量。

因子分析法是假设大量观测变量背后潜藏着少数几个维度，被命名为"公因子"，每个观测变量总变异中的绝大部分能够被这几个公因子所解释，不能被公因子解释的部分称为该变量的"特殊因子"。因此，一般情况下，所有观测变量都可以表示为公因子和特殊因子的一个线性组合，称为因子分析的线性模型。

集对分析法是一种新的系统分析方法，核心思想是把确定、不确定视作一个系统，在这个系统中，确定性与不确定性互相转化、互相影响、互相制约，并在一定条件下互相转化，用一个能充分体现其思想的确定、不确定式子来统一地描述各种不确定性，从而把对不确定性的辩证认识转换成一个具体的数学工具。

层次分析法是用于解决多层次、多准则决策问题的一种实用方法,它提供了一种客观的数学方法来处理个人或者群组决策中难以避免的主观性以及个人偏好影响的问题。

功效系数法是根据多目标规划原理,对每一个指标分别确定满意值和不允许值,然后以不允许值为下限,通过功效函数计算每个指标的功效系数,最后加权计算综合指数的一种评价方法。

4. 操作型评价——标杆测定法

标杆测定法不仅能够评价和判断竞争力的高低,找出竞争力高低的主要原因,而且其研究结果还能指示提高竞争力的路径。标杆测定法评价竞争力的步骤为:第一,确定标杆测定的主题、对象和内容;第二,组成工作小组并确定了工作计划;第三,收集资料,开展调查;第四,分析比较,找出差距,确定最佳方法,明确改进方向,制定实施方案;第五,组织实施,并将实施结果与最佳做法进行比较,在比较的基础上进行修改完善,努力达到最佳实践水平,超过标杆对象。

本章主要通过构建评价指标体系的方式对各地人力资源服务业发展状况进行比较和评价,在构建评价指标体系的过程中,将会综合运用上述提到的各种竞争力评价方法,以获得最客观、合理的结果。

(二) 人力资源服务业发展状况评价指标体系

1. 评价指标体系构建的必要性

目前学界中直接关于人力资源服务业发展状况评价指标体系的研究较少,孙林(2015)[①]设计了 5 个一级指标来构成人力资源服务业的评价体系,分别是行业总量、服务机构、从业人员、服务对象和服务效果,5 个一级指标分别从人力资源服务整个产业的规模和经济贡献度、服务机构的资质和业务水平、从业人员的数量和质量、服务对象的数量和业务需求、服务效果的满意度评价五个维度测量和评估了人力资源服务业效能的发挥程度。在此基础上,其采用德尔菲法为每个指标设置了权重,并基于北京市人力资源服

---

① 孙林:《人力资源服务业评价指标体系的构建与实践——以北京市人力资源服务业为例》,《中国市场》2015 年第 35 期。

务业 2013 年度的统计数据和调查数据测算出北京市人力资源服务业效能综合分数为 77.5 分，当前仍处于行业效能提升阶段的中后期。俞安平（2017）①选择了外部环境、发展状况和发展潜力 3 个一级指标来评价江苏省各市人力资源服务业竞争力，并将这 3 个一级指标细化为 11 个二级指标。依托此指标体系，其进一步基于 2015 年江苏省统计年鉴以及各市人社部门公布数据，采用了层次分析法和模糊综合评价法，对江苏省主要城市人力资源服务业发展指数进行了测算并排序。

　　北京大学人力资源开发与管理研究中心萧鸣政教授及其课题研究组自 2007 年以来对中国人力资源服务业的发展进行了长期跟踪研究，并连续十年出版了《中国人力资源服务业蓝皮书》，对我国人力资源服务业的发展动向进行了系统的梳理与把握。近些年来，萧鸣政教授及其课题研究组依托"中国人力资源服务业战略发展评估研究"课题，在人力资源服务业发展状况评价方面积累了丰硕的研究成果，如张轩（2012）②通过文献综述、专家咨询和访谈调查，设计和构建了包括基本情况指标（含服务机构情况、从业人员情况和业务经营情况三方面指标）和评估指标（含信息化、国际化、研发能力和满意程度四方面指标）两个层面在内的人力资源服务业统计指标体系，并基于问卷对该指标体系的合理性进行了验证。《中国人力资源服务业白皮书 2013》③则将人力资源服务业统计指标划分为服务机构总体情况、从业人员情况、财务指标情况、服务业态情况以及其他五个层面，并基于对北京市人力资源服务行业的部分问卷调查结果对这一指标体系进行了验证和分析。吴思寒（2016）④采用层次分析法和因子分析法，构建起了两个层面（行业总量层面、机构发展层面）、五个维度（行业规模、行业贡献、机构盈利能力、机构服务效率、机构影响范围）以及十五项具体指标的网络招聘服务业发展评价指标体系，并对北京市网络招聘服务业的发展水平进行了检验和评价。

----

① 俞安平：《江苏人力资源服务业发展研究报告（2016）》，南京大学出版社 2017 年版，第 100 页。

② 张轩：《人力资源服务业统计指标体系研究》，硕士学位论文，北京大学，2012 年。

③ 萧鸣政、郭丽娟、李栋：《中国人力资源服务业白皮书 2013》，人民出版社 2014 年版，第 305 页。

④ 吴思寒：《网络招聘服务业发展与评价指标体系研究——基于北京市样本数据的分析》，硕士学位论文，北京大学，2016 年。

由于学界对于该行业发展状况评价指标体系的直接研究较少,故下文又重点梳理了国内服务业发展状况评价指标体系构建的相关研究成果,以为下一步的研究提供更多参考。

国内最早的服务业发展评价指标体系是由李江帆(1994)①提出的,他认为一个地区第三产业的发展状况应由服务的社会需求决定,而人均GDP、城市化水平、人口密度和服务输出状况是影响服务需求的主要因素,他用三个方面的指标来衡量服务业的发展状况,包括:第三产业就业比重、产值比重;人均服务产品占有量;服务密度,但这一体系并未考虑服务业的投入情况。单晓娅和张冬梅(2005)②以贵阳市为例,从区位条件、资源和基础设施条件、经济条件、市场条件、要素条件、社会服务条件六个维度入手构建了评价贵阳市各辖区服务业发展水平的指标体系,并对各辖区服务业发展状况做了测算和排名。李艳华等(2009)③构建了现代服务业创新能力评价指标体系,从创新投入、创新环境、创新直接产出、创新经济绩效四个方面构建了包含 8 个二级指标和 11 个三级指标的评价体系,并基于这套体系对北京市现代服务业的创新能力进行了评价。冯华和孙蔚然(2010)④从服务业发展规模、服务业产业结构、服务业增速和服务业经济效益这四个方面着手构建评价指标体系,并利用这一体系对 2008 年全国各省份的服务业发展状况进行了评价和排序。魏建等(2010)⑤则研究了生产性服务业评价的问题,他们从生产性服务业发展水平、生产性服务业聚集区绩效水平和生产性服务业社会供求及效率三方面入手构建了三级指标体系。邓泽霖等(2012)⑥

---

① 李江帆:《第三产业的产业性质、评价依据和衡量指标》,《华南师范大学学报》1994年第 3 期。

② 单晓娅、张冬梅:《现代服务业发展环境条件指标体系的建立及评价——以贵阳市为例》,《贵州财经学院学报》2005 年第 1 期。

③ 李艳华、柳卸林、刘建兵:《现代服务业创新能力评价指标体系的构建及应用》,《技术经济》2009 年第 2 期。

④ 冯华、孙蔚然:《服务业发展评价指标体系与中国各省区发展水平研究》,《东岳论丛》2010 年第 12 期。

⑤ 魏建、张旭、姚红光:《生产性服务业综合评价指标体系的研究》,《理论探讨》2010 年第 1 期。

⑥ 邓泽霖、胡树华、张文静:《我国现代服务业评价指标体系及实证分析》,《技术经济》2012 年第 10 期。

从发展水平、增长潜力、基础条件和专业化程度四个维度入手构建了包含18个二级指标的现代服务业综合评级体系，并对全国省级行政单位的服务业状况进行了评价和排序。陈凯（2014）①对中国服务业增长质量的评价问题进行了研究，他从服务业增长结构、增长稳定性、成果分配和资源利用四个维度入手构建了一套三级指标体系，利用1978年以来的数据对我国服务业增长质量进行了评价分析。刁伍钧等②（2015）分别从发展环境的竞争力、科技研究的创新能力、专业技术的服务能力和科技成果市场化水平四个方面，构建以34个指标为基础的科技服务业评价指标体系，然后以2011年陕西省和全国科技服务业数据为样本，运用功效系数法与模糊综合评价法进行了实证分析。洪国彬和游小玲（2017）③确定了现代服务业发展基础、发展环境、发展规模、发展潜力四个指标评价体系准则层，并通过大量文献阅读，海选出四个方面对应的指标层，进而根据信息含量最大和重复信息剔除原则，利用"主成分—熵"的评价指标体系信息贡献模型等对指标层进行处理及筛选，构建现代服务业发展水平指标评价体系。

综观已有文献可以看到，目前有关人力资源服务业发展状况评价指标体系设计还较少，已有的研究过分关注于行业内部的一些指标，忽略了该行业与整体经济社会发展诸多指标间的潜在联系，无法站在更高的层面展开实证测度。与此同时，服务业的评价是一项系统工程，单一指标的评价已不能满足研究和分析的需要，已有的研究方向和侧重点各不相同，构建指标体系的视角和维度也不尽相同，但都是构建了一整套完整的评价体系，评级体系大多包含了两到三个层级的指标。这对本书的启示是在构建指标体系时应该做到覆盖面广，至少包括速度、规模、结构、环境、潜力等方面的指标；指标体系应该分层构建；指标体系中应该有能反映人力资源服务业特点的指标；指标体系应可以反映行业与整体经济社会发展的联系，不能仅局限于行

①　陈凯：《中国服务业增长质量的评价指标构建与测度》，《财经科学》2014年第7期。

②　刁伍钧、扈文秀、张建锋：《科技服务业评价指标体系研究——以陕西省为例》，《科技管理研究》2015年第4期。

③　洪国彬、游小玲：《信息含量最大的我国现代服务业发展水平评价指标体系构建及分析》，《华侨大学学报（哲学社会科学版）》2017年第1期。

业内选取指标。

2. 评价指标体系的构建原则

根据人力资源服务业的范围界定,综合考虑各种竞争力评价方法的核心思想,本书在构建人力资源服务业发展状况指标体系时将遵循以下原则:

(1)功能定位明确,反映不同地区人力资源服务业发展的实际状况。任何指标体系的构建,都是为适应特定的功能需求而进行。人力资源服务业发展状况评价指标体系的构建,其核心目标就是要客观反映不同地区人力资源服务业发展的现状,以便为政府部门制定相关产业政策、区域经济发展政策提供参考,为私人部门进行相关投资和进入相关产业提供客观、公正、可靠的依据。因此,在构建这一指标体系时,本书将围绕人力资源服务业的发展规律选取指标,一方面会综合考虑影响人力资源服务业发展的各方面因素,另一方面也会控制指标的量,选取与人力资源服务业发展最为密切的指标。

(2)体现鲜明的人力资源服务业未来发展方向,人力资源服务业未来不仅要发挥人力资源中介的功能,还要更多地发挥人力资源管理咨询和培训教育的功能。指标体系的构建不仅要反映人力资源服务业发展的现状,还要突出中国的发展战略和产业政策,以及中央统筹区域经济发展的战略导向。人力资源服务业在中国处于起步阶段,但根植于快速发展的中国经济,它必将快速成长壮大,成为一个重要的行业,因此必须将目光放长远,紧盯人力资源服务业的国际先进水平和未来发展趋势,为这个行业的健康发展指明方向、铺就道路。通过观察发达国家的人力资源服务业发展状况,可以看到,人力资源服务业在发达国家经济发展中发挥着巨大的作用,它是沟通劳动力市场和生产部门的渠道,现代人力资源服务业的发展方向就是使这一渠道更为通畅和高效,进而促进经济的繁荣,因此,人力资源服务的功能也从最初的人才中介逐步拓展到人力资源管理咨询和培训教育,这一变化符合了人力资源服务业的内涵,同时也指明了人力资源服务业未来的发展趋势,因此本书在构建人力资源服务业发展状况评价指标体系时会着重考虑这一发展趋势,以体现其未来发展方向。

(3)坚持科学性与系统性的设计理念。指标体系的权威性、引导性,取决于指标选取和指标体系设计是否科学合理。人力资源服务业发展状况评价指标体系的构建,必须从人力资源服务的本质功能出发,在充分的产业发展理论和竞争力评价理论的基础上,选取能反映人力资源服务业发展状况的指标,并结合人力资源服务业发展的趋势进行指标体系构建,使人力资源服务业发展状况评价指标体系既能体现人力资源服务业发展的规律与特征,又能反映人力资源服务业发展的未来方向和趋势。在人力资源服务业发展状况评价指标体系的构建中,既要注重单个指标的内涵准确,也要注重指标体系的系统性和全面性。鉴于我国人力资源服务的具体业务目前仍比较单一,而其未来发展则呈现多元化趋势,人力资源服务业发展状况评价指标体系应既可以描述其现有功能和业务又可以对未来发展作出指示。这就决定了人力资源服务业发展状况评价指标体系并非若干单一指标的简单结构,而应保持完整的系统性,指标间必须相辅相成,从不同层次、不同角度对不同地区人力资源服务业发展的实际状况作出综合反映。

(4)综合考虑可比性与可操作性。人力资源服务业发展状况评价指标体系的一个重要目的是提供不同地区人力资源服务业的发展状况,这就要求设计中必须考虑评价结果在不同地区之间的横向可比性和动态可比性。横向可比性使得指标使用者可以对比不同地区的人力资源服务业发展状况,据此,指标使用者对某个具体省份的人力资源服务业发展状况能有更全面的认识;而动态可比性则能使指标使用者对比一个地区不同年份人力资源服务业的发展状况,据此,指标使用者可以评价一个地区人力资源服务业发展趋势。与此同时,指标体系设计时还要充分顾及数据可得性与可操作性。对于某些特别重要而又无法直接采集数据的指标,应根据尽可能多的信息进行估计或采取替代的指标,而且所选择的指标内容应易于理解,不能有歧义,以确保所构建的人力资源服务业发展状况评价指标体系能够准确而方便地计算并应用。

(5)兼顾结构稳定性与灵活性。人力资源服务业发展状况评价指标体系所包含的指标不宜频繁变化,以保证评估结果的解释具有一定的持续性与动态可比性,然而又不能将指标体系依据的指标及其权重僵化对待,应保持一定的灵活性。因为随着经济的发展,人力资源服务业的发展可能出现新的变化,国家也可能对人力资源服务业的发展提出新的目标和要求,而这些变化、目标和要求要根据具体的情况进行适当的调整。为了准确、客观反映全国各地人力资源服务业发展状况,人力资源服务业发展状况评价指标体系所囊括的指标,应与人力资源服务业的发展变化趋势和国家的产业政策、目标相适应,能够在不同的阶段进行适当的调整。

(6)指标体系透明、构成简单。人力资源服务业发展状况评价指标体系构建的指标选择原则、权重确定原则,均在科学性与可操作性的指导下进行。同时,应采用比较简单直观的计算方法,避免过于复杂、难以理解的方法。此外,指数编制的方法是公开的,以便政府及相关研究部门的工作人员对人力资源服务业发展状况问题进行协同研究,为人力资源服务业的健康快速发展奠定坚实的群众基础。

3.人力资源服务业发展状况评价指标体系的构建

(1)指标介绍

根据人力资源服务业所包含的业务范围,结合人力资源服务业发展状况评价指标体系构建的原则,并参照竞争力评价理论的相关内容,本节从两个方面为人力资源服务业发展状况评价指标体系选取指标,分别是人力资源服务业发展现状和人力资源服务业发展潜力。每个方面都包含若干具体的指标,具体见表2-2-1。

表2-2-1　人力资源服务业发展状况评价指标说明

		指标	说明
发展现状	发展规模	人力资源服务业增加值比重	人力资源服务业增加值/GDP
		人均人力资源服务业增加值	人力资源服务业增加值/总人口
		人力资源服务业从业人数	无
		人力资源服务业生产率	人力资源服务业增加值/人力资源服务业从业人员数量
	发展速度	人力资源服务业增加值增速	当年人力资源服务业增加值/上年人力资源服务业产值-1
		人力资源服务业从业人员数量增速	当年人力资源服务业从业人员数量/上年人力资源服务业从业人员数量-1

	指标	说明
发展潜力	人均国内生产总值	GDP/总人口
	城镇化率	城镇人口数量/总人口
	第二产业增加值比重	第二产业增加值/GDP
	居民人均消费性支出	无
	利用外资情况	当年实际利用外资总额
	城镇居民储蓄余额	无

人力资源服务业发展现状主要反映的是一个地区现有人力资源服务业发展的状况,具体包括两部分:发展规模和发展速度。人力资源服务业发展规模主要包括人力资源服务业的产值、从业人员情况和生产效率,这是对一个地区人力资源服务业静态发展状况最直接的说明。其中人力资源服务业增加值占 GDP 比重是最为直观的一个指标,它清楚地反映了人力资源服务业在整个国民经济中所占的比重;人均人力资源服务业增加值反映了该地区人均占有的人力资源服务产品;人力资源服务业从业人数从从业人员的角度反映了人力资源服务业的规模;人力资源服务业生产率反映了一个地区人力资源服务行业的生产效率,是对该地区人力资源服务业服务质量的描述。人力资源服务业发展速度主要反映了一个地区人力资源服务业的增长情况,有的地区可能在总量指标上占优势,但增长缓慢,最终还是会被后进高增长的地区所超越,因此人力资源服务业发展速度也是我们需要考虑的重要方面,它是对一个地区人力资源服务业动态发展状况最直接的说明。两个具体指标都是增速指标,分别反映了人力资源服务业增加值和人力资源服务业就业人员数量的增长速度。

人力资源服务业发展潜力指标主要反映了一个地区人力资源服务业未来的可能发展状况,这些指标虽与人力资源服务业不直接相关,但却很好地说明了一个地区未来的发展潜力。人均 GDP 反映了一个地区的整体经济发展水平,相关经济理论指出随着一个地区的经济发展,其产业结构也在发生着变化,从业人口和资源逐渐从第一、第二产业向第三产业转移。考虑到中国整体的经济发展水平,中国应该处于人口和资源大规模向第二产业转移,部分地区向第三产业转移的阶段,人力资源服务业是第三产业的分支,因此当一个地区人均 GDP 水平较高时,预示着其第三产业将会迎来巨大的发展空间,人力资源服务业也将从中受益,反之人力资源服务业的发展仍会受到人口和资源的限制。城镇化率是一个反映地区居民结构的指标,城镇化率高,说明人口更加集中在少数地区,更加集中的人口会促进包括人力资源服务业在内的现代服务业的发展,此外,城镇化率高意味着更多的农民离开土地进入城镇,这部分农民的流动会带来对人力资源服务的需求。第二产业增加值占 GDP 的比重描述了一个地区产业结构的现状,当一个地区第二产业较为发达时,意味着这个地区会更早开始产业的升级,资源和要素将从第二产业流向第三产业,人力资源服务业将从这个过程中受益,反之则说明这一地区产业结构落后,服务业快速发展的阶段远未到来。居民人均消费性支出反映了一个地区的消费状况,消费多的地区第三产业更为发达,居民的消费将会刺激包括人力资源服务业在内的现代服务业的发展。利用外资情况反映了一个地区对外开放程度,人力资源服务业在国内属于朝阳产业,但在发达国家属于比较成熟的产业,向发达国家学习人力资源服务业发展的经验可以帮助国内的人力资源服务企业快速成长并提供专业化的服务,引入外资就是很重要的学习途径。城镇居民储蓄余额反映了一个地区的投资潜力,任何行业的发展都离不开投资,人力资源服务业也会从一个地区巨大的投资潜力中受益。

(2)数据的说明与处理

受限于数据的可获得性,本章进行人力资源服务业发展状况评价的数据均为 2015 年的数据,数据来源为国家统计年鉴、各地方的统计年鉴以及人力资源和社会保障部门的有关公报①。

4. 评价分析

上述指标体系包含了众多具体指标,根据每个单项指标对全国各地进

---

① 需要说明的是,国家统计局现有的行业分类中是没有人力资源服务业的,人力资源服务业的统计散布于不同行业类别中,例如商业服务业中包含了人力资源服务业的企业管理、咨询与调查及职业中介服务等;教育中包含了人力资源服务业的培训服务等。除少部分省份对于人力资源服务业进行了专项统计外,本书所主要采用的关于人力资源服务业的数据是从相关行业数据中筛选提取出来的,是一种近似的代替。

行排名都能得到一个排序,而综合评价需要综合考虑所有这些指标对各省的人力资源服务业发展状况进行评价和排序,本书采取降维的思想把多个指标转换成较少的几个互不相关的综合指标,从而使得研究变得简单,本书将采用主成分分析,选取特征值大于 1 的主成分,再根据主成分各自的权重通过加总得到一个综合的主成分,我们以综合的主成分表示各地区人力资源服务业发展状况,最后根据综合主成分的得分为不同地区的人力资源服务业发展状况排序。

（三）各地人力资源服务业发展状况的评价

本节将采用主成分分析法,针对上述指标体系基于搜集的 2015 年数据进行主成分分析,来综合评判各地的人力资源服务业发展状况。具体操作过程不再赘述,根据此方法,我们可以计算不同地区主成分得分,并依据得分情况进行排序,得分及排序情况见表 2-2-2。

表 2-2-2　各地区综合主成分得分情况及排序

地区	综合得分	2015 年排名	分类
上海	4.440478	1	A
江苏	3.513853	2	A
广东	3.122261	3	A
北京	2.995049	4	A
天津	2.090026	5	A
山东	1.528670	6	A
浙江	1.237462	7	A
重庆	0.380631	8	B
安徽	0.304876	9	B
河南	0.230568	10	B
福建	0.187094	11	B
辽宁	-0.003868	12	C
四川	-0.179635	13	C
湖南	-0.186322	14	C
湖北	-0.190670	15	C
吉林	-0.397326	16	C

地区	综合得分	2015 年排名	分类
内蒙古	-0.567502	17	C
江西	-0.687118	18	C
黑龙江	-0.801468	19	C
河北	-0.838090	20	C
宁夏	-1.166767	21	D
海南	-1.234027	22	D
云南	-1.255818	23	D
陕西	-1.270121	24	D
广西	-1.276771	25	D
青海	-1.316961	26	D
山西	-1.321116	27	D
贵州	-1.504898	28	D
甘肃	-1.805647	29	D
新疆	-1.834728	30	D
西藏	-2.192131	31	D

表 2-2-2 直观地显示了各地区综合的主成分得分情况,上海、江苏、广东、北京、天津、山东、浙江这 7 个省市的得分均在 1 以上,上海仍然独占鳌头,且领先优势较为明显,江苏、广东、北京的得分较为接近,山东、浙江 2 省在这 7 个地区中排名相对靠后;有 20 个省区市的得分在 0 以下,分布呈现出了明显的层次性差异,尤其是西藏的得分明显落后于其他省区市,说明该地区的人力资源服务业发展水平远落后于其他地区。

本书按照综合的主成分得分大小进一步对各省区市进行分类,其中得分 1.0 及以上的为 A 类,0—1.0 分为 B 类,-1.0—0 为 C 类,-1.0 分以下为 D 类,表 2-2-2 第四列显示了这一分类的结果。上海、江苏、广东、北京、天津、山东、浙江 7 个省市属于 A 类地区;重庆、安徽、河南、福建 4 个省属于 B 类地区;辽宁、四川、湖南、湖北、吉林、内蒙古、江西、黑龙江、河北 9 个省区属于 C 类地区;宁夏、海南、云南、陕西、广西、青海、山西、贵州、甘肃、新疆、西藏 11 个省区属于 D 类地区。为便于进一步分析,本书按国家地区划分标准分别统计了不同区位的省区市分类情况,得到表 2-2-3。

表 2-2-3 不同地区省区市分类情况表

地区	A	B	C	D
东部	7	1	2	1
中部	0	2	5	1
西部	0	1	2	9

表 2-2-3 所显示的分布情况可以更为直观地展示排序结果,东部地区的绝大部分省市都属于 A 类,中部地区的省区基本集中于 B、C 两类,西部地区的大部分省区市都属于 D 类。该表说明我国各地区的人力资源服务业发展状况也呈现出明显的东、中、西部水平差异,东部地区省市的人力资源服务业发展状况明显优于其他地区,这种水平优势不仅体现在人力资源服务业发展的现状上,而且体现在人力资源服务业发展的潜力上。相较之下,中部地区的省区大多处于中等的水平,而西部省市区的人力资源服务业发展状况就比较落后了,这种东中西部地区的人力资源服务业强弱格局与各地区在中国经济发展中的现实状况是相契合的。

主成分分析的结果显示了一个地区人力资源服务业发展的状况与该地区的经济地位和产业发达程度密切相关,经济发达、对外开放水平、产业层级较高的地区,人力资源服务业就越发达,反之人力资源服务业发展就越落后。

表 2-2-4 显示了 2013、2014、2015 年各地人力资源服务业发展状况排名的变化情况。

表 2-2-4 人力资源服务业发展状况排名变化情况

地区	综合得分	2015 年排名	分类	2014 年排名	与 2014 年相比排名变化	2013 年排名
上海	4.440478	1	A	1	0	3
江苏	3.513853	2	A	2	0	1
广东	3.122261	3	A	3	0	2
北京	2.995049	4	A	5	+1	6
天津	2.090026	5	A	4	−1	4

地区	综合得分	2015 年排名	分类	2014 年排名	与 2014 年相比排名变化	2013 年排名
山东	1.528670	6	A	8	+2	8
浙江	1.237462	7	A	6	−1	5
重庆	0.380631	8	B	10	+2	9
安徽	0.304876	9	B	20	+11	24
河南	0.230568	10	B	12	+2	13
福建	0.187094	11	B	9	−2	10
辽宁	−0.003868	12	C	7	−5	7
四川	−0.179635	13	C	11	−2	11
湖南	−0.186322	14	C	14	0	15
湖北	−0.190670	15	C	13	−2	12
吉林	−0.397326	16	C	18	+2	18
内蒙古	−0.567502	17	C	16	−1	17
江西	−0.687118	18	C	19	+1	16
黑龙江	−0.801468	19	C	21	+2	20
河北	−0.838090	20	C	17	−3	21
宁夏	−1.166767	21	D	24	+3	25
海南	−1.234027	22	D	25	+3	19
云南	−1.255818	23	D	26	+3	29
陕西	−1.270121	24	D	15	−9	14
广西	−1.276771	25	D	23	−2	23
青海	−1.316961	26	D	29	+3	28
山西	−1.321116	27	D	22	−5	22
贵州	−1.504898	28	D	27	−1	26
甘肃	−1.805647	29	D	30	+1	27
新疆	−1.834728	30	D	28	−2	30
西藏	−2.192131	31	D	31	0	31

　　一般情况下,3 个位次以内的变化我们都可以认为是排名的正常波动,因此根据表 2-2-4 的结果,2014 年到 2015 年,除了安徽、陕西、山西、辽宁有着较大的排名波动外,其余省市区的排名大都保持稳定,上海、江苏和广

东依然位列前三甲。这一结果一方面说明了本书所用的评价指标体系的合理性和相对稳定性,另一方面也较为符合现实情况,短期内除非有特殊的情况,某个地区人力资源服务业是难以有跃升式发展的,人力资源服务业的发展与当地经济状况有很大关系,人力资源服务业的发展需要建立在经济发展的基础之上。

在 4 个排名波动较大的省份中,安徽的排名上升幅度最大,其进一步延续了 2013 年以来的强劲上升势头。排名出现大幅上升的关键在于安徽 2015 年人力资源服务业产值比 2014 年增长了 113.8%,人资增速仅次于江苏排名全国第二,远远超过其他省市区。出现这种大幅增长的原因可能有很多,这一方面与 2015 年安徽省人力资源和社会保障厅、发展改革委、财政厅联合印发《关于加快人力资源服务业发展的实施意见》(以下简称《意见》)有密切关联,在该《意见》的指导下,相关部门在人力资源市场领域推出了一系列惠企改革措施,放宽了中外合资人才中介市场准入条件,大力推进省级、市级人力资源服务产业园区建设,行业发展取得了显著成效;另一方面,安徽南部地处长三角经济地带,与人力资源服务业发展水平很高的上海、江苏邻近,人力资源服务业的发展在一定程度上也受惠于两省市产生的溢出效应。尽管安徽人力资源服务业的发展速度迅猛,增长空间较大,但是距离 A 类省市还有明显的差距,若想迈入第一梯队,不能仅仅追求增长速度,还应该注重发展的健康性、长期性和持续性积累。

在 3 个排名下跌的省份中,陕西的跌幅最大。从整体的经济运行情况来看,2015 年陕西省实现生产总值 18171.86 亿元,比上年增长 8%,高于全国 1.1 个百分点,支撑经济发展的主导力量如工业、投资等增速出现大幅回落,相反第三产业增速高出 GDP 增速 1.6 个百分点,达到 9.6%,第三产业增加值占 GDP 比重已达到 39.7%。这种态势下,陕西省人力资源服务业增速远没有像 2014 年那样迅猛,甚至低于第三产业以及 GDP 的整体增速,这一相离趋势体现在数字上便是人力资源服务业增加值比重出现大幅下降,人力资源服务业生产率也伴随着大幅下滑。这些反映人力资源服务业发展现状的核心指标出现大幅下滑,势必会影响陕西省的排位。导致这一局面的原因有很多,其中一个重要的原因在于政府有关部门对于人力资源服务行业的发展重视程度和支持力度不够。对于一个新兴的朝阳行业发展来说,政府的政策扶持与宏观调控是至关重要的。在 2014 年国家下发《关于加快发展人力资源服务业的意见》后,2015 年陕西省并没有针对这一文件出台配套的实施性意见(后于 2016 年 7 月发布)。因此政策实施的迟滞一定程度上使得 2015 年陕西省人力资源服务业的发展显得动力不足,对其排名也造成了一定负面影响。

山西和辽宁的跌幅也较为明显,两省排名出现下跌的原因可能较为相似,辽宁省 2015 年地区生产总值比上年仅增长 3%,创下 23 年以来的最低值,远低于全国平均水平的 6.9%,这一增速排在全国倒数第一位,而山西省略强一些,3.1% 的 GDP 增速仅仅高过辽宁省,排在全国倒数第二位。人力资源服务业的发展是需要建立在经济发展的基础之上的,在这种严峻的经济形势下,两省的人力资源服务业发展必然受到很大程度的负面影响。对于辽宁省而言,造成经济下滑的原因在于投资和工业出现问题,相应地,反映人力资源服务业发展潜力的第二产业增加值比重指标和利用外资情况指标在这一年里出现了断崖式的下跌,此外辽宁省人口在这一年里也是负增长,人口的外流对于人力资源服务业发展也有着很多不利影响。山西省的情况也较为类似,一方面煤炭等能源原材料价格持续下跌,另一方面由于经济结构调整的现实需要,第二产业遭遇重挫,反映人力资源服务业发展潜力的第二产业增加值比重指标也呈断崖式的下跌。在这种状况下,人资增速实现与 GDP 增速相持平的 3.1% 虽已实属不易,但仅在 31 个省市区中排名倒数第二位,排名下跌也在情理之中。

(四) 总结与讨论

人力资源服务业在中国属于朝阳产业,现代知识经济对人才的重视使得这一产业在国民经济中的地位迅速提升,并引起了人们的广泛关注和重视。国家、政府和社会都希望这一行业能健康、快速发展,为整个国民经济的持续健康发展作出应有的贡献,因此,了解人力资源服务业在不同地区的发展状况就成为实现这一期许的前提。

本节通过设计人力资源服务业发展状况评价指标体系,在搜集 2015 年全国 31 个省区市的相关数据基础上,依托这一指标体系对各地区人力资源服务业发展状况进行了排序、分类,并对相关的数据分析结果进行了阐释与说明。通过这一研究过程，我们可以总结以下认识。

1. 我国人力资源服务业区域性发展差异显著，中西部地区行业发展空间广阔。与我国经济发展水平的区域性差异类似，我国东部、中部和西部地区的人力资源服务业发展水平差距明显。这种差异在未来一段时期内依旧会存在，但会随着不断发展而逐渐消除。未来我们一方面不能忽视中西部省区市在行业发展中作出的努力，采取多方措施为人力资源服务业发展创造更好的环境与空间，不断提升其发展速度；另一方面也要总结东部省市在人力资源服务业发展中的经验教训，注重行业的可持续性发展与长期积累，而不仅仅是追求行业发展的高增速。

2. 应正确理解地区人力资源服务业的发展与经济发展间的相互协同关系。一方面，地区经济发展水平对人力资源服务业发展有着基础性的影响，它为人力资源服务的开展提供了广阔的空间（包括平台与需求）；另一方面，人力资源服务业的发展又会对地区产业结构的优化与调整，增加地区人口的就业数量、提升企业运行效率产生积极影响，进而促进地区经济的发展。

3. 对于人力资源服务业的发展来讲，政府积极、及时的政策扶持与宏观调控是至关重要的。安徽省排名的迅速提升和陕西省排名的大幅下滑，可以从很大程度上证明这一点。

4. 目前来看，人力资源服务业发展水平较高地区的辐射带动作用尚未充分发挥，未来需进一步关注地区行业互动机制的建立。本节研究的意义之一在于可以让各地区直观了解目前人力资源服务业的发展状况，摆正位置，更好地树立学习标杆、向行业发展较好的地区借鉴与学习。排名大幅上升的安徽省在制定本省《关于加快人力资源服务业发展的实施意见》时，便深度借鉴了上海自贸区的最新成果，在人力资源服务机构对外合作方面优化了相关政策，取得了明显的成效。

第三章　人力资源服务产业园的发展

【内容摘要】

人力资源服务业在社会经济发展中发挥了巨大的作用,但是由于我国地区之间的经济发展水平、产业结构和社会发展状况的差异很大,人力资源服务业在不同地区的发展状况也有很大的差异,因此,研究不同地区之间的人力资源服务产业园的发展状况就具有重要的意义。本章一共分为三个部分,第一个部分是介绍中国人力资源服务业产业园的产生和发展,回顾了产业园产生的背景,梳理了产业园的发展现状,着重介绍了人力资源服务产业园的特征、类型和作用。第二部分是对当前阶段人力资源服务业产业园区典型案例的介绍,其中选取了上海、苏州、烟台和重庆四个地方的产业园作为国家级代表性产业园区进行分析,着重分析了四个产业园区的目标定位、经营管理特色、规划布局和发展趋势等。同时选取天津滨海新区和宁波市两个地方的产业园区作为省级代表性人力资源服务产业园区的发展模式进行重点介绍。第三部分是通过四个方面对当前人力资源服务产业园发展中存在的问题进行分析总结,并且针对这四个方面提出具体化的建议。另外,对园区未来发展的趋势作出了一定的判断。

Chapter 3　Development of Human Resources Service Industry Park

【Abstract】

The human resource service industry has played a important role in social and economic development, but due to the great differences among China's regional economic development level, industrial structure and social development, human resource service industry also has enormous difference in development status in different regions. Therefore, it is of great significance to study the development of the human resource service industry park in different regions. This chapter is divided into three parts. The first part is to introduce the emergence and development of Chinese human resource service industry park, this chapter reviews the background of the industry park, combing the development status of industry park, emphatically introduces the characteristic, the function the human resource service industry park type. The second part is the introduction of the typical case of the human resource service industry park in the current stage, which selected four local industrial park (Shanghai, Suzhou, Yantai and Chongqing) as a national representative industry park, focuses on the analysis of four industry parks aims, management characteristics, layout and development trend etc. At the same time, we select two industry parks (Tianjin Binhai New Area and Ningbo) as the provincial representative human resources service industry park, focusing on the development model. The third part is to analyze and summarize the problems existing in the development of the current human resource service industry park through four aspects, and put forward concrete proposals for these four aspects. In addition, it makes a judgement of the future development trend of the park.

一、人力资源服务产业园的产生与发展

(一) 人力资源服务产业园产生的背景

据人社部公布的数据,截至 2016 年底,全国共设立各类人力资源服务机构 26695 家,从业人员 552828 人,行业年营业收入达到 11850 亿元。人力资源服务机构对我国人力资源的开发,资源配置的优化、人力资源大国、强国的建设,高质量就业目标的实现具有重要的意义。因此,党和国家高度重视人力资源服务业和人力资源服务产业园的发展,近年来从战略层面对人力资源的发展作出了部署。

2007 年《国务院关于加快发展服务业的若干意见》首次将人才服务业纳入国家服务业发展的组成部分。2010 年,中共中央、国务院颁布了《国家中长期人才发展规划纲要(2010—2020)》提出要实施人才优先发展战略,大力发展人力资源服务产业。2011 年,《国民经济和社会发展第十二个五年规划纲要》第四篇第十五章第四节明确提出要"规范发展人事代理、人才推荐、人员培训、劳务派遣等人力资源服务"。2011 年,《人力资源和社会保障事业发展"十二五"规划纲要》第二章第七节提出"推动人力资源服务产业园区的发展,完善人力资源服务链,形成集聚效应"。2012 年,国务院印发《服务业发展"十二五"规划》,其中将人力资源服务业作为服务业发展的重点,同时指出构建多层次、多元化的人力资源服务机构集群,探索建立人力资源服务产业园区,推进行业集聚发展。2014 年,国务院印发《关于加快发展生产性服务业促进产业结构调整升级的指导意见》,将人力资源服务作为我国生产性服务业重点发展领域,提出以产业引导、政策扶持和环境营造为重点,推进人力资源服务创新,大力开发能满足不同层次、不同群体需求的各类人力资源服务产品。2014 年底,人社部与国家发改委、财政部联合下发《关于加快发展人力资源服务业的意见》,首次对发展人力资源服务业作出全面部署,要求推进人力资源服务业集聚发展。其中进行人力资源服务产业园规划布局被认为是人力资源市场高度发展的重要标志,不仅顺应当前我国社会经济发展需要,而且可以大大提高企业的资源配置效率①。2016 年,《国民经济和社会发展第十三个五年规划纲要》第二十四章提出"以产业升级和提高效率为导向,发展人力资源服务等产业,促进生产性服务业专业化"。2016 年,《人力资源和社会保障事业发展"十三五"规划纲要》第二章第五节"完善人力资源市场机制"中指出,实施人力资源服务业发展推进计划,推进人力资源服务业集聚发展;加强人力资源服务产业园的统筹发展和政策引导,依托重大项目和龙头企业,培育创新发展、符合市场需求的人力资源服务产业园,形成人力资源公共服务"枢纽型"基地和产业创新发展平台。

----

① 王瓯翔:《人力资源产业园区建设刍议——以温州市为例》,《中国就业》2016 年第 8 期。

上述文件的相继出台对人力资源服务业行业规范的形成和人力资源服务产业园的产生和发展具有非常重要的指导意义。人力资源服务产业园的建立,成为人力资源服务业发展的新模式、新探索,为人力资源服务业的集聚发展、创新发展搭建了重要平台。

(二) 人力资源服务产业园的发展现状与优势

1. 人力资源服务产业园的发展现状

2010 年 11 月 9 日,随着中国第一个国家级人力资源服务产业园区(中国上海人力资源服务产业园区)正式揭牌运行,国家级人力资源服务产业园的发展开始进入快车道。截至 2017 年 6 月,国家级人力资源服务产业园已发展到 11 家。其中,2011 年 8 月,人社部批复同意筹建中国重庆人力资源服务产业园区。2012 年 7 月 21 日,人社部批复同意河南省人民政府筹建中国中原人力资源服务产业园区。2012 年 12 月,人社部批复同意筹建中国苏州人力资源服务产业园。2013 年 1 月,人社部批复同意筹建中国成都人力资源服务产业园区。2014 年 12 月,人社部批复同意筹建中国杭州人力资源服务产业园。2014 年 12 月 16 日,人社部批复同意筹建中国海峡人力资源服务产业园。2016 年 5 月,人社部批复同意筹建烟台人力资源服务产业园。2017 年 5 月 15 日,人社部同意建立中国西安人力资源服务产业园。同日,人社部同意建立中国长春人力资源服务产业园和中国南昌人力资源服务产业园。这些产业园区将在改善地方人才结构、产业结构、经济发展方式等方面发挥重大作用。

随着国家级人力资源服务产业园区的筹建、审批和落地,省级人力资源产业园的发展也迈向新纪元。截至 2017 年 6 月,全国 34 个省级行政区共有 60 余家省、地市级人力资源服务产业园被批复或者正在建设。其中,2011 年 8 月,中国山西人力资源服务产业园区在太原高新区正式成立。2012 年 2 月,安徽省人力资源与社会保障厅批复马鞍山人力资源服务产业园区成立。2012 年 9 月,宁波人力资源服务产业园正式开园。2013 年 2 月,杭州人力资源服务产业园区正式获批。此后嘉兴市、海宁市、常州市等人力资源服务产业园纷纷正式启用。此外,广西、安徽、辽宁等地区都在积极地争取省级人力资源服务产业园区的落地。

2. 人力资源服务产业园的发展优势

（1）经济转型期的发展机遇

当前我国正处于经济转型和产业升级的关键时期，人力资源服务业在其中将发挥巨大的作用。我国过去粗放的经济发展模式已经难以维持，未来经济发展将是创新驱动型的。创新驱动意味着要素在经济增长中的作用将逐步降低，知识、创新和人才的作用将更加突出，创新驱动的一大特征就是劳动生产率的提升，这意味着人才在创新中将发挥巨大的作用。创新驱动的经济增长方式主要依靠知识、人力资本和制度激励来实现，而人力资源是知识和人力资本的载体，其在创新经济中的作用更加突出。因此，人力资源服务产业园在创新驱动型经济发展中将会发挥巨大的作用。

（2）国家的制度保障

人力资源和社会保障部关于促进人力资源服务业发展的相关政策相继出台为人力资源服务产业园的发展提供良好的基础。其中 2010 年 3 月，人力资源和社会保障部印发《关于进一步加强人力资源市场监管有关工作的通知》（人社部发〔2010〕10 号），对做好人力资源服务机构特别是经营性人力资源服务机构的统一管理、统一许可，治理非法中介，推动诚信服务，加强市场供求信息发布，引导经营性人力资源机构健康发展，培育统一规范、竞争有序的市场化服务体系等工作提出了明确要求。2013 年 8 月，人力资源和社会保障部下发了《关于在人力资源服务机构中开展诚信服务主题创建活动的通知》（人社部发〔2012〕46 号），在全国人力资源服务机构中启动了以"诚信服务树品牌，规范管理促发展"为主题的诚信体系建设活动，推动服务机构依法经营、诚信服务，进一步形成统一开放、公平诚信、竞争有序的市场环境。2014 年 12 月，人力资源和社会保障部联合国家发展改革委、财政部印发了《关于加快发展人力资源服务业的意见》（人社部发〔2014〕109 号），提出要加强对人力资源服务产业园区的统筹规划和政策引导。一系列国家政策的相继出台为人力资源服务产业园健康快速发展提供了制度保障。

（三）人力资源服务产业园的特征、类型与作用

1. 人力资源服务产业园的特征

人力资源服务产业园是指由政府有关管理部门建设和管理，在特定的

区域结构范围内,规划集中人力资源服务业机构,提供场地、服务、政策支持和保障,以实现人力资源服务产业集聚发展为目标的一种区位经济发展模式①。中国人力资源服务产业园具有四个显著特征:第一,它是人力资源市场化进程和产业取向相结合的基础平台。第二,它是促进人力资源服务产业集聚和培育市场化力量的战略性新兴产业载体。第三,它是构成现代服务业创新体系的重要组成部分。第四,它是推动现代服务业发展的重要增长极。

2.人力资源服务产业园的类型

从我国现有的人力资源服务产业园管理模式角度,人力资源服务产业园可以划分为地方政府及其派出机构主导型与政府和企业联合型两种模式类型,前者在我国人力资源服务产业园模式选择中占绝对主导地位。

地方政府及其派出机构主导型模式是指由当地人力资源社会保障部门主导产业园的规划建设,通过组建国资性质的人力资源服务公司或投资公司具体负责园区的日常运营和管理,比如重庆人力资源服务产业园、宁波人力资源服务产业园等采取的都是这一模式。这一模式在运营上实行的是市场化方式,即由国资背景的政府人力资源服务公司对园区的规划、建设、运营、招商进行统一管理;在政府职能上,政府部门成立的管委会往往直接受到上一级政府或者人力资源社会保障部门的管理,管委会具有一定的行政职能和经济管理权限,该模式有利于管委会与政府职能部门的直接对接,减少中间环节,提高园区企业落地、办事效率。

政府和企业联合型是指由政府组织人力资源服务产业园建设,具体的运行和管理事务则外包给相关企业,比如天津市滨海新区人力资源服务产业园区和浙江省海宁市的沪浙人力资源服务产业园采取的就是这一模式。这一模式的优点在于可以有效避免政府职能部门既当“裁判员”又当“运动员”,实现所有权与经营权分离,政府可以从具体的园区运营事务中解脱出来,同时将园区的日常运营交给专业化的外包企业来做,外包企业对产业园区的规划设计、建设招标、运营管理、品牌输出等各项经济职能进行管理,按

---

① 李娟:《人力资源服务产业园区亟须关注的问题》,《中国劳动保障报》2016 年 6 月 18 日。

照客户需求和产业导向,引导和推动人力资源服务向多元化、规模化、集约化方向发展,从而形成市场规模效应,提升园区运营效率和服务水平。

3.人力资源服务产业园的作用

第一,有利于产业链条的形成与整合。各家人力资源服务机构所提供的服务有一定的单一性和局限性,进入园区后各自的服务逐渐相互衔接,可以形成一个完整的产业链条;同时,从园区业务形态的发展角度来说,各家机构在招聘、派遣、外包、培训、代理、猎头、咨询等细分领域各有侧重,在业务开展过程中上下游企业相互支持、相互结合,可以更好地发挥链条效应。

第二,有利于突破单一发展模式,更好地为企业服务。围绕着人力资源服务产业,如财务代理、法律服务、心理咨询、技能鉴定、健康服务、保险服务等也可以集聚到人力资源服务产业园区中来,打通行业广度,衍生行业产品,可以突破单一人力资源机构狭窄的发展道路,开创更有前景的盈利模式,从而形成集群效应。

第三,有利于行业机构发展壮大,发挥园区企业集聚优势,改变机构分散的格局。一方面通过服务和监管,建立信用体系,可以推进产业品牌建设;另一方面通过引进国内外有实力的人力资源服务机构,相互学习借鉴,可以培养行业发展的新生力量,有利于初创机构的健康成长,从而形成规模效应。

第四,有利于资源优化配置。可以充分发挥园区企业规模化、专业化、信息化的平台优势,依托人力资源外包业务为用工单位提供招聘、培训、管理和代发薪酬等全程服务,为劳动者取得更好的工作条件、更高的薪酬福利;依托人才测评服务,为新就业群体提供人才测评、职业规划服务,促进人岗匹配,引导平等就业,实现体面就业,推动更高质量就业,确保人力资源得到充分利用,从而形成引领效应。

第五,有利于引进高端专业人才。园区猎头企业利用自身在全国乃至全球的网络和专业渠道,以人才租赁、技术入股、项目合作、产品研发、专家顾问等柔性引才方式,实现引才引智,可以大幅削减用人单位引才成本,有效提高择才质量,从而形成虹吸效应①。

---

① 王瓯翔:《人力资源产业园区建设刍议——以温州市为例》,《中国就业》2016 年第 8 期;吴帅、田永坡:《我国人力资源服务产业园区建设:现状、挑战与对策》,《中国人力资源开发》2015 年第 23 期。

二、人力资源服务产业园案例介绍

（一）国家级代表性人力资源服务产业园

1. 中国上海人力资源服务产业园

2010年11月9日,由人力资源和社会保障部与上海市政府共建、上海市人力资源和社会保障局与原闸北区政府共同承建的中国人力资源服务产业园正式挂牌成立。

（1）功能定位

上海人力资源服务产业园区坚持"立足上海,融入长三角地区,辐射东三省地区、西部地区,服务全国"的发展理念,运用市区联动服务机制,形成以上海人才大厦为核心向社区延伸的"一点受理,多点服务"体系。该园区在发展过程中着重强调发挥以下四种功能:第一,重点发挥产业集聚的作用,积极引进国内外先进人力资源服务企业入驻,形成上海人力资源服务业集聚区。第二,拓展服务,通过整合上海市现有人力资源服务企业资源,不断延伸服务项目。第三,孵化企业,引导中小微型企业做大做强,成为人力资源服务企业的孵化基地。第四,培育市场,建设专业化、信息化、规范化、国际化的人力资源市场,重点加强人才信息服务系统、人才职业能力评价服务系统、公共人力资源服务系统、人才综合保障系统、高层次人才服务系统和市场资源配置系统的六大服务系统。

（2）发展策略

从指导思想上看,上海人力资源服务产业园的发展策略是以科学发展观为指导,着力打造多种体制并存、市场自主、平等竞争的人力资源市场化运作体系,强调市场主导、主体推动、现行先试、高端引领。具体发展策略有以下四点:第一,充分发挥市场调节机制,实现人力资源市场的优化配置。第二,人力资源服务产业园的建设与上海市产业升级的目标相一致,园区的发展必须以产业集聚为目标。第三,上海人力资源服务产业园的发展要体现出"雁阵效应",形成辐射效应和示范作用。第四,推动高端产业和低端产业的融合,为企业的产业升级提供方法路径。

（3）规划布局

上海市人力资源服务产业园将被打造成国内规模最大的人力资源服务

产业园之一,基本形成以具有国际竞争力和行业影响力的人力资源服务机构为主体、各类人力资源服务机构共同发展的人力资源服务枢纽平台。该园区将形成 20 多栋、230 万平方米建筑面积的商务楼宇,以满足不同规模和类型的人力资源服务企业的入驻需求。截至 2016 年底,上海市人力资源服务产业园基本形成了以上海人才大厦、新理想国际大厦、现代交通商务大厦、苏河一号等为载体的人力资源服务企业总部集聚地,其目的是吸引国内外著名企业入驻;基本形成了以上海人才培训广场、上海市青少年活动中心为载体的人力资源培训机构集聚地,其目的是打造上海青少年活动中心为载体的人力资源服务业培训高地;形成了以上海人才大厦延伸楼宇为载体的人力资源服务外包产业基地,其目的是打造成上海紧缺人力资源项目孵化基地和先进一流的培训资源集散中心;形成了以周边楼宇为载体的人力资源服务后台服务和呼叫中心基地等。

2. 中国苏州人力资源服务产业园

2012 年 10 月,江苏省政府对中国苏州人力资源服务产业园建设项目正式立项。2013 年 12 月,以江苏苏州高新区人力资源服务产业园为核心区的"中国苏州人力资源服务产业园"获得国家人社部批准建立,并于 2014 年 10 月正式开园。

(1)功能定位

苏州地处长江中下游平原,江、浙、沪三省市的交界处,辖区内铁路、公路纵横贯通,路网发达。因此,苏州人力资源服务产业园在建设初期就明确了四大建设目标:第一,产业集聚区。通过园区核心区和辐射区平台,吸引本地以及国内外知名人力资源服务企业入驻,形成产业集聚效应。第二,品牌集散区。整合现有人力资源服务资源,实现人力资源公共服务、市场经营服务共同发展和壮大,推动人力资源服务机构品牌化发展,推动实现人力资源服务专业化、信息化、规范化、国际化。第三,企业孵化区。加强政策引领,发挥园区的孵化作用,扶持园内企业做大做强,促进"大众创业、万众创新"。第四,职业培训区。突出强化职业培训功能,打造形成集正规学历教育、专业技能培训、公共部门知识更新与能力提升、企业培训开发和海外教育培训等多个培训教育平台于一体的综合培训基地,形成高、中、低层级的合理布局。

（2）规划布局

因苏州地域分布广，且具有经济多级增长的特点，故苏州人力资源服务产业园区采取了"一园多区、点面结合"的功能布局模式。"一园"是指苏州地区人力资源服务产业园区的整体概念，包括有形的物理空间和无形的人力资源信息服务网络。"多区"是指以苏州高新区为核心，在坚持"因地制宜、优势互补"的分园原则下，分别在高新区、昆山区、常熟市、吴江区建设四个人力资源服务产业集聚区。其中高新区人力资源服务产业园主要涵盖三大功能：一是集聚全球和国内外知名的人力资源机构，形成包括招聘、猎头、培训、咨询、测评、人力资源服务外包及人力资源信息软件在内的综合产业链；二是搭建社会服务公共平台；三是搭建政府服务公共平台。昆山市人力资源服务产业园着力打造人才"引进、培训、管理、服务"四大平台，形成优势互补、协调发展的人力资源服务体系；常熟市人力资源服务产业园被定位为职业培训特色园区，以提供技术型、生产型蓝领工人服务项目为主，着力打造集公共服务体系、市场化服务体系以及技术支持和生活服务体系于一体的服务体系；吴江区则以"集产业集聚、拓展服务、孵化企业、培育市场、打造高地"为定位，以建设一流的"人才产业基地、人才培训基地、服务外包基地、就业创业基地"为目标来打造人力资源服务体系。苏州人力资源服务产业园区模式在整体上呈现出"点面结合"的特点，有利于为企业和劳动者提供人力资源服务，有利于实现该园区的辐射带动作用。

（3）发展方向

苏州人力资源服务产业园将紧紧围绕"民生为本、人才优先"的工作主线，以满足经济社会发展产生的人力资源需求为出发点和落脚点，坚持人力资源服务业与当地产业结构升级的愿景相结合，促进经济发展方式转变；坚持公共服务与经营性服务相结合，推动产业发展；坚持政府引导与市场运作相结合，健全服务体系、完善服务功能、拓宽服务领域、规范市场秩序，构建多层次、多元化的人力资源服务机构综合体。为了达成以上目标，苏州人力资源服务产业园作出以下具体措施。第一，进一步完善人力资源服务产业园服务体系。预计至2018年，园区的集约化水平、服务能力、管理水平、运营效率将会大大提升，将形成布局合理、规模适度、功能齐全的人力资源服务体系。第二,进一步提升苏州人力资源服务产业园发展综合实力。提出园区的5年发展目标:发展20个主要从事生产与服务外包的大型人力资源服务企业,生产与外包岗位达到40万个;形成5至10个辐射广、连锁经营的培训教育机构,年服务规模达到50万人次;重点培育10个人力资源管理咨询企业,服务企业达到5000家。第三,强化社会经济发展中人力资源服务的溢出效应。到2018年,通过产业园服务实现新增就业人数的比重、对高校毕业生就业的贡献率、人才引进贡献率均达到1/3左右;实现全市高层次人才占人力资源总量的比例超过8%,人才贡献率达到45%;实现高技能人才占劳动者比例达到32%,每万人劳动力中高技能人数达到610人。第四,加大人力资源服务企业集聚效应。到2018年,苏州产业园力争实现集聚人力资源服务企业500家以上,产业规模超过500亿元,产业园税收翻一番,拥有专业人才队伍2万人以上。到2020年,实现集聚企业600家以上,国内外100强人力资源服务机构100余家,产业规模力争达到900亿元。

3. 烟台人力资源服务产业园

2013年10月,烟台人力资源服务产业园被批准规划建设。2014年10月投入使用,两个月后,被山东省人力资源与社会保障厅认定为省级人力资源服务产业园区。2016年5月,人社部批复烟台人力资源服务产业园为国家级人力资源服务产业园。

(1)功能定位

烟台立足实际、高点定位、科学谋划,打造了烟台人力资源服务产业园区,并把"立足烟台、服务山东、面向全国、辐射带动山东半岛和环渤海经济区"作为自己的发展目标,坚持突出自身特色,突出"专业、精致"的建设理念,走"精品"路线,力求打造全国有特色的人力资源服务产业聚集区和人力资源综合服务示范区。

(2)规划布局

一是完善产业布局。依托人力资源六大模块(人力资源规划、招聘与配置、培训与开发、薪酬福利、绩效考核、劳动关系),对园区发展、招商进行综合定位,围绕招聘、劳务派遣、人才测评、猎头、福利薪酬、和谐劳动关系等人力资源专业服务,进行针对性的甄选,确定招商企业类型。在园区聚集的 30 多家企业中,世界 500 强、国内 100 强人力资源服务机构占比接近 60%,业务范围涵盖了 6 大模块全业务链条,中高端业务在烟台实现全面布局。二是对外招大引强。走出去与国内外知名人力资源服务机构进行洽谈,吸引和扶持行业领域专业化的企业或经办机构入驻。截止到 2017 年,园区已引进中智集团、北京外企、智联招聘等国内外知名人力资源服务机构 20 余家。三是对内重点扶持。从本地人力资源服务机构中,甄选德衡、正信等 10 余家社会口碑好、发展潜力大、管理规范的人力资源服务企业入驻园区,实现知名度的同步提升。四是形成优胜劣汰退出机制。园区出台了《园区运营管理办法》《入驻企业动态管理机制》,对入驻企业实行动态管理,根据企业市场运营、发展潜力、服务诚信等方面的情况,及时将不讲诚信、损害园区和行业形象的企业清理出园区,实现园区良性循环。

(3)经营管理特色

烟台人力资源服务产业园区采取政府主导和市场运营的方式,对传统的园区管理模式有了进一步的探索,可以针对政策、税收、财政、管理等方面提供更加细致多样的一体化服务。该园区不仅能够提供完善的基础设施建设,而且能够在人才招聘、人才测评、技能培训、失业人员登记、失业保险代理、金融业务等领域提供整体布局。该园区首次打破传统产业园区的界限,创新综合服务平台,能够对园区内日常的工作做到快速反应,联动处置,为园区的人力资源产业的落地、发展、走向成熟提供一系列的服务和跟踪,可以进一步降低企业的生产运营成本。该园区借助互联网科技,提出"互联网+"运营思路,通过及时发布用人单位信息方式,对园区内的企业资源进行整合、数据、利益进行共享,可以有效地解决企业的困境。该园区通过与万宝盛华合作建立学校,对园区内的人力资源服务从业人员进行培训,使员工更加专业化、国际化,同时还组织相关企业负责人到上海、重庆等地参观学习先进人力资源产业园区的组织管理模式,学习先进知识,增进交流合作。作为南北地区人力资源市场的重要通道,烟台人力资源服务产业园区先后与苏州、上海、宁波等园区实现联动、资源共享,实现产业联盟、资源的优化配置,共同发展。另外,和国内的著名的人力资源服务会展商合作,搭建交流平台,形成长效的联系机制。2015 年 9 月 22 日,"中国人力资本论坛"在烟台成功举办,论坛期间,参会嘉宾代表对国际人力资源发展新趋势、新理念进行了详细的介绍和推广,是增进交流合作的绝好平台①。

4.中国重庆人力资源服务产业园

2011 年初,为贯彻《人力资源和社会保障部、重庆市人民政府共同推进重庆统筹城乡人力资源和社会保障事业发展与改革备忘录》文件精神,促进全市人力资源服务业发展,重庆市人民政府决定建设人力资源服务产业园。同年 6 月,市政府正式向人社部发函商请支持建设中国重庆人力资源服务产业园,7 月人力资源和社会保障部复函同意筹建。

(1)建设定位

人力资源和社会保障部在批准筹建重庆产业园时,赋予了其探索完善人力资源服务产业园全国战略布局,实现重庆人力资源服务业跨越式发展,带动中西部人力资源服务业加快发展的重大历史使命。为此,重庆市人力资源服务产业园在规划建设上,确立了"立足重庆、引领西部、辐射全国"的建设定位,坚持高起点、高标准、高要求,全力打造一个在西部地区乃至全国范围内都具有集聚、引领、辐射效应的人力资源服务产业基地和"西部领先、全国一流"的人力社保综合服务示范园区。

(2)规划布局

重庆产业园从促进产业与事业融合发展这一角度进行战略思考,在园区布局了人力资源服务、教育培训及社会化公共服务、信息网络服务、金融结算服务、物业管理及综合配套服务等五大产业板块,形成了以人力资源服务企业为主体,其他配套产业为辅助的园区上下游产业链和综合服务产业集群。产业园目前已引进中国中智、广州红海、北京外企德科等市内外知名人力资源企业共 61 家,其中,60% 为市外企业,40% 为重庆本土企业,招商面积占到产业用房可用总面积的 92%,剩余的 8% 面积将实施精准招商,着力用于打造人力资源服务猎头企业聚集基地,为重庆市"鸿雁计划"作出更大贡献。园区还配套有银行、超市、餐厅、体育场、酒店等综合配套服务,着力为入园企业营造良好、温馨的氛围。

①　梁兴英:《烟台人力资源服务产业园区建设的路径选择》,《环渤海经济瞭望》2015 年第 11 期。

（3）建设特色

重庆产业园在功能设计上的最大特色，就是坚持把发展人力资源服务产业和推进人力社保公共事业有机结合起来，将产业基地、公共服务中心与行政中心进行一体化设计，实现市场服务、公共事务、行政管理三大职能有机衔接，打造一个产业与事业联动融合、相互促进、特色鲜明的多功能园区。为节约用地，提高资金使用效率，重庆市人力资源服务产业园按照"统一规划、统一设计、统一建设"的思路，将机关事业单位办公及业务用房、公共服务基地建设和产业园建设进行统一规划建设。重庆市人力资源服务产业园产业基地与市人社局行政办公楼在同一园区，企业办公室与机关事业单位行政办公室最远距离不到100米，极大地方便了企业承接和办理各项人社力保业务，可以说真正做到了产业与事业的融合互联。

（二）省级代表性人力资源服务产业园

1. 滨海新区人力资源服务产业园

滨海新区人力资源服务产业园区坐落于天津滨海新区中心商务区，以中船重工大厦为核心楼宇。2016年10月27日，随着滨海新区人力资源服务产业园举行首批企业集体签约仪式，共有46家人力资源服务企业落户新区，标志着该园区正式具备启用入驻条件。作为北方第一家人力资源服务产业园，园区将通过技术配套、政策服务等服务产业发展。

（1）目标定位

第一，建设成为国家级人力资源服务产业园（即"一园"），滨海新区人力资源服务产业园目标是通过资源整合，建设中国北方国家级、区域性、综合性人力资源服务产业园。通过引导产业集约化发展，进而实现园区功能集成、产业集聚、资源集约、开发集中的目的，力争带动天津市人力资源服务业加快发展。第二，形成中心城区和滨海新区两个产业核心区域（即"两核"），在滨海新区和条件成熟的中心城区，选择基础较好的区域，建立市级人力资源服务产业聚集示范区，对示范区给予政策扶持，形成具有广泛辐射作用的产业发展核心地带。第三，打造多家与区域经济发展相匹配、各具特色的人力资源服务集聚区（即"多位点"），结合各区县区域发展规划，围绕各类产业园区建设和重点产业发展，整合现有人力资源服务资源，通过功能叠加,发展若干定位明确、分工合理的专业化人力资源服务聚集区。

（2）总体布局

滨海新区人力资源服务产业园总体布局思路可以概括为"1+N"。其中"1"为园区的核心——新区人才大厦,"N"为园区的其他功能模块,包括社会保险、劳动仲裁等多种特色服务,为园区内的企业提供最快捷、一站式服务。为了达成布局目标,滨海新区人力资源服务产业园做了以下措施:第一,打造高端品牌,吸引国内外知名的人力资源机构总部入驻,形成品牌龙头带动效应。第二,政策创新,争取在利用外资、跨国企业引进培育方面取得突破性进展,利用京津冀协同发展的战略优势,加强与北京、河北在高端人力资源服务领域的合作,带动人才服务政策体系的高端化和国际化。第三,打造人才服务最优平台,开展全方位、多层次、高质量的人才服务,打造国际高端人才和人才社团组织的交流平台。

（3）建设特色

园区坐落于天津滨海新区中心商务区,依托中心商务区的金融、跨境贸易、电子商务、"互联网+"等相关产业的快速发展,这些企业急需大量的高端人才,为人力资源服务产业的发展创造巨大的空间。第一,借助国家京津冀协调发展战略优势,加强与北京、河北在人才服务领域的合作,在利用外资、人才培训、劳务派遣等方面形成优势互补。第二,借助环渤海经济带的迅猛发展,打造多方位、多层次、高层次的人才服务平台。通过加强人才交流活动,吸引海内外的高级人才的关注。第三,借鉴国内其他人力资源服务产业园的先进做法,在引进人才奖励、社会就业贡献奖励、高端培训贡献奖励、"就业即落户"政策、中高级人才奖励、实习生鼓励政策、财政扶持、用房补贴、物业费补贴9个方面给予更大力度的扶持。第四,借助沿海地区区位优势,加大吸引国内外知名人力资源服务企业入驻园区的力度,加大政策开放程度,为入驻机构创造优良的发展环境。全力扶持国际化程度高、科技含量领先、服务水平优秀、社会品牌好的人力资源服务企业成长壮大,助力滨海新区经济转型和产业结构升级,促进优秀人才广泛聚集。

2. 宁波人力资源服务产业园

2012 年 9 月,江东区委、区政府与宁波市人力资源和社会保障局合作建成宁波人力资源服务产业园区。宁波人力资源服务产业园作为浙江省人力资源服务业发展的一面旗帜,在整合产业资源、谋划产业布局、跨界融合发展等方面先行先试,致力于打造"人才服务+资本+互联网"三者融合的产业生态体系,取得明显成效。

（1）目标定位

宁波人力资源服务产业园以打造"立足宁波、服务全省、辐射长三角"国家级园区为目标,通过构建多层次业态、提供全方位产品的产业链,致力于将园区建设成为具备集聚产业、孵化企业、培育市场、打造高地、服务人才五大功能和具有全国影响力、与国际接轨的高端人力资源服务产品、项目的开发和供应基地。园区在培育和引入机构时,对内重点挖掘和培养在本土成长起来的人力资源"潜力股",对外着重引进满足宁波市人才发展需要、浙江本土又空白的新业态新产品,不断丰富和完善人力资源服务产品线。同时,加快引入与人力资源服务产业关系密切的投融资、知识产权、法律服务、财务会计等配套机构,促进产业跨界融合发展。目前园区已实现人力资源外包、派遣、培训、招聘、测评、猎头、咨询、互联网平台等全产品线供应,各类人力资源服务产品"一站式采购中心"初步形成,园区正逐步向人才引领发展、创新要素集聚、新兴思维迸发为特征的专业化、信息化、产业化、跨界化、国际化"产业加速器""人力资源服务业+"生态圈发展和转变。

（2）经营管理特色

宁波市人力资源服务产业园通过加大资本引入来帮助人力资源产业发展。园区为了帮助企业转型升级、做大做强,鼓励园区企业创新发展机制,利用资本杠杆加快发展。园区吸引了伯乐遇马天使投资等知名投资机构,规划人力资源产业生态链布局,促进"才富结合",借助资本要素帮助传统人力资源服务企业转型升级。园区产业与资本结合形成了三种模式:一是重金打造布局产业前沿。如园区入驻机构杰艾人力资源管理有限公司充分利用自身资金优势,成立伯乐遇马天使投资机构,发挥企业的最大效能。二是利用资本,实现快速扩张。在资本杠杆的带动下,园区人力资源公司收购各地优质企业,实现企业规模的迅速扩张,如天坤国际利用该模式短短七年时间,已发展成为拥有6大运营中心、百余家分支机构的全国性知名企业。三是利用资本,形成发展合力。园区鼓励企业以资本联合的方式抱团取暖,如园区的杰博等多家公司间相互参股,提升企业业务拓展能力、市场渗透力,增强风险防御能力和企业决策能力。

3.发展趋势

产业园利用互联网,使人力资源服务的发展进入"快车道"。园区大力探索"互联网+"人力资源服务新模式,把互联网思维运用到创新人力资源管理的各个方面,突出抓好三大举措:一是开发"移动端+PC 端"网上产业园,举办微人力资源服务展,打破时空限制,满足企业快速便捷寻找优质人力资源服务的需求;二是创建"人才服务产业+"微信群,链接国内外业界大咖、企业主和 HR 总监,群内开设空中微课堂,人文知识在线分享,提升从业人员素质,开拓其视野,为企业间相互交流学习提供便捷优质的平台;三是运营产业园微信公众号和新浪微博账号,传播推广产业园的有关政策服务及信息新闻。产业园鼓励企业运用 O2O 模式拓展自身业务,如伯乐合投网络众筹平台,成为撮合国内外专业投资人、宁波知名民营企业家和部分高层次人才投资初创项目的有效平台,助力创业企业实现筹钱、筹智、筹资源的发展目标,探索"人才+资本"的天使投资融合之路;杰博人力推出"阿甘兼职"手机 APP,打造大学生兼职平台,通过人力资源碎片化配置来缓解用工荒,促进灵活就业;吉博控股创立麦能网,积极打造"互联网+"教育平台,通过课程录播、在线课堂发展在线教育。一览英才、前程无忧等一批传统线上企业也加大了线下产品的推广力度,"互联网+"人力资源产业服务新模式有力助推了园区产业快速发展。

三、人力资源服务产业园发展中存在的问题及对策

(一)人力资源服务产业园发展中存在的问题

人力资源服务产业园区是产业集群化发展的必然选择,其发展过程同样遵循人力资源服务业和产业集群的发展规律。我国经济技术开发区、工业集聚区在发展过程中就已经出现竞争白热化、招商同质化等问题。因此,我国人力资源服务产业园区建设和发展存在着以下四个主要问题。

1.园区建设与地方经济发展不协调

由于各地的经济发展水平、人口结构、土地资源、工业结构等不同,因此不同产业园区需要服务的对象、群体也不同,但是有些地方政府领导为了追

求政绩,盲目模仿成熟产业园区模式,没有考虑到当地的各种资源情况,盲目"上马"产业园区项目,造成部分园区虽然硬件完备,却没有企业入驻的现象。

2. 布局规划缺乏长期性

人力资源服务产业园发展的目的是通过规模化、集约化,进而降低生产、运营、管理、交易成本,最终提高企业办事效率。但是国内人力资源产业园区建设通常是由当地政府主导,通过立项、财政拨款等分期进行,所以会出现前期规划时间长而不能很好地考虑长期的发展形势,最终导致后面出现规划变更的问题,造成园区重复建设,资源浪费,影响效率。

3. 运营管理负担过重

经济体制改革的核心问题是处理好政府和市场的关系,必须更加尊重市场规律,更好发挥政府作用。从国内各类产业园区运营管理模式看,目前绝大部分还是政府投资为主导的模式。政府部门作为园区建设的项目法人,从园区的规划、建设到投入运营管理基本上大包大揽,作为投资方虽然协调效率比较高,但是也同时面临着负担过重的问题,导致经营管理效率整体不高。另外,地方政府往往缺乏配套的专项资金,产业园的持续性发展也会受到影响。

4. 产业链发展不完善

当前人力资源服务产业园区建设更多的是强调服务机构的引进,尤其是对知名机构、国企、外资企业总部或分部的引进。虽然国内各园区对拓展人力资源服务产业链意识日益提高,但从各地实践看,部分产业园产业链的建设和园区功能定位不匹配,园区内企业提供的服务大多集中在中低端市场,高端服务业务则相对薄弱。

（二）人力资源服务产业园发展问题的改进对策

1. 促进园区建设与经济协调发展

人力资源服务业作为现代服务业的组成部分,其不仅能够服务于经济社会的发展,还要能显著地起到引领社会发展的作用。地方政府在发展人力资源服务产业园时,不能只从产业自身的角度出发制定发展政策,应该考虑经济发展状况,将其发展融合于整个经济社会发展的大环境中,防止"大跃进"式的园区推进造成的资源浪费,防止产业园区"空心化"现象的发生。每个地区的经济发展水平不同,产业园区的发展模式亦不完全相同,应该做到因地制宜,循序渐进,健康发展。

2. 优化产业园规划布局

园区规划布局要有前瞻性、指导性、权威性,在作出科学规划布局前,要对当地的人才结构、产业结构、企业规模、类型、服务对象进行充分的调研和论证。园区规划布局要始终遵循需求导向的集聚规律,在空间集聚上优先考虑消费者的地理分布,综合考虑园区内的产业布局、功能分区、服务配套和环境保障等因素,保证与其他各类规划衔接;始终围绕人力资源服务需求来布点,保证区域整体发展协调。

3. 实现园区运营管理体制多元化

人力资源服务产业园区应该积极对运营管理体制进行创新,构建政府主导,企业化运作,混合制经营,属地管理和委托运营管理多元发展的运营管理体制[①]。行政管理职能由政府主导,服务和运营管理交给市场,允许企业投资、社会资本参与园区的开发、建设,园区的经营管理交给专业的综合开发运营商负责,最终政府、企业、社会资本三者共享园区发展收益,共担园区投资风险,促进产业园区高速发展。

4. 完善人力资源服务产业链

未来人力资源服务机构的竞争力取决于产业链是否完备。这就要求政府整合上、中、下游配套的产业链,主动引进或者培育一批具有专业潜能的人力资源服务公司,并给予一定的政策支持,打造符合园区发展定位的产业链;并通过培训和教育,提高园区内从业人员的管理能力和业务技能来应对行业出现的新问题。

(三) 人力资源服务产业园的发展趋势

人力资源服务产业园区作为产业集群化发展的载体和平台,对于推进产业整体发展具有重要的战略意义。经过前些年的发展,我国人力资源服

---

① 孙建立:《中国人力资源服务业发展报告(2017)》,中国人事出版社 2017 年版,第108 页。

务产业园建设形成了较好的基础,未来将继续以聚集人才、集聚企业、培育市场、品牌塑造为主线,从市场经济运行和产业集聚的基本规律出发,坚持政府主导、企业主体、市场运作的原则,以科学合理的规划布局为先导,来推进人力资源服务产业园区建设。

　　未来,人力资源服务产业园应该有以下四种发展趋势:第一,产业园发展的国际化。随着世界经济贸易交流越来越紧密,必然会加快国家与国家之间的人才流动,人才流动将会大大促进人力资源服务机构的发展,进而推动人力资源服务产业园发展的国际化。第二,产业园发展的多元化。随着企业发展全球化,企业在购买人力资源服务时将会附带财务、法务、管理咨询、心理咨询、专利代理、保险代理、技能鉴定、高级人才猎聘、人才测评等多种新兴高端服务,然而目前一些服务机构不能很好地与其需求相匹配。因此,未来产业园服务内容将会更加多元,产业链将会更加丰富。第三,产业园发展的信息化。未来人力资源服务产业园将会以"互联网+"、大数据、云计算等现代化技术和互联网技术为手段,汇集多方面的优势资源,搭建面向园区企业的高水平的信息化服务平台,进一步增强政府、园区、企业三者之间的联系,提升园区的综合竞争力。第四,产业园服务内容的高端化。随着园区与园区间竞争的加剧,扩展人力资源服务产业链的内容,加强上、中、下游产业链的建设将是各地园区争夺人力资源服务机构的重中之重。

第四章　人力资源服务行业十大事件

【内容摘要】

2016—2017 年,中国人力资源服务业整体持续快速发展,在诸多领域实现了重要的跨越。本章主体上延续以往蓝皮书相关章节的设置方式,在内容呈现方式上有所更新,继续记载中国人力资源服务业的发展历程,旨在让读者了解中国人力资源服务业在政策、学术和行业三方面过去一年来取得的关键性进展。

此次十大事件的评选,主要采取线上评选的方式,经历备选事件征集、网络公开评选和线下专家评审三大主要环节,旨在评选出具有先进性、开拓性、推动性、典型性和影响性的重大事件。此次评选出的十大事件中,政策事件 6 件:《人力资源服务机构能力指数》国家标准正式发布,人社部印发《人力资源和社会保障事业发展"十三五"规划纲要》,《"十三五"促进就业规划》发布,国家首个跨区域人才规划《京津冀人才一体化发展规划(2017—2030 年)》发布,人社部印发《"互联网+人社"2020 行动计划》,人社部推出人社信用评价体系;学术事件 2 件:《中国人力资源服务业蓝皮书2016》发布暨行业发展高端论坛举行,中国人力资源服务业博士后学术交流会召开;行业事件 2 件,分别是:科锐国际在深交所创业板上市交易,成国内首家登陆 A 股的人力资源服务企业,2016 中国人力资源服务战略发展大会召开。

《中国人力资源服务业蓝皮书 2017》评选出的大事件,或完善了中国人力资源服务业的法律制度环境和政策平台,或利于中国人力资源服务业的国际化发展,或描绘了中国人力资源服务业的蓝图与愿景,总而言之,都对人力资源服务业的快速发展起到了推动和促进作用。

2016—2017年人力资源服务业发展大事件评选记录了人力资源服务业的跨越式发展进程。人力资源服务业发展大事件的评选旨在展现中国人力资源服务业发展历程的历史延续性,让世人了解中国人力资源服务业在产、学、研三方面这一年来取得的突破性进展与重要成绩,大事件评选过程本身也能够提高全社会对人力资源服务业这一日益重要的服务行业类型的关注和重视。为此,我们首先介绍了大事件评选的指导思想、评选目的与意义以及评选的原则与标准,介绍了评选的流程,接下来则是重点,即年度大事件评述,分为政策事件、学术事件和行业事件三部分。

Chapter 4　The Top Ten Events of HR Service Industry

【Abstract】

From 2016 to 2017, the HR service industry in China has once again enjoyed rapid development with milestone achievements. Similar to the relevant sections in the previous Blue Papers, this chapter continues to record the development process of China's HR service industry, shedding light on the breakthroughs and accomplishments China's HR service industry has achieved in policy guidance, academic research and industry development over the past year.

This year, the approach of online selection is adopted in the poll for the Top Ten Events. The poll is divided into 3 phases, namely event collection, pubic voting and expert evaluation, with the aim to choosing events of advanced, pioneering, encouraging and influential nature. The Top Ten Events of this year are: Among the Top Ten Events selected, there are six policy events as following: 1) Capacity index of human resources service as national standard was formally released. 2) The "13th five-year plan" for the development of human resources and social security was released by Ministry of human resources and social security. 3) The "13th five-year plan" for promoting employment planning was released. 4) First cross-regional talent planning in the country, the development planning of integration of talents in Beijing-Tianjin-Hebei region was released.5) Action plan 2020 of the "internet plus people's society" was released by Ministry of human resources and social security. 6) Credit evaluation system was promoted by Ministry of human resources and social security. There are two academic events as following:7) The blue book of China human resources service industry in 2016 was released and the High-level forum was held.8) The post-doctorate academic exchange in China human resources service industry was held. There are two academic events as following: 9) Career international was listed in Shenzhen stock exchange, becoming the first A-share company in China human resources service industry.10) Strategic development conference of China human resources service industry in 2016 was held.

The Top Ten Events listed in the Blue Paper on Human Resources Service Industry in China 2017 has either improved the legal environment and policy platforms of China's HR service industry, or has been conducive to the internationalization of China's HR service industry, or has depicted the blueprint and vision of China's HR service industry. All of these have been instrumental in the rapid development and promotion of China's HR service industry.

The poll for the Top Ten Events of the Development of the HR Service Industry 2016–2017 records the significant events in the leapfrog growth of the HR service industry. The poll for the Top Ten Events of the Development of the HR Service Industry is designed to reveal the development process of China's HR service industry, shedding light on the breakthroughs and accomplishments China's HR service industry has achieved in production, scholarship and research over the past year. The poll itself can also enhance public attention and support for the development of the HR service industry. With this in mind, we start with an introduction of the guiding ideology, purpose and significance of the poll along with its principles, standards and procedure. This is followed by our comments on the pool, which are divided into three groups, i.e., industrial policy events, academic events and industrial events.

一、行业大事件评选概述

为记录中国人力资源服务业的发展进程,我们对发生在 2016 年 7 月至 2017 年 6 月期间的、与人力资源服务业相关的事件进行了筛选与评述。为了使对中国人力资源服务业发展进程的记载具有前后延续性,此次大事件的筛选,仍然延续了往年《人力资源服务业蓝皮书》中大事件选拔的指导思想、选拔的目的和意义、评选原则与标准。同时,此次评选保留了网络评选环节,将搜集到的人力资源行业大事件制作成电子问卷,下发给相关机构邀请其评选,同时公布在北京大学人力资源开发与管理研究中心网站及调查网站进行评选,最终确定行业十大事件。

(一) 指导思想

全面贯彻落实党的十八大和十八届六中全会精神,以邓小平理论、“三个代表”重要思想、科学发展观为指导,深入学习领会习近平总书记系列重要讲话精神和治国理政的新理念、新思想、新战略,按照党中央、国务院关于实施人才强国战略、就业优先战略和大力发展服务业的决策部署,紧紧围绕转变经济发展方式、实现产业结构优化升级对人力资源开发配置的需要,紧紧围绕民生为本、人才优先的工作主线,以最大限度地发挥市场在资源配置中的决定性作用为基础,坚持把人力资源服务业作为我国人力资源发展的突破口,把提高人力资源服务供给能力和促进人力资源服务业规范发展作为主要任务,不断完善服务体系,激发市场活力,营造良好发展环境,进一步引导人力资源服务机构依法经营、诚实守信、健全管理、提高素质,为人力资源的充分开发利用创造条件、提供支持,为更好实施人才强国战略和扩大就业的发展战略服务。

(二) 评选目的与意义

人力资源服务业是现代服务业的重要组成部分,同时也是现代服务业的新兴领域。人力资源服务业是伴随着人力资源市场化配置发展起来的一个新兴产业,对于促进人力资源有效开发与优化配置具有十分重要的意义。

目前,我国人力资源服务业正处在快速发展中的变革时期。"十二五"以来,党和国家高度重视人力资源特别是人力资源服务业,在国务院《国家中长期人才发展规划纲要(2010—2020 年)》和《关于加快发展服务业的若干意见》等文件中,对发展人力资源服务业提出了明确要求,以科学发展观为统领,深入贯彻落实党中央、国务院的决策部署,按照服务业发展的总体规划要求,大力推动人力资源服务业向专业化、信息化、产业化、国际化方向发展,更好地满足经济社会发展对人力资源服务的需求。

经过几年的努力,我国的人力资源服务业发展取得了一定成绩,但与发达国家相比,还有着一段差距。随着外资的大举进入、本土企业的不断加入,人力资源服务市场格局不断演变。当前,这个新兴产业蓬勃发展,行业规模大幅提升,使得人力资源服务业越来越受瞩目。

因此,《中国人力资源服务业蓝皮书 2017》编委会特组织开展了2016—2017 年促进人力资源服务业发展的十大事件评选活动(以下简称"十大事件")。通过开展这次评选活动,以期能够提高全社会对该产业发展的关注,让更多的人了解、关注和加入到这个领域中来,以进一步促进我国人力资源服务业持续快速发展。

(三) 评选原则与标准

本次十大事件评选工作在人力资源服务业蓝皮书编委会的领导和评定下,遵循"严格筛选、科学公正、公平合理、公开透明"的评选原则。整个评选活动严格按照评选流程进行操作。推选的时间范围为 2016 年 7 月—2017 年 6 月发生的促进人力资源服务业发展的重要事件。对事件进行评选的标准主要包括以下五个方面。

1. 先进性,该事件是否能够带动人力资源服务业朝向国际先进水平发展;

2. 开拓性,该事件在人力资源服务业发展中是否具有里程碑意义;

3. 推动性,该事件对人力资源服务业的发展能否产生显著的推动力;

4. 典型性,该事件是否具有行业高度相关性并在人力资源服务业发展中起到表率作用:

5. 影响性,该事件是否具有广泛的社会影响力或体现社会责任感。

（四）评选方式与程序

本次活动的评选方式主要是在事件遴选的基础上，进行线上评选。参与此次线上网络投票评选的单位有：北京大学人力资源开发与管理研究中心，人力资源与社会保障部市场司，北京人力资源服务行业协会，北京外企人力资源服务有限公司、广西锦绣前程人力资源有限公司、诚通人力资源有限公司等人力资源服务业企业。网络评选将所有参评事件按照得票率高低依次排序。网络评选结束后，又进行了线上专家评审。专家委员会按照评选标准并结合网络评选的结果，评选出具有先进性和代表性的促进行业发展的十大事件，这些事件对于促进 2017 年度中国人力资源服务业的发展有着重要的意义。

本次评选活动可分为三个阶段：

1. 事件搜集与初选阶段

在事件搜集与初选阶段，主要通过专家推荐、网络（包括网络搜索引擎、主流媒体、相关机构和部门门户网站、中国学术期刊网、主流渠道文件）、期刊、报纸、电视新闻等信息渠道，搜集在 2016 年 7 月—2017 年 6 月发生的、与人力资源服务业有关的活动事件，按照上述原则和标准，进行了初步的筛选，并且请相关领域的专家学者和从业人员进行了补充，得到初选阶段的事件列表。然后将这些行业事件按照时间先后进行梳理分析与综合，得到了 40 个大事件（如表 2-4-1 所示），并且将上述评选标准细化成评选指标，做好评定阶段之前的所有准备工作。

表 2-4-1　初步筛选后的人力资源服务业 40 个大事件

政策事件	
1	国家首个跨区域人才规划《京津冀人才一体化发展规划（2017—2030 年）》发布
2	全国人力资源市场建设工作座谈会在河南郑州召开
3	人社部印发《"互联网+人社"2020 行动计划》
4	人社部印发《人力资源和社会保障事业发展"十三五"规划纲要》
5	《人力资源服务机构能力指数》国家标准正式发布
6	《"十三五"促进就业规划》发布
7	国务院办公厅印发《关于加快发展商业养老保险的若干意见》

续表

	政策事件
8	国务院办公厅印发《关于进一步深化基本医疗保险支付方式改革的指导意见》
9	国务院常务会议决定设立国家职业资格目录,降低就业创业门槛提升职业水平
10	人社部修订《劳动人事争议仲裁办案规则》和《劳动人事争议仲裁组织规则》
11	国务院办公厅印发《关于支持社会力量提供多层次多样化医疗服务的意见》
12	国务院印发《关于做好当前和今后一段时期就业创业工作的意见》
13	京津冀签署外籍人才流动资质互认合作协议
14	人社部推出人社信用评价体系
15	人社部推动"放管服"改革治理"挂证"乱象
16	《关于深化职称制度改革的意见》印发
17	国务院办公厅印发《关于全面放开养老服务市场提升养老服务质量的若干意见》
18	人社部、教育部实施高校毕业生就业创业促进计划
19	人社部、财政部印发职业年金基金管理暂行办法
	学术事件
20	人社部发布《2016年人力资源市场统计报告》
21	《中国人力资源服务业蓝皮书2016》发布暨行业发展高端论坛举行
22	中国人力资源服务业博士后学术交流会召开
23	第十四届中国薪酬管理研讨会召开
	行业事件
24	中国成都人力资源服务产业园高新园区(国家级)开园
25	国务院多部门联合举行东北等困难地区人力资源服务企业联合招聘行动
26	蚂蚁金服牵手北京外服、德科集团合资成立"人力窝"
27	东盟+中日韩"一带一路"就业服务国际研讨会在南宁召开
28	2016中国人力资源服务战略发展大会召开
29	HRoot发布《2017全球人力资源服务机构100强榜单与白皮书》
30	科锐国际在深交所创业板上市交易,成国内首家登陆A股的人力资源服务企业
31	首届全国人社信息化创新应用展举办
32	2017年人本中国论坛召开　创新培养"将才、帅才、专才"
33	2017(第六届)中国人力资源服务业大会暨培训发展论坛在天津举行
34	微软262亿美元收购领英　系全球最大职业社交网站

续表

	行业事件
35	2016 中国(浙江)人力资源服务博览会在杭州举行
36	2017 第二届中国·成都人力资源技术与服务大会在成都举行
37	"2016—2017 大中华区最佳人力资源服务机构评选"颁奖典礼举办
38	"2016 年全国人力资源市场高校毕业生就业服务周"举行
39	2016 中国人力资本论坛在上海、烟台举行
40	中国最大人力资源在线市场"何马网"落户深圳

2. 网络评选阶段

在网络评选阶段,首先将电子问卷录入"问卷星"系统,在确定参评名单后,在规定的时间内,通过邮件和电话的形式联系各个单位和个人参与评审。网络评审形式为,参与调查者通过链接或二维码进入网络问卷界面,在前期初步筛选的 2016—2017 年度人力资源服务业 40 个大事件中选择其认为最重要的 10 个事件。

3. 研究评定阶段

编委会召开研究评定会议。专家评审小组根据网络公开评审阶段所有的参与者对于行业事件的投票情况,并考虑政策事件、学术事件、行业事件的数额分配比例,初步选出中国人力资源服务业 2016—2017 年度十大事件,其中政策事件 6 件,学术事件 2 件,行业事件 2 件。

表 2-4-2　中国人力资源服务业 2016—2017 年度十大事件

事件类型	事件名称	入选理由	影响力指数
政策事件	《人力资源服务机构能力指数》国家标准正式发布	该国家标准的制定有利于人力资源服务机构实现服务的标准化、规范化、科学化	★★★★★
	人社部印发《人力资源和社会保障事业发展"十三五"规划纲要》	这是指导"十三五"期间人力资源市场和人力资源服务业发展的纲领性文件,具有战略指导意义	★★★★☆
	《"十三五"促进就业规划》发布	该规划对人力资源市场供求匹配能力提出新要求,有利于促进人力资源服务行业服务质量升级	★★★★

事件类型	事件名称	入选理由	影响力指数
政策事件	国家首个跨区域人才规划《京津冀人才一体化发展规划（2017－2030年）》发布	作为国内首个跨区域人才规划，其对于区域内人力资源服务机构的整合和区域人才资源市场统一规范的形成	★★★☆
	人社部印发《"互联网+人社"2020行动计划》	该计划对于人力资源服务行业在移动互联时代的服务模式转型升级具有重要借鉴意义	★★★☆
	人社部推出人社信用评价体系	该体系是出台有助于人力资源服务机构提升服务数据化、精准化水平	★★★
学术事件	《中国人力资源服务业蓝皮书2016》发布暨行业发展高端论坛举行	"中国人力资源服务业白皮书与蓝皮书"系列十周年之作，针对人力资源服务业的现状与发展态势展开分析和预测的学术性研究成果	★★★★☆
	中国人力资源服务业博士后学术交流会召开	国内首次专门针对人力资源服务业领域的高层次学术交流会议	★★★
行业事件	科锐国际在深交所创业板上市交易，成国内首家登陆A股的人力资源服务企业	作为国内首只上市A股的猎头概念股，其在创业板的表现对于国内其他大型人力资源服务业具有借鉴意义	★★★★
	2016中国人力资源服务战略发展大会召开	由政府、互联网领域、人力资源领域资深专家出席的人力资源服务领域年度总结性会议	★★★☆

二、十大事件述评

1.《人力资源服务机构能力指数》国家标准正式发布

事件提要：

国家质检总局、国家标准委于2017年5月31日发布2017年第十三号《中国国家标准公告》，批准发布推荐性国家标准《人力资源服务机构能力指数》，并将于2017年12月1日正式实施。该标准对服务机构的从业人员、业务范围、设施设备等要素进行了规范，对各要素设定了相应的量化指标,明确了人力资源服务机构能力指数划分与代号、能力指数基本要求和基本条件。

事件点评:

国家质检总局、国家标准委本次发布的《人力资源服务机构能力指数》国家标准为推荐性国家标准,是由全国人力资源服务标准化技术委员会归口,于 2017 年 12 月 1 日正式实施。近年来,我国人力资源服务业发展迅速,初步形成了多元化、多层次的服务体系。截至 2016 年底,全国共设立各类人力资源服务机构 2.67 万家,从业人员 55.3 万人,全行业营业总收入 11850 亿元,有力地推动了人力资源的优化配置。同时也要看到,我国人力资源服务业总体上仍处于起步探索的初级阶段,行业整体规模与战略地位不相匹配;行业整体实力较为薄弱,国际竞争力不强,缺乏有国际竞争力的自主品牌;颁布实施人力资源服务规范较多,人力资源服务机构相关国家标准较少,行业标准化建设发展不够平衡。

本标准的颁布实施,有利于形成各级人力资源服务机构统一的能力指数,推动人力资源服务机构实现服务的标准化、规范化、科学化,提升服务质量、服务水平和服务效率;对规范人力资源服务机构及从业人员行为,加强窗口服务建设,促进行业自律与和谐有序发展有着重要作用;有利于推动人力资源服务领域规模化发展,增强国际竞争力,更好推动人才强国战略和就业优先战略的实施。

本标准具有科学性、合理性及可操作性,实行基本要求与条件和评价要素量化打分制相结合的原则,明确了人力资源服务机构能力指数划分与代号、能力指数基本要求和基本条件,适用于人力资源服务机构的能力指数评价。本标准对服务机构的从业人员、业务范围、设施设备、服务环境、规章制度等要素进行了规范,对各要素设定了相应的量化指标。一是服务机构能力指数划分与代号,设定了服务机构的 5 个能力指数以及相对应的代号和评价指标体系。二是服务机构能力指数基本要求,从服务场地、服务环境、从业人员、规章制度、服务项目和要求、服务评价与改进等方面作了具体规范。三是服务机构能力指数基本条件,从基本要求、注册资本、从业人员、设施设备、服务环境和规章制度等六个方面对服务机构的能力水平所应具备的基本条件进行了规范①。

重要启示：

本次《人力资源服务机构能力指数》国家标准的制定，对于人力资源服务业的发展具有里程碑式的意义。标准是各行各业加强管理，建立现代企业制度的重要技术依托，对于作为现代服务业重要组成部分的人力资源服务业更是如此。在经过近几年行业的快速发展后，该标准的颁布与实施，将会使得人力资源服务机构的服务趋向标准化、规范化、科学化，推动服务质量、服务水平和服务效率逐步提升。在服务质量的层面上，无论对于何种业态的人力资源服务，服务的质量本身依然是机构运转的生命所在，而国家标准正是保证各类服务质量的前提。在机构的内部管理层面上，该标准是工作程序系统化、分清角色和作用的实际方法，也是科学管理和现代化管理的基础。在国家宏观调控层面，该指标的颁布不仅便于政府机构对于行业主体的规范化管理，还有利于公开、公正、公平的市场竞争环境的构建，对于人力资源服务业未来的发展有重要的战略意义。

2.人社部印发《人力资源和社会保障事业发展"十三五"规划纲要》

事件提要：

2016 年 7 月 14 日，人社部印发《人力资源和社会保障事业发展"十三五"规划纲要》。规划纲要分为 9 章 39 节，系统阐述了"十三五"人力资源和社会保障事业发展的 5 条基本原则、7 大发展目标、15 项主要指标、若干重大政策和工程项目，以及就业、社会保障、人才队伍建设、人事制度改革、工资收入分配、劳动关系、公共服务等方面的重点任务和重大举措。

事件点评：

人力资源和社会保障部 7 月 14 日公布了《人力资源和社会保障事业发展"十三五"规划纲要》。

规划纲要分为 9 章 39 节，阐述了"十三五"人力资源和社会保障事业发展的 5 条基本原则、7 大发展目标、15 项主要指标、若干重大政策和工程项目。

---

① 《〈人力资源服务机构能力指数〉国家标准正式发布》，http://www.gov.cn/xinwen/ 2017-06/07/content_5200566.htm。

首先，要实施就业优先战略和更加积极的就业政策，促进经济发展与扩大就业的良性互动，实现城镇新增就业 5000 万人以上，登记失业率控制在5% 以内；继续把高校毕业生就业摆在就业工作的首位，做好化解过剩产能中职工安置工作，统筹做好各类重点群体就业。

其次，要实施全民参保计划，基本养老保险参保率要达到 90%，基本医疗保险参保率稳定在 95% 以上，基本实现法定人员全覆盖；完善社会保障制度体系，实现职工基础养老金全国统筹，制定出台渐进式延迟退休年龄政策，整合城乡居民基本医疗保险制度，推进基本医保异地就医结算，合并实施生育保险和基本医疗保险，全面实施工伤保险省级统筹，完善社会保险转移接续政策；建立待遇合理调整机制；适当降低社会保险费率；拓宽社会保险基金投资渠道，确保基金安全可持续运行。

此外，要加强专业技术人才队伍和技能人才队伍建设，专业技术人才总量要达到 7500 万人，高、中、初级专业技术人才比例达到 10∶40∶50，高技能人才总量达到 5500 万人。

规划纲要强调，要完善公务员制度，深化分类改革，健全考试录用制度，完善奖励机制，健全培训制度，着力打造一支信念坚定、为民服务、勤政务实、敢于担当、清正廉洁的公务员队伍；深化事业单位人事制度改革，建立健全事业单位人事管理政策法规体系；推进中国特色退役军官安置制度建设。

同时，要深化工资制度改革，完善企业、机关事业单位工资决定和正常调整机制，加强和改进政府对工资收入分配的宏观调控，正确处理公平和效率的关系，规范工资收入分配秩序，缩小工资收入分配差距①。

本次《人力资源和社会保障事业发展"十三五"规划纲要》仍然将人力资源服务业的发展放在了重要的位置，在第二章第五节专门提出要"完善人力资源市场机制"，具体而言，在"十三五"期间将"充分发挥市场在人力资源配置中的决定性作用。健全人力资源市场法律法规体系，完善人力资源市场管理制度，规范人力资源市场秩序。建设统一规范的人力资源市场，打破城乡、地区、行业分割和身份、性别歧视，维护劳动者平等就业权利。增

---

① 《人力资源和社会保障事业发展"十三五"规划纲要印发》，http://www.gov.cn/xinwen/2016－07/14/content_5091368.htm。

强劳动力市场灵活性,促进劳动力在地区、行业、企业之间自由流动。规范招人用人制度,尊重劳动者和用人单位市场主体地位,消除影响平等就业的制度障碍和就业歧视。规范就业中介服务。加快全国人力资源市场供求信息监测和发布制度建设。推进人力资源市场诚信体系和标准化建设。大力发展人力资源服务业,推进人力资源服务产业园建设。加强人力资源服务业从业人员职业培训,实施人力资源服务业领军人才培养计划"。

重要启示:

《人力资源和社会保障事业发展"十三五"规划纲要》作为"十三五"期间人社领域最重要的纲领性文件,对于包括人力资源服务业在内的人社各主要模块均有重要的影响。从"十二五"开始,国家接连出台关于人力资源服务行业发展的重要文件,加强人力资源市场发展的顶层设计,这也直接促进了"十二五"期间人力资源服务业的快速发展。本次《人力资源和社会保障事业发展"十三五"规划纲要》中指出了"十三五"期间继续完善人力资源市场机制的重要意义,重点强调了完善人力资源市场管理制度、建设统一规范的人力资源市场、促进劳动力自由流动、建设全国人力资源市场供求信息监测和发布制度、建设人力资源服务产业园、加强人力资源服务业从业人员职业培训等方面内容,其核心正是充分发挥市场在人力资源配置中的决定性作用。对于人力资源服务业的各市场主体,"十三五"将是人力资源市场进一步完善并走向成熟化的关键时期,国家也会逐步完善在这一市场的法律法规体系,如何在快速扩张发展期后提升服务质量、优化盈利模式、共同参与构建行业准则与规范将是未来一段时期各人力资源服务机构面临的重要课题。

3.《"十三五"促进就业规划》发布

事件提要:

2017 年 1 月 26 日,经李克强总理签批,国务院印发《"十三五"促进就业规划》(以下简称《规划》)。《规划》提出,"十三五"时期城镇新增就业5000 万人以上,全国城镇登记失业率控制在 5% 以内。在经济下行、结构调整深入推进的双重压力下,"十三五"期间,中央继续将就业目标加码。《规划》的发布显示了国家对民生的重视和国家通过增强经济发展创造就业岗位能力的自信。

事件点评：

《规划》作为指导全国促进就业工作而制定的文件,明确了"十三五"时期促进就业的指导思想、基本原则、主要目标、重点任务和保障措施,对全国促进就业工作进行全面部署。

《规划》指出,就业是最大的民生,也是经济发展最基本的支撑。坚持实施就业优先战略,全面提升劳动者就业创业能力,实现比较充分和高质量的就业,是培育经济发展新动能、推动经济转型升级的内在要求,对发挥人的创造能力、促进群众增收和保障基本生活、适应人们对自身价值的追求具有十分重要的意义。

《规划》提出,要实施就业优先战略和人才优先发展战略,把实施积极的就业政策摆在更加突出的位置,贯彻劳动者自主就业、市场调节就业、政府促进就业和鼓励创业的方针,不断提升劳动者素质,实现比较充分和更高质量的就业,为全面建成小康社会提供强大支撑。坚持总量与结构并重、供需两端发力、就业政策与宏观政策协调、统筹发挥市场与政府作用、普惠性与差别化相结合的基本原则。到 2020 年,实现就业规模稳步扩大,就业质量进一步提升,城镇新增就业共计 5000 万人以上,全国城镇登记失业率控制在 5% 以内;创业环境显著改善,带动就业能力持续增强;人力资源结构不断优化,劳动者就业创业能力明显提高。

《规划》提出五个方面的重点任务。一是增强经济发展创造就业岗位能力。积极培育新的就业增长点,着力缓解困难地区困难行业就业压力。二是提升创业带动就业能力。畅通创业创富通道,扩大创业带动就业效应。三是加强重点群体就业保障能力。切实做好高校毕业生就业工作,促进农村劳动力转移就业,统筹好困难群体、特定群体就业及过剩产能职工安置工作。四是提高人力资源市场供求匹配能力。规范人力资源市场秩序,提升人力资源市场供求匹配效率。五是强化劳动者素质提升能力。提升人才培养质量,提高劳动者职业技能,培养良好职业素养。《规划》还确定了支持发展共享经济下的新型就业模式、城乡居民增收行动、重点地区促进就业专项行动、创业创新人才引进计划、结合新型城镇化开展支持农民工等人员返乡创业试点、创业培训计划、重点人群就业促进计划、人力资源服务业发展推进计划、新型职业农民培育工程等 9 个专项任务。

《规划》强调,要不断强化各类政策协同机制,优化社会资本带动机制,完善就业创业服务机制,健全劳动关系协调机制,构建就业形势综合监测机制,形成更有力的保障支撑体系。加强部门协调,明确职责分工;加强上下联动,压实各方责任;加强督促检查,抓好规划评估;确保规划重点任务、主要措施、工程建设落到实处①。

重要启示:

目前我国发展正处于重要的战略机遇期,新一轮科技革命和产业变革蓄势待发,新兴产业、新兴业态吸纳就业能力不断增强,"大众创业、万众创新"催生更多新的就业增长点。但与此相伴的是,经济发展新常态和供给侧结构性改革对促进就业提出了新的要求,劳动者素质结构与经济社会发展需求不相适应、结构性就业矛盾突出等问题凸显。《规划》正是为了解决这些就业问题而提出的纲领性文件。对于人力资源服务业,《规划》重点提出了要在"十三五"期间提高人力资源市场供求匹配能力,即"坚持发挥市场在人力资源配置中的决定性作用,加快建立统一开放、竞争有序的人力资源市场体系,提高公共就业服务能力,培育壮大人力资源服务产业,切实提升人力资源市场供求匹配效率"。这意味着在"十三五"期间人力资源服务业将作为实现人力资源市场供求匹配的重要抓手,人力资源的市场配置潜力将得到进一步释放,尤其是以招聘服务、劳务派遣、人力资源外包、人才培训等为主营业务的各类人力资源服务市场机构都将迎来一次重要的发展机遇期。在可预见的未来一段时期内,人力资源服务业将会在传统产业就业人口分流、新兴产业职业技术培训、创业从业者社会保障、重点地区专项就业促进等方面发挥更加重要的作用。

4. 国家首个跨区域人才规划《京津冀人才一体化发展规划(2017—2030 年)》发布

事件提要:

2017 年 7 月,京津冀三地人才工作领导小组联合发布了《京津冀人才一体化发展规划(2017—2030 年)》(以下简称《规划》)。这一京津冀人才

---

① 国务院印发《"十三五"促进就业规划》,http://news.xinhuanet.com/2017-02/06/c_1120419678.htm。

一体化工作又取得新成果,是我国首个跨区域的人才规划,也是首个服务于国家重大战略的人才专项规划。

事件点评:

作为首份全面推进京津冀人力资源对接合作的重要文件,《规划》深入贯彻习近平总书记系列重要讲话精神和治国理政新理念、新思想、新战略,遵循社会主义市场经济规律和人才成长规律,贯彻落实创新、协调、绿色、开放、共享的发展理念,按照服务协同发展、加强对接互补、实现联动融合、推进链接共享、坚持重点突破的基本原则,明确了以支撑京津冀协同发展战略实施为出发点,以人才一体化发展体制机制改革及政策联合创新为主线,以京津冀人才一体化发展重大任务、重点工程为抓手,大力推进人才一体化发展,打造京津冀协同发展新引擎的总体思路。

《规划》提出京津冀人才一体化发展的远期目标是:到 2030 年,三地区域人才结构更加合理,人才资源市场统一规范,公共服务高效均衡,人才一体化发展模式成熟定型,人才国际竞争力大幅提升,基本建成"世界高端人才聚集区"。

人才一体化布局适配京津冀协同发展空间布局。《规划》根据中央《京津冀协同发展规划纲要》和《关于深化人才发展体制机制改革的意见》精神制定,与《京津冀协同发展规划纲要》明确的"一核、双城、三轴、四区、多节点"空间格局相呼应,提出"一体、三极、六区、多城"的总体布局。"一体"即打造区域人才一体化发展共同体。"三极"即围绕全国科技创新中心建设,把北京打造成创新型人才聚集中心,形成京津冀原始创新人才发展极;围绕全国先进制造研发基地建设,把天津打造成产业创新人才聚集中心,形成京津冀高端制造人才发展极;围绕河北省转型发展需要,发挥雄安新区创新发展示范作用和石家庄承接转化带动作用,形成京津冀创新转化人才发展极。"六区"即以东部滨海发展区为载体,建设产业人才发展示范区;以西北部生态涵养区为载体,建设生态环保人才发展示范区;以中部核心功能区为载体,建设临空经济高端人才发展示范区;以雄安新区为载体,建设高端创新创业人才发展示范区;以南部功能拓展区为载体,建设科技成果转移转化人才发展示范区;以"通武廊"(通州、武清、廊坊)毗邻区域为载体,建设京津冀人才一体化发展综合示范区。"多城",即以京津"双城"人才联动带动石家庄、唐山等区域性中心城市和张家口、承德等节点城市人才联动。

"五大任务"破解"四个不适应"。推进京津冀人才一体化发展是实现京津冀协同发展的重要保障。在三地人才一体化进程中,存在着区域人才结构与协同发展功能定位不适应、区域人才国际化发展水平与打造世界级城市群目标不适应、人才一体化发展体制机制与提升区域人才竞争力的要求不适应、人才公共服务水平与区域人才一体化发展要求不适应的问题。为破解"四个不适应"的问题,《规划》提出了构建区域人才发展新格局、抢占世界高端人才发展制高点、创新区域人才发展体制机制、构筑区域协同创新人才共同体、打造区域人才政策新优势 5 项重点任务,并细化为 16 项具体任务。着眼于解决区域人才结构不合理的问题,提出了实施"北京中关村—天津自贸区—河北雄安新区—石保廊全面创新改革试验区域"人才联动计划、实施"人才帮扶"项目、打造京津冀人才发展新引擎等措施。着眼于解决人才国际化程度不高的问题,提出了共建国际高端人才发展平台、实施海外高端人才特聘岗位制度、绘制海外高端人才地图、优化人才国际化区域品质等措施。着眼于解决人才一体化发展体制机制不健全的问题,提出建立一体化的人才评价机制、跨区域合作利益分配机制和激励机制、人才社会组织联动机制等措施。着眼于解决公共服务资源配置不均衡的问题,提出推动社会保险互通、教育医疗资源共享,建立人才公共服务跟随机制、区域创新人才公共服务平台等措施。

13 项重点工程强化人才一体化发展基础。《规划》围绕 2030 年基本建成"世界高端人才聚集区"的发展目标,提出了 13 项重点工程,包括:全球高端人才延揽计划、京津冀人才创新创业支持工程、"圆梦京津冀"菁英计划、高技能人才联合体工程、雄安新区人才集聚工程、冬奥人才发展工程、沿海临港产业人才集聚工程、临空经济产业人才集聚工程、人力资源服务产业园建设工程、国际人才社区建设计划、京津冀人才互联工程、京津冀人才服务定制工程、京津冀人才安居工程。通过重点工程设计,明确了推进京津冀人才一体化发展的具体抓手,强化了人才一体化发展的基础。

三项机制保障规划落地落实。为保障重大任务、重点工程的顺利实施,《规划》提出健全京津冀人才一体化发展工作体制机制,将京津冀人才一体化发展列入相关职能部门考核内容,共同商议制定区域人才政策,形成京津冀人才一体化发展政策体系,共同推动重大任务、重点工程落地。建立京津冀人才一体化发展投入机制,完善财政投入政策措施,引导社会资本投入,优先保证重大任务、重点工程资金需求。完善规划实施管理评估机制,研究制定规划绩效评估关键指标,由第三方专业机构对规划实施情况进行跟踪评估,并将评估结果作为重要考核依据①。

重要启示:

《规划》是我国人才发展史上第一个区域性人才发展规划,也是服务于国家重大发展战略的第一个专项人才规划,对于区域的人力资源服务业发展也同样具有重大意义。区域人才交流合作作为京津冀协同发展的一项重要工程,已经通过前期专业技术人员职称资格互认协议的签订、高层次人才创新创业园的建立和博士后成果转化基地的设立等一系列举措奠定了初步基础。未来区域内的人才交流将更加常态化,尤其是雄安新区和通州副中心的设立将在未来很长一段时期改变当前区域内部人才结构性战略转移的方向和规模。该规划的出台,无疑将进一步促进区域人才资源市场统一规范的形成,并且为人力资源服务机构带来了难得的发展机遇:规划中提出的"抢占世界高端人才发展制高点"任务和"全球高端人才延揽计划"使得以高端人才寻访为主营业务的猎头机构拥有了施展拳脚的空间;人才公共服务跟随机制、区域创新人才公共服务平台的建设对于区域内的公共人才服务机构的服务能力和效率也有了更高的要求;人力资源服务产业园建设工程则对区域内的人力资源服务产业集聚和协同效应的提升起到重要的促进作用;"冬奥人才发展工程""沿海临港产业人才集聚工程"和"国际人才社区建设计划"等重点工程则对于人力资源服务业其他业态如招聘服务、人事代理、劳务派遣、人才测评、人才培训等的服务质量提升、发展思路转变提出了新的要求。

5. 人社部印发《"互联网+人社"2020行动计划》

事件提要:

2016年11月1日,人社部发布《关于印发"互联网+人社"2020行动计划的通知》(以下简称《行动计划》),全面部署人社领域的"互联网+"行动

---

① 《〈京津冀人才一体化发展规划(2017—2030年)〉发布》,http://www.cnr.cn/tj/ztjjj/tj/20170707/t20170707_523837798.shtml。

计划。"互联网+人社"是贯彻落实"互联网+"、大数据等国家重大战略,推进"互联网+政务服务",加快人社领域"放、管、服"改革的重要举措,也是"十三五"期间人社信息化工作的行动纲领,对于增强人社工作效能,提升公共服务水平和能力,具有重要意义。

事件点评:

《行动计划》分为总体要求、工作任务、保障措施、组织实施 4 个部分。本着"以人为本、融合创新、开放共享、安全有序"四项原则,深度挖掘人社工作与互联网融合发展潜力,开创管理服务的新模式,打造开放包容的新形态,形成推动人社事业进步的新动力。到 2018 年,着力推进试点示范工作,初步建成促进"互联网+人社"发展的创新能力体系,优选一批行动主题纳入应用示范;到 2020 年,实现"互联网+人社"多元化、规模化发展,建成较为完善的创新能力体系,形成线上线下融合、服务衔接有序、规范安全高效、充分开放共享的"互联网+人社"发展格局。

《行动计划》提出,"互联网+人社"将依托社会保障卡、大数据等人社领域的优势资源,建设"互联网+"创新能力体系,总结各地互联网应用探索经验,吸纳各方面的创新创意,重点推进"互联网+人社"的基础能力提升、管理服务创新、社会协作发展 3 类子行动,共包括 48 个行动主题。

基础能力提升行动。主要是促进数据资源和服务资源的聚集、整合和共享,形成"互联网+人社"发展的基础能力。包括精准识别能力,即识别用户身份的真实性;信息汇聚能力,即聚集整合各方数据,构成完整的个人数据;需求感知能力,即通过数据关联分析,感知群众需求;信用评价能力,即综合评价用户的行为能力;支付结算能力,即依托社会保障卡,针对个人提供快捷的支付方式。

管理服务创新行动。主要是广泛应用基础能力提升行动的建设成果,引领管理服务模式创新,形成适应"互联网+"的人社工作新形态。包括网上服务,即推动业务上网,实现线上线下联动;协同服务,即推进业务协同,减少业务环节和证明材料,变"群众跑腿"为"信息跑路";主动服务,即通过对服务诉求的实时感知与动态分析,提供主动的个性化服务;引导服务,即基于大数据感知,对用人单位和劳动者的行为进行引导;精确监管,即运用大数据技术,实现精准管理和监督;信用监管,即依托人社信用体系,开创业务分级分类办理模式。

社会协作发展行动。面向社会输出基础能力提升行动的建设成果及人社领域服务资源,鼓励社会力量参与创新服务,支持大众创业、万众创新,也是借助"外力"推动人社工作的创新发展,包括基础能力输出、业务能力输出和人社众筹众包。

《行动计划》明确了48项具体行动主题,每一个行动主题,都孕育着丰富的创新内涵。比如"人社档案袋",就是要汇聚整合人社部门及全社会的就业、培训、社保、收入等数据,为每位老百姓绘制一张大数据"拼图",通过数据关联分析,帮助人社部门感知民心、预判诉求,给群众提供更具个性化的主动服务,真正让人社服务更加"聪明"。还有"待遇资格认证",将逐步改变传统的单纯依靠现场认证的方式,利用旅行、就业、医疗、消费等生活轨迹信息,就能够判断待遇享受人员的就业状况、健康程度与生活质量,辅助认定就业扶持、社会保险、培训创业等政策待遇的享受资格。"网上参保证明"将按规定支持相关部门及社会机构联网核验参保状态情况,打通部门间的数据壁垒,方便群众购房、贷款、子女就学等。"就医一卡通",开放社会保障卡应用接口,与医疗机构、商业保险等实现服务对接,为持卡人员提供挂号、就诊、取药、化验、住院等全程就医服务,将有效化解就医"挂号难""排队难"等问题。

《行动计划》在保障措施及组织实施方面,要求各级人社部门高度重视、加强组织领导,形成工作合力,积极探索适应"互联网+人社"发展要求的政策制度,确保行动计划实施成效。推广运用政府和社会资本合作等模式,形成资金保障机制。加强与政府其他部门、社会各方面的沟通协调,使各项行动计划有效衔接,相互促进,良性互动。建立适应"互联网+人社"要求的创新型人才队伍。同时,还将顶层设计与基层创新相结合,明确人社部负责规划指导、标准制定、经验总结和推广实施,统筹安排全国性重点建设任务;省级人社部门要结合本地实际,组织落实各项行动计划;基层人社部门要积极行动,敢于探索,不断拓展行动主题①。

---

① 《"互联网+人社"2020行动计划出台》,http://www.mohrss.gov.cn/SYrlzyhshbzb/dong-taixinwen/buneiyaowen/201611/t20161108_259042.html。

"互联网+人社"不只是把人社服务搬到网上,而是通过"互联网+"推动人社工作观念的转变,真正做到感知民心,以民为本,为民服务。实施《行动计划》,将会提升人社部门公共服务的整体质量,提高百姓满意度。

实施"互联网+人社"是实现决策科学化、管理精准化、服务人本化的内在要求,其核心是要树立创新变革的互联网思维,发挥互联网对人社各项业务工作的引领促进作用,推动业务形态的创新和发展。关键是要积极推动各项业务的跨界,促进系统内、部门间及与社会机构的融合,构建分享、互联、众创、包容、协作的开放体系。重点是要加强基于大数据的就业形势分析、开展更为精准的网上就业服务、促进全民参保计划实施、实现异地就医结算、推进社保基层智能监控、深化职业资格信息化管理、推行劳动保障智慧监察、提高劳动人事争议处理信息化水平、努力实现让群众"最多跑一次",通过"互联网+"对人社领域各项业务进行重塑和再造,不断提升人民群众的获得感幸福感①。

重要启示:

近年来,党中央、国务院先后颁布实施了"互联网+"、大数据发展战略、推进"互联网+政务服务"的指导意见及试点实施方案,明确了"互联网+"在政务服务方面的安排部署,强调"互联网+政务服务"是深化"放管服"改革的关键之举,以政府自身改革更大程度利企便民。许多地区人社部门积极开展基层网点服务创新,主动探索网上经办、移动应用、电话咨询、自助终端等线上服务,初步构建了"+互联网"的人社信息化公共服务体系,为推动人社工作与互联网创新理念、创新模式、先进技术的深度融合,为实现从"+互联网"到"互联网+"的飞跃,积累了实践经验。

对于人力资源服务行业而言,本次"互联网+人社"计划的出台对于行业的服务模式转型具有重要的指导与借鉴意义。在当前我国移动互联网技术飞速发展的条件下,很多人力资源服务机构已经开始将部分互联网新技术融入传统业态中,其中以招聘服务业态最为典型,以"智联招聘""猎聘网"为代表的招聘网站已经借助 PC 端和移动端的技术平台探索互联网时

① 《人社部信息中心主任贾怀斌谈"互联网+人社"2020 行动计划》,http://www.12333. gov.cn/jbgcdhzxfwgzdt/201611/t20161130_260748.html。

代的人力资源服务新模式。嵌入互联网技术后,人力资源服务企业能够更大量地收集客户信息,更精准地分析目标客户群体,在服务方式和服务内容的设计上更加有针对性,客户对服务内容的满意度也会更高。

但是需要注意的是,目前绝大部分人力资源服务机构只是将互联网技术作为本机构业务的一项补充和拓展,其服务模式和经营思维依然保留在传统阶段,并为如餐饮业、零售业、出租车等行业实现与互联网,尤其是移动互联网的深度对接。此外,目前人力资源服务业在大数据挖掘、机器学习、人工智能等领域的介入更是微乎其微。"互联网+"作为国家实现经济结构转型升级的重要突破口,对于目前所有传统服务业机构来说都是一次重要的挑战和机遇,而类似"微软收购领英""阿里集团旗下的蚂蚁金服成立'人力窝'"等互联网企业强势进入人力资源服务业的情况也会成为更加值得关注的行业发展风向标。

6. 人社部推出人社信用评价体系

事件提要:

2016年9月,人社部主导的人社信用评价体系正式建成并投入运营,该人社信用评价体系主要使用了社保卡持卡人员数据库、就业和社保等联网监测数据,将作为人社领域的重要信用记录系统,是人社管理与服务数据化的重要环节。

事件点评:

人社部利用持卡人员数据库、就业和社保等联网监测数据,建立了人社信用评价体系,形成了为社会提供更加客观、精准的个人信用评价能力。从这个评价体系可以看出个人就业和参保的稳定性如何。

人社部信息中心建立了包括个人特征、能力、行为、资本和环境共5个方面的评价指标体系,确定了人社信用评价建模方法。目前已完成人社个人信用评分,利用2015年1月至2016年6月人社系统相关数据,以就业和参保稳定性为主题,构建了人社信用综合评价模型,建立了人社信用综合评价个人信用评分卡,分值范围为674至1224分。分值越高,表明个人就业和参保的稳定性越强,在人社相关领域的信用程度也就相应越好。

据人社部信息中心有关负责人介绍,人社行业数据量大、核心指标质量好、时效性强,在信用评价方面优势突出。人社信用综合评价模型可广泛应用于人社领域的相关工作,如利用人社信用评分,可提高创业担保贷款的发放效率,推动以创业带动就业;在人社管理和服务中,可利用人社信用评分,建立对个人和单位的"守信褒扬、失信惩戒"制度,提升工作的针对性和有效性;在求职招聘中,可通过提供人社信用评分查询,方便用人单位和求职者了解各自信用状况,提升人力资源市场的配置效率等。

人社信用评分也可广泛应用于社会其他领域,如金融机构可以参考评分结果,对农民工融入城市提供金融支持,解决农民工传统信用积累不足的问题;信用卡发卡机构可参考信用分决定信用卡申领人的授信额度,减少坏账,化解金融风险等。

人社部表示,人社信用评分的广泛应用,将对推动各类人员持续参保和稳定就业发挥重要作用①。

重要启示:

人力资源与社会保障领域的信用评分系统推出并在未来投入使用,是当前人社领域信息化建设的重要成果。面对当前招聘领域劳资双方信息不对称及创业者融资难等问题,人社部此次推出的人社信用评分系统是解决上述问题的一次重要尝试,人社信用数据的收集与以此为基础建立的个人信用档案,无疑将大大减少就业与社会保障领域的信息不对称,从制度上降低了用人单位以及商业银行在面对个人时的风险,也有利于个人求职者保障自身利益。具体到人力资源市场,人事代理、劳务派遣、招聘服务等业态的人力资源服务机构也将成为未来人社信用评分系统进一步建设完善的重要参与者,并承担部分的数据采集、存储甚至分析的任务,这将对于人力资源服务行业整体的信息化建设起到促进作用,同时,这也为相关的人力资源服务机构利用大数据提升服务质量、拓展服务产品种类、利用数据深度挖掘延长产业价值链提供了重要契机。

7.《中国人力资源服务业蓝皮书 2016》发布暨行业发展高端论坛举行

事件提要:

2017 年 3 月 25 日下午,由北京大学人力资源开发与管理研究中心主

---

① 《人社信用评价体系推出》,http://www.mohrss.gov.cn/SYrlzyhshbzb/dongtaixinwen/buneiyaowen/201609/t20160926_247937.html。

办的 2016 中国人力资源服务业高端论坛暨《中国人力资源服务业蓝皮书2016》专家评议会在北京大学政府管理学院举行,人社部及相关机构领导、国内人力资源服务业研究领域的专家学者、行业企业代表共约 30 人出席了本次会议。

事件点评:

论坛以总结 2015 年至 2016 年中国人力资源服务业发展成就、研讨未来服务业发展战略为主题。人力资源和社会保障部人力资源市场司司长孙建立、中国人力资源开发研究会秘书长李震、北京人力资源服务行业协会常务副会长张宇泉、人民出版社高级编辑胡元梓等领导和专家,以及相关人力资源服务业机构、企业代表、媒体代表、参与蓝皮书编写的课题组主要人员等近 30 人出席论坛。北京大学政府管理学院行政管理系主任、北京大学人力资源开发与管理研究中心主任、博士生导师萧鸣政教授主持会议。

据论坛主持人,北京大学政府管理学院行政管理系主任、北京大学人力资源开发与管理研究中心主任、博士生导师萧鸣政教授介绍,今年发布的《中国人力资源服务业蓝皮书 2016》,对 2015—2016 年度中国人力资源服务业的发展状况进行了深入调查与系统梳理,并从理论高度对实践进行了诊断分析;通过事实描述、数据展现、案例解读、理论归纳和科学预测等方式,力图全面展现当前中国人力资源服务业的发展现状、特色亮点和最新进展。

论坛进行中,人力资源服务业的专家学者还对中国人力资源服务业的发展成就和未来发展战略提出了各自的见解,并对 2017 年人力资源服务业蓝皮书的撰写提出了战略性建议。李震认为,中国现代意义上的人力资源服务业是伴随着改革开放发展起来的,其发展状况和水平不仅和所在省市的 GDP 有关,更与这个省市地区的经济产业结构相关。张宇泉提到目前人力资源服务业迅猛发展,但相关的数据统计和研究却没有跟上,这是亟待解决的问题。胡元梓从"一带一路"等国家战略层面解读了人力资源服务业领域的变化,也为"中国人力资源服务业蓝皮书"系列的进一步完善提出了许多宝贵意见①。

---

① 《中国人力资源服务业蓝皮书 2016》发布,http://www.clssn.com/html1/report/18/1909-1.htm。

2016 年是北京大学"中国人力资源服务业白皮书/蓝皮书"系列发布的第十年。十年来,北京大学人力资源开发与管理研究中心一直秉承推动人力资源服务业更好更快发展的宗旨,投入经费与力量,组织专家与相关研究人员对中国人力资源服务业的发展进行关注、记录、总结与探索。

《中国人力资源服务业蓝皮书 2016》保留了往年"中国人力资源服务业白皮书/蓝皮书"系列的主要篇章结构,密切关注了行业政策法规环境的新变化和新进展;使用大数据分析方法,比较出人力资源服务业在我国各省市的地区发展差异,使我们对人力资源服务业的认识得到了进一步拓展和深化;关注人力资源服务业的国际化趋势,利用基本数据、行业发展起步年代、产业政策发布时间和服务内容四个方面进行了中西方国家人力资源服务业的比较分析,为我国未来的人力资源服务业发展提供了政策建议和道路指引;关注了人力资源服务业的热点业态和未来发展趋势,以及行业发展的重大方向,对于中国人力资源服务业发展具有重要意义。

本年度的《中国人力资源服务业蓝皮书 2016》,在继续关注人力资源服务业的热点业务和未来发展趋势的基础上,增加了对人力资源服务业发展中的技术创新、人力资源服务业发展的量化评价模型以及高校人力资源服务业教研情况的关注。具体体现在:蓝皮书总结了 2016 年度人力资源服务业技术创新的情况,并结合具体案例分析了人力资源服务创新应用的成功经验;使用文本分析、实证模型分析等数据挖掘和分析方法,以大数据的方式分析人力资源服务业在微博、微信等流行媒介中的用户分布、发表言论、话题关注度;运用面板模型、聚类分析和主成分分析等方法分析各地相关数据,对各地人力资源服务业发展状况进行了评价,并分析各省市政府有关人力资源服务业的政策特点,从而比较出人力资源服务业在我国各省市的地区发展差异;首次对于中国高校人力资源服务业教研情况进行了总结与评述,以引领高校及其师生关注并通过他们的教学与研究促进中国人力资源服务业的持续与科学发展。

重要启示:

当今世界正处在大发展、大变革、大调整时期,创新成为经济社会发展的主要驱动力,知识创新成为国家竞争力的核心要素。人力资源服务业担负着为人才效能的充分发挥提供保证的重任,在人才强国战略中起着重要的作用。《中国人力资源服务业蓝皮书2016》从实践和理论两个层面对中国人力资源服务业的发展状况进行系统梳理,通过理论归纳、事实描述、数据展现、案例解读等方式,使读者全面了解中国人力资源服务业2016年的发展现状、重点领域和最新进展,科学预测人力资源服务业的未来方向,系统展现2016年中国人力资源服务业的重大事件和发展概况。"中国人力资源服务业白皮书/蓝皮书"系列作为近十年来人力资源服务业最重要行业研究的学术性著作,以专业的角度、理论的视角及科学研究方法,针对人力资源服务业的现状与发展态势展开分析和预测,是具备专业性、前沿性、时效性的权威研究报告,已经成为人力资源服务业相关的政府机构人员、行业协会、专家学者、行业机构及其从业者了解行业现状和发展趋势的重要参考,改善了目前国内学术界对于人力资源服务业研究的相对缺失的状况,对于今后行业相关法律法规政策的制定、专题性理论研究的开展、行业机构经营发展策略的制定都具有重要的指导与借鉴意义。

8.中国人力资源服务业博士后学术交流会召开

事件提要:

2016年10月26日,中国人力资源服务业博士后学术交流会在中国人民大学举行。此次学术交流会是今年全国博管办重点开展的全国博士后学术交流活动之一,对于人力资源服务业的相关学术研究的推荐具有重要意义。

事件点评:

本次会议主题为"全面深化改革背景下的人力资源服务业",作为国家确定的生产性服务业重点领域,人力资源服务业的健康发展,对于我国劳动力市场的完善、人力资源的优先开发和优化配置,都有着极其重要的意义。交流会上,与会专家围绕人力资源服务业发展的重点问题、创新路径、未来趋势等进行了探讨。专家指出,近年来,我国人力资源服务业取得了快速发展,但与发达国家相比,与我国经济发展水平和人力资源总量相比,还存在较大差距,主要表现为大市场、小产业,高速度、低质量,新行业、旧模式,强成长、弱规范。在全面深化改革的大背景下,以供给侧结构性改革为突破口,通过大力发展服务业,为经济增长提供新动能,这对促进人力资源服务业发展带来了新机遇。与会专家建议,通过进一步完善政策体系,做大做强人力资源服务企业,大力推进人力资源服务产业园建设,加强行业人才队伍建设,鼓励人力资源服务业新技术新业态的创新发展等举措,推动我国人力资源服务业繁荣发展。

人力资源社会保障部专业技术人员管理司司长、全国博士后管委会办公室主任俞家栋表示,博士后制度是具有中国特色的培养高层次创新人才,已经成为各地区各部门培养吸引高层次人才的重要渠道。开展博士后学术交流是提升博士后培养质量的重要途径,是形成活跃的有利于创新学术氛围的重要方法。

中国人力资源服务业博士后学术交流会论文评审组经过严格独立的评审,从提交的论文中筛选出 12 篇优秀论文,并按得分的高低分别授予一、二、三等奖。

在下午的分论坛环节,专家学者和参会代表针对会议主题作出成果展示,就各类等重大热点难点问题进行了广泛深入的研讨。

主题为"人力资源服务业发展的宏观背景"的学术交流会于中国人民大学求是楼召开。中国人民大学劳动人事学院王琦、中国人事科学研究院杨国栋在研讨的第二单元分别展开以"劳动力市场新变化及其对人力资源服务业的影响"和"大数据背景下的人力资源服务业管理创新"为主题的宣讲。

本次交流会既有人力资源服务业的管理部门,又有国内一流智库的专家学者,还有业内一流企业的商业精英,议题兼顾宏大背景,交流方式将专家演讲、博士后交流、地方经验、企业案例和专家点评有机结合,为推进人力资源服务业的管理创新、服务创新和产品创新,为促进人力资源服务业快速发展提供了助力。

学术交流会由全国博士后管委会办公室与人力资源和社会保障部人力资源市场司共同主办,中国人民大学人才工作领导小组办公室、中国人民大学劳动人事学院承办①。

重要启示:

相比于近年来人力资源服务业的快速发展,国内学界对于该行业的研

---

① 《人大举办中国人力资源服务业博士后学术交流会》,http://news.163.com/16/1027/11/C4COAMTC00014Q4P.html。

究长期处于相对滞后的状态,无论是对国外人力资源服务业发达国家的理论与经验介绍,还是专门针对中国人力资源服务业现状及发展前景的专著、论文和学术会议都还较为缺乏,这种情况在未来可能会成为制约中国人力资源服务业继续向更高层次发展的重要因素。本次中国人力资源服务业博士后学术交流会由全国博管办和人社部市场司牵头举办,属于几年来主办单位规格较高的一次全国性博士后学术交流会议。本次交流会的参会人员涵盖了人力资源服务业这一领域的国家行政管理部门领导、国内知名高校与研究机构的专家学者、行业从业机构负责人,交流会不仅从宏观政策与市场环境的角度探讨了人力资源服务业近年来快速发展的原因、特点,还就"劳动力市场"和"大数据"等与人力资源服务业相关细分领域的发展前景与趋势进行了深入的探讨。本次中国人力资源服务业博士后学术交流会的成功举办,使得人力资源服务业这一方向的研究在学界受到了更多的关注,相信随着人力资源服务业持续的快速发展,国内学界对于这一领域的研究将更加深入和细致,为我国人力资源服务业由"数量增长"向"质量提升"的发展模式转变提供更多理论层面的支持和政策法规方面的建议,促进该行业的高速可持续发展。

9.科锐国际在深交所创业板上市交易,成国内首家登陆 A 股的人力资源服务企业

事件提要:

2017 年 6 月 8 日,北京科锐国际人力资源股份有限公司(简称"科锐国际",股票代码:300662)成功在中国深交所创业板挂牌上市,成为国内首家登陆 A 股的人力资源服务企业。首次公开发行 A 股 4500 万股,发行定价 6.55 元,招股书显示发行募集资金拟投资于人力资源服务业务体系扩建项目和信息化系统升级项目。

事件点评:

本次科锐国际在深交所创业板上市交易,成为 A 股首家"猎头概念股",公司首次公开发行股份数量 4500 万股,公开发行后总股本 18000 万股,发行价格为 6.55 元/股,对应的市盈率 22.97 倍,发行后每股净资产 3.06 元,发行后每股收益 0.28 元。

公开资料显示,科锐国际成立于 2005 年 12 月 5 日,注册地为北京市朝

阳区朝外大街,注册资本 1.35 亿元,主要从事中高端人才访寻业务,招聘流程外包业务,发展和优化灵活用工业务。2014—2016 年,公司营业收入分别为 6.26 亿元、7.32 亿元、8.68 亿元,净利润分别为 5107 万元、6767 万元、6358 万元,2016 年净利润有小幅下降。该公司旗下有 1000 余名招聘顾问,从业范围超过 18 个细分行业与领域。

科锐国际的上市过程并未如其预期地顺利。招股书显示,科锐国际最初计划赴美上市,创业板原本并非科锐国际首选的上市渠道。科锐国际合伙人袁铁一在 2009 年接受公开采访时曾表示:"我们的盘子比创业板要求要好很多,不会考虑在创业板上市","从目前的发展看,我们选择在国外或者 H 股上市的可能会比较大。如果我们未来的盘子达到 1 亿美元,会首选纳斯达克上市;当然也不完全排除最终在 A 股上的可能性"①。但由于随后中概股在美国屡屡遭到做空,科锐国际放缓了赴美上市的步伐,开始重新审视在国内创业板上市的可能性。2013 年 10 月,科锐国际终止了 VIE 架构,自此至 2014 年 7 月间,科锐国际又完成了员工持股平台和人民币基金的增资。直到 2015 年 11 月,它出现在了创业板的排队名单中。②

即使在较为成熟的国际猎头行业中,猎头公司选择上市的例子也并不多见,但是科锐国际属于轻资产公司,上市融资可以减轻其流动资金压力。过去的并购经历,以及招股书中规划的发展战略,都显示出科锐国际通过并购扩张业务的意图,通过上市,科锐国际可以获得融资,还可以通过股票并购。

根据公开材料,科锐国际本次上市后,通过募集资金投资项目的实施,针对中高端人才访寻业务在现有的行业及细分领域的基础上,加大该业务"专、精、深"的运营能力竞争优势;针对灵活用工业务加大执行团队及销售团队的投入,扩大在区域市场上的市场开发能力,以及通过靠近客户,提高服务能力,扩大客户维护能力的竞争优势;针对招聘流程外包业务在苏州的候选人共享中心加大执行团队的投入,进一步加大运营能力的竞争优势,同

① 《冲刺创业板争当领头羊　企业应选择怎样的上市路》,http://finance.sina.com.cn/stock/cngem/gemview/20090511/12096208616.shtml。

② 《科锐国际冲击"猎头第一股""卖人"有多赚钱?》,http://epaper.bjnews.com.cn/html/2015-11/30/content_610376.htm? div=-1。

时加大销售团队及客户现场管理人员的投入；才客网等线上平台的搭建完成，将加速形成全渠道管理，加大客户的忠诚度，扩大市场的占有率。同时，通过借助最新信息化技术，实现基础网络及硬件、客户及候选人管理系统、财务管理系统、智能分析报表系统、人力资源外包管理系统、人力资源服务商管理系统、人事终端管理系统的全面升级，不仅能够显著提升各业务网络、不同业务单元的协同运营管理效率，而且为更科学、精确地进行实时数据分析，增强公司的决策分析能力提供强有力技术支撑①。

重要启示：

当前，人力资源服务行业目前正处于风口，而在这背后，是中国的人口红利消失、人才供应紧张、企业用工成本上升等挑战激发的服务需求。从行业角度，中国人力资源服务行业集中度较低，尚未出现一家公司能够占据10%以上的市场份额，亟待龙头企业的崛起来带动行业的整合，吸引更多资本注入，依靠资本杠杆的力量，推动行业的跨越式增长。科锐国际此次登陆A股，将为未来在国内上市的人力资源企业和投资机构提供全新的估值标准，有利于促进中国人力资源服务行业在资本圈中形成良性的生态环境，同时带动整个行业向着规范化、专业化、规模化、国际化的方向发展，势必对中国人力资源服务行业未来格局产生重大影响。

10. 2016 中国人力资源服务战略发展大会召开

事件提要：

2016 年 11 月 30 日，由中国对外服务工作行业协会、北京人力资源服务行业协会、上海人才服务行业协会、亚太人才服务研究院共同主办的"2016 中国人力资源服务战略发展大会"在北京隆重举办。大会特别邀请了来自政府、互联网领域、人力资源领域资深专家出席，以独特的视角纵论人力资源服务的转型与创新。

事件点评：

2016 年对于人力资源服务业来说是关键的一年。随着近年来我国步入经济发展新常态，人力资源服务行业在迎来发展机遇的同时也面临着新

---

① 《科锐国际 6 月 8 日挂牌上市，万亿规模人力资源市场迎来第一股》，http://www.financeun.com/News/201773/2013cfn/175617539400.shtml。

的挑战。云平台、大数据、"互联网+"等新技术、新理念的运用为人力资源服务从业者拓宽了视角,带来了新的发展思路;各项支持人力资源服务产业发展的政策规定为行业的发展构筑了良好的外部环境。而用工单位不断变化的服务需求以及劳动力市场的结构性矛盾也为行业的发展带来了挑战。新的形势要求人力资源服务从业者深入总结行业的发展规律,探究人力资源服务新的核心价值,才能实现人力资源服务行业的可持续发展。

作为人力资源服务领域的一次盛会,本次中国人力资源服务战略发展大会以梳理、总结2016年中国人力资源服务行业的发展为主题,以人力资源外包、劳务派遣、猎头与招聘以及人力资源互联网平台等当前人力资源服务的主要业态为切入点,汇集了来自全国各地人力资源服务机构的400余位企业高管和人力资源研究领域的专家、学者。人力资源和社会保障部人力资源市场司、中国人事科学研究院、北京市人力资源和社会保障局对本次大会给予了指导。中国人事科学研究院院长余兴安、中国人民大学劳动人事学院院长杨伟国等专家从理论高度对人力资源服务行业的发展进行了分析与总结。中国国际智力技术合作公司、上海市对外服务有限公司、北京外企人力资源服务有限公司等十余家国内人力资源服务领域领军企业的高管从人力资源服务实践的角度围绕各相关业态发表了精彩的演讲。

中国对外服务工作行业协会、北京人力资源服务行业协会、上海人才服务行业协会、亚太人才服务研究院,作为本次活动的主办单位充分发挥了行业的桥梁纽带作用,为人力资源服务从业者带来了新的视角和思维的启迪,是探索人力资源服务行业未来发展的一次重要活动,在助力人力资源服务行业的发展方面发挥了重要的作用。本次大会起点高、前瞻性强、内容丰富,受到业内人士的广泛好评。大会主办方表示,通过不断努力,逐步把中国人力资源服务战略发展大会打造成一个以总结过去、引领未来为主题的具有较高知名度和较强品牌影响力的人力资源服务领域的年度盛会①。

重要启示:

近年来,随着互联网的广泛应用、人工智能的不断发展以及人们就业观

---

① 《2016中国人力资源服务战略发展大会在京召开》,http://news.xinhuanet.com/local/2016-12/01/c_129385414.htm。

念的不断转变,人力资源服务也同其他服务类行业一样,其未来的商业模式将会发生重大的改变。新技术的应用对于推动人力资源服务行业的发展具有重大意义,"大数据"的商业理念将与人力资源服务业未来的发展紧密结合,人力资源服务行业积累的数据资产将被深度开发与利用,人力资源相关数据可以产生成倍的经济效益,人力资源服务行业将向数据化、智能化产业转变。此外,传统人力资源服务与关联商业服务共同构建生态圈将成为人力资源服务业转型的方向,人力资源服务机构将在跨界融合中寻找新的商业价值和探寻未来的发展之道。虽然移动互联网时代的新技术、新模式、新理念会对包括人力资源服务业在内的传统行业产生不同程度的影响甚至是冲击,但是这对于人力资源服务业也将是一次难得的发展与转型契机,如何探索并定义新科技时代下人力资源的独特价值并使其与新兴科技产生良好互动,将是未来所有人力资源服务业从业者需要考虑的重要命题。

第三部分
人力资源服务机构及
部分研究成果名录

附录1:部分人力资源服务机构名录

一、人力资源服务网站

中国人力资源市场网 www.chrm.gov.cn/

中国国家人才网 www.newjobs.com.cn/

中国对外服务行业协会网站 www.cafst.org.cn/

北方人才网 www.tjrc.com.cn/

北京人才网 www.bjrc.com/

北京市人力资源服务网 www.unihr.cn/

福建省公共就业服务网 www.fj99.org.cn/

广东人力资源网 www.12333.org/

广西人力资源网 www.gxrlzy.com/

江西人才网 www.jxrcw.com/

宁夏人才网 www.nxrc.com.cn/

青海人才市场网 www.qhrcsc.com/

山东人才网 www.sdrc.com.cn/

山西人才网 www.sjrc.com.cn/

上海人才服务行业协会网站 www.shrca.org/

上海人才服务网 www.shrc.com.cn/

深圳市人力资源服务行业协会网站 www.szhra.org/

四川省人才网 www.scrc168.com/

云南人才网 www.ynhr.com/

浙江人才网 www.zjrc.com/

浙江省人力资源服务行业协会网站 www.zjhrca.com/

二、人才市场①

（一）国家级人才市场

中国安徽人才市场

中国包头高新技术人才市场

中国成都人才市场

中国大连高新技术人才市场

中国东北毕业生人才市场

中国广西人才市场

中国贵州人才市场

中国桂林旅游人才市场

中国海峡人才市场

中国海洋人才市场（山东）

中国吉林高新技术人才市场

中国济南企业管理人才市场

中国江汉平原农村人才市场

中国江苏企业经营管理人才市场

中国江西人才市场

中国兰州工程技术人才市场

中国龙江企业经营管理人才市场

中国宁波人才市场

中国青岛企业经营管理人才市场

中国山西人才市场

中国上海人才市场

中国沈阳人才市场

中国唐山企业家人才市场

中国武汉人才市场

---

① 此名单来源于中国人力资源市场网,http://www.chrm.gov.cn/HROrganization/。

中国西安人才市场

中国新疆人才市场

中国云南企业经营管理人才市场

中国中原毕业生人才市场

中国重庆经营管理人才市场

（二）省级人才市场

安徽省人才服务中心

北京市人才服务中心

甘肃省人力资源市场

广西人才交流服务中心

海南省人力资源市场

河北省人才交流服务中心

河南省人才交流中心

黑龙江省人才市场

湖南省人才流动服务中心

吉林省人才交流开发中心

辽宁省就业和人才服务局

内蒙古人才交流服务中心

山东省人才服务中心

山西人才市场

陕西省人才交流服务中心

上海市人才服务中心

四川省人才交流中心

西藏自治区人力资源和社会保障厅

云南人才市场

中国新疆人才市场

（三）地市级人才市场

安阳市人才开发服务中心

北海市人才市场

沧州市人才服务中心

常德市人才开发交流服务中心

常州市人才服务中心

大连市公共职业介绍中心

大连长兴岛人才交流中心

大庆市人才开发流动服务中心

德阳市人才服务中心

佛山人才资源开发服务中心

福建省南平市人才市场

福州市人才市场

抚顺市人才中心

抚州人才服务中心

广西贺州市人才交流服务中心

广西西南人才服务市场

广西壮族自治区梧州市人才市场

贵阳市人力资源市场

哈尔滨市人才服务局

海口市人才交流中心人才市场

杭州市人才服务局

合肥市人才中心

河池市人才服务管理办公室

河南省平顶山市人才交流中心

贺州市人事局

呼和浩特人才服务中心

湖南百花女性人才市场

黄石市人才中心

吉安市人才市场

吉林市人才服务中心

济南市人力资源市场

江淮人才网

江门市人才服务中心

江西赣中人才市场

焦作市人才交流中心

景德镇市人才交流中心

九江市人才交流服务中心

库车县人力资源服务中心

昆明市人才服务中心

昆山人力资源市场管理委员会

廊坊市人才服务中心

辽宁省鞍山市人才服务中心

辽宁省盘锦市人才服务局

辽西人才在线

临汾市人才市场

柳州市人才服务管理办公室

洛阳市人才服务中心

马鞍山市人才交流服务中心

眉山市人才流动服务中心

绵阳市人才服务中心

南昌市人才开发交流服务中心

南京市毕业生就业指导服务中心

南宁市人才服务管理办公室

萍乡市人才交流中心

青岛市人才市场

青岛市人力资源和社会保障局

青海省职业介绍中心

泉州市人才智力开发服务中心

瑞安市人才开发服务中心

厦门市人才服务中心

山东省潍坊市人力资源管理服务中心

山东淄博人才市场

陕西榆林市人才交流服务中心

汕头人才智力市场

上饶市人力资源服务管理中心

深圳市人才交流服务中心有限公司

深圳市西部人力资源市场

沈阳市人才中心

苏州市人才服务中心

太原人才大市场

唐山市人才交流中心

天津经济技术开发区人才服务中心

威海人才服务中心

温州市人才市场管理办公室

无锡市新区人力资源服务中心

武汉市人才服务中心

西安市人才服务中心

西宁市人才开发交流中心

湘潭人才市场

宜宾市人力资源服务中心

义乌市人才交流中心

银川市人才开发交流服务中心

玉林市人才市场

云南农垦人才服务中心

运城市人才市场

长春经济开发区人才劳务交流服务中心

长春市人才开发服务中心

长沙市人才服务中心

长治市人才信息市场

浙江绍兴人才市场

浙江省职业介绍服务指导中心

郑州市人才市场

中国包头高新技术人才市场

中国桂林旅游人才市场

中国海峡人才市场

中国南方人才市场

中国新疆人才市场南疆分市场

中山市菊城人才市场

中山市人才交流管理中心

三、全国人力资源诚信服务示范机构①

北京市人才服务中心

北京双高人才发展中心

北京外企人力资源服务有限公司

北京智联三珂人才服务有限公司

科锐国际人力资源(北京)有限公司

北京市东城区职业介绍服务中心

北京市海淀区人才服务中心

中国北方人才市场

天津人力资源开发服务中心

河北省人力资源市场

河北搜才人力资源有限公司

廊坊市人力资源市场

山西省外国企业服务总公司

内蒙古自治区人力资源公共服务中心

沈阳人才交流服务经营管理中心

抚顺市人才技术咨询服务中心

大连易才人力资源顾问有限公司

---

① 此名单由人力资源和社会保障部于 2014 年评选并公布。

大连泰兰特人力资源有限公司

吉林大姐家庭服务有限责任公司

吉林小棉袄集团有限责任公司

黑龙江外商企业咨询服务有限责任公司

哈尔滨外国企业服务有限公司

上海市对外服务有限公司

万宝盛华人力资源(中国)有限公司

上海诺姆人才服务有限公司

前锦网络信息技术(上海)有限公司

上海巾帼社会服务有限公司

中国四达国际经济技术合作有限公司上海分公司

上海厂长经理人才有限公司

苏州市人力资源开发有限公司

南京领航人才派遣有限公司

江苏省外事服务中心

无锡政和职业介绍所

镇江市劳务公司

盐城神州人力资源服务有限公司

常州人才派遣有限公司

南通伯乐人力资源有限公司

苏州高新区人力资源开发有限公司

浙江省人才市场

浙江省职业介绍服务指导中心(浙江省人力资源市场)

杭州人才市场

宁波市人才服务中心(中国宁波人才市场)

义乌市人才市场

宁波市外国企业服务贸易有限公司

安徽网才信息技术有限公司(新安人才网人才服务中心)

安徽省工商联职业介绍中心

福建省建设人力资源股份有限公司

厦门高新人才开发有限公司

江西省人才市场

江西省同济人力资源有限公司

济南万家盛世人力资源管理咨询有限公司

德州德仁人力资源有限公司

青岛金前程人力资源顾问有限公司

临沂市沂水大众劳务有限公司

聊城市鲁西人力资源开发有限公司

东营新世纪人才开发中心

河南天基咨询有限责任公司

河南鹏劳人力资源管理有限公司

郑州鑫博人才资源咨询有限公司

湖北省人才市场

湖北省职业介绍中心

湖北方阵人力资源集团有限公司

湖北华盛人力资源有限公司

湖南省人才流动服务中心

岳阳市人才服务中心

衡阳市人力资源市场

邵阳市人才市场

长沙高新区人才服务中心

中国南方人才市场

广东智通人才连锁股份有限公司

深圳市人才交流服务中心有限公司

广东南油对外服务有限公司

广州红海人力资源集团股份有限公司

广东辉煌人力资源管理有限公司

广东纳邦人力资源有限公司

广东南方人力资源服务有限公司

广东省友谊国际企业服务有限公司

广西四方汇通人才服务有限责任公司

广西锦绣前程人力资源有限公司

三亚市人力资源市场

重庆市重点产业人力资源服务有限公司

重庆外商服务有限公司

重庆市忠县人才交流服务中心

重庆市江北区人力资源市场

四川川南人力资源市场

四川省人才交流中心

中国成都人才市场管理委员会办公室

贵州省人才大市场

贵阳市人力资源市场

普洱宝力管理服务有限公司

云南外服人力资源有限公司

西安外国企业服务有限公司

陕西军工人力资源有限责任公司

陕西世纪智通人才服务有限公司

陕西雨伸实业有限公司

甘肃省人力资源市场(甘肃省高新技术人才市场)

甘肃人力资源服务股份有限公司

西宁市人才开发交流中心

宁夏合众人力资源管理咨询有限公司

宁夏厚合通人力资源管理咨询有限公司

新疆维吾尔自治区人力资源市场

新疆乌苏市人力资源服务中心

新疆兵团第二师铁门关市职业介绍服务中心

中国科学院人才交流开发中心

中国国际人才开发中心

中国国际技术智力合作公司

附录 2:2016 — 2017 年度人力资源服务业研究相关成果

专著类①

[1]人力资源和社会保障部人事司:《窗口之光:全国人力资源社会保障系统 2014—2016 年度优质服务窗口先进事迹报告集》,中国劳动社会保障出版社 2017 年版。

[2]莫荣、陈元春:《中国人力资源服务产业园发展报告(2016)》,中国劳动社会保障出版社 2016 年版。

[3]萧鸣政:《中国人力资源服务业蓝皮书 2016》,人民出版社 2017 年版。

期刊论文类②

[1]陈宏亮、卞玲、卞萍:《加快载体建设促进人才集聚推动人力资源服务产业化发展——关于浦口区人力资源服务产业发展的调研报告》,《市场周刊(理论研究)》2016 年第 10 期。

[2]陈树元:《韩国人力资源服务企业风险研究对浙江的启示——基于历史数据的实证分析》,《浙江金融》2017 年第 3 期。

[3]陈雪玉:《人力资源服务业发展路径研究:基于市场决定性作用的

---

① 专著类名单根据亚马逊搜索排序选编而成,为 2016 年 7 月至 2017 年 7 月期间出版且书名包含有"人力资源服务"字样或主题高度相关的图书。搜集不全面等不当之处,恳请读者斧正。

② 中文期刊论文类名单选自中国知网,为 2016 年 7 月至 2017 年 7 月间发表在中文核心期刊上的 CSSCI 来源论文,题目包含有"人力资源服务"字样或以人力资源服务业各业态为主题,按照第一作者姓名拼音顺序排序。搜集不全面等不当之处,恳请读者斧正。

视角》,《知识经济》2016 年第 15 期。

　　[4]丁永波、王春秋、乔良、于赫:《我国人力资源服务业集聚化发展的制约因素及其对策研究》,《经营管理者》2016 年第 32 期。

　　[5]傅智园:《浙江省第三方人力资源服务 RPO 问题探究》,《未来与发展》2017 年第 3 期。

　　[6]高亚春、王文静:《我国人力资源服务市场化现状、问题与对策研究》,《当代经济管理》2016 年第 8 期。

　　[7]蒋志芬、李坚:《海南人力资源服务业品牌建设的现状及发展对策研究——在新常态经济背景下》,《中国商论》2016 年第 19 期。

　　[8]黎健、梁艳艳、单莹:《加快发展吉林省人力资源服务业的几点思考》,《劳动保障世界》2016 年第 25 期。

　　[9]李坚、蒋志芬:《海南人力资源服务业品牌建设的发展状况、问题及政策建议》,《科技资讯》2016 年第 13 期。

　　[10]李盘红、咸桂彩:《人力资源服务业发展对职业指导专业人才的需求与培养》,《职教论坛》2016 年第 20 期。

　　[11]李瑞君:《人力资源服务业正成为新的经济增长点》,《科技经济市场》2017 年第 2 期。

　　[12]马超侠:《人力资源服务业对区域经济发展影响研究——以海南省为例》,《人力资源管理》2016 年第 9 期。

　　[13]马秀梅、曹建巍:《人力资源服务业招聘服务研究》,《人力资源管理》2016 年第 10 期。

　　[14]秦桂莲:《本溪市人力资源服务业发展现状与存在问题分析》,《辽宁科技学院学报》2016 年第 6 期。

　　[15]尚健、曹建巍:《人力资源服务业人才测评服务研究》,《人力资源管理》2016 年第 11 期。

　　[16]孙佛明:《开创蓝海,打造人力资源服务新模式》,《人力资源》2017 年第 5 期。

　　[17]田永坡、李羿:《全球民间职介服务状况及其对我国人力资源服务业发展的启示》,《中国劳动》2016 年第 24 期。

　　[18]田永坡:《人力资源服务业发展环境评估及其取向》,《重庆社会科

学》2016年第9期。

　　[19]佟林杰:《基于政府协同的京津冀人力资源服务业发展研究》,《中国集体经济》2017年第4期。

　　[20]万进永:《人力资源服务软件为何大行其道》,《人力资源》2017年第1期。

　　[21]万进永:《人力资源服务业:高飞须先行稳》,《人力资源》2017年第3期。

　　[22]汪怿:《人力资源服务业支撑上海全球科技创新中心建设策略研究》,《科学发展》2017年第4期。

　　[23]王林雪、熊静:《人力资源服务业空间集聚组织模式研究》,《科技进步与对策》2016年第14期。

　　[24]王凌:《人力资源服务产业集聚建设的影响因素及其突破》,《江西社会科学》2016年第7期。

　　[25]王文静:《高端业务对人力资源服务企业效益影响研究》,《统计与信息论坛》2017年第2期。

　　[26]王小原:《"营改增"对人力资源服务企业的影响及对策》,《现代经济信息》2016年第14期。

　　[27]吴帅:《"互联网+"对我国人力资源服务业发展的影响和趋势分析》,《中国人力资源开发》2016年第21期。

　　[28]吴帅:《"互联网+"时代人力资源服务业的创新与发展》,《中国人力资源社会保障》2017年第3期。

　　[29]杨士秋:《经济发展人力资源服务要同行》,《中国人力资源社会保障》2017年第3期。

　　[30]于飞:《人力资源服务,搭上改革顺风车》,《人力资源》2016年第7期。

　　[31]于洪娜:《关于盘锦市劳动力市场、人才市场整合问题研究》,《中国市场》2016年第27期。

　　[32]俞贺楠、蔡政:《珠海市人力资源服务业发展研究报告》,《人事天地》2016年第7期。

　　[33]张在冉:《当前我国人力资源服务业发展面临的瓶颈及应对策略

研究》,《中国市场》2017 年第 11 期。

[34]朱国宁、刘亚辉:《人力资源服务业发展问题的探微》,《人力资源管理》2017 年第 2 期。

其他成果:举办会议等①

中国人力资源开发研究会人力资源服务业分会成立大会,北京,2017年 10 月 23 日。

---

① 其他类名单来自于中国知网、中国人力资源研究会官网、中国国家人才网、中国人力资源市场网等网站。搜集不全面等不当之处,恳请读者斧正。

参考文献

1.《关于做好人力资源和社会保障领域简政放权放管结合优化服务改革工作有关问题的通知》，http://www.mohrss.gov.cn/gkml/xxgk/201608/t20160808_245046.html。

2.《关于印发"互联网＋人社"2020行动计划的通知》，http://www.mohrss.gov.cn/gkml/xxgk/201611/t20161108_258976.html。

3.《人社部信息中心主任贾怀斌谈"互联网＋人社"2020行动计划》，http://www.mohrss.gov.cn/SYrlzyhshbzb/zhuanti/jinbaogongcheng/jbgcdianhuazixunfuwu/jbgcdhzxfwgzdt/201611/t20161130_260748.html。

4.《关于取消一批职业资格许可和认定事项的决定》，http://www.gov.cn/zhengce/content/2016-12/08/content_5144980.htm。

5.《关于同意中国重庆人力资源服务产业园正式挂牌的批复》，http://www.mohrss.gov.cn/gkml/xxgk/201611/t20161122_259963.htm。

6.《"十三五"促进就业规划》，http://www.gov.cn/zhengce/content/2017-02/06/content_5165797.htm。

7.《关于支持和鼓励事业单位专业技术人员创新创业的指导意见》，http://www.scio.gov.cn/xwfbh/gbwxwfbh/xwfbh/rlzyhshbzb/Document/1545853/1545853.htm。

8.《国务院办公厅关于改革完善博士后制度的意见》，http://www.mohrss.gov.cn/gkml/xxgk/201703/t20170327_268599.html。

9.《关于改革完善博士后制度的意见》，http://news.xinhuanet.com/2015-12/03/c_1117342952.htm。

10.《关于做好当前和今后一段时期就业创业工作的意见》，http://

www.gov.cn/zhengce/content/2017-04/19/content_5187179.htm。

11.《进一步做好促进就业创业工作意见政策解读》,http://www.scio.gov.cn/34473/34515/Document/1547456/1547456.htm。

12.《人力资源社会保障部办公厅关于做好企业"五证合一"社会保险登记工作的通知》,http://www.mohrss.gov.cn/gkml/xxgk/201608/t20160829_246184.html。

13.《关于印发机关事业单位基本养老保险关系和职业年金转移接续经办规程(暂行)的通知》,http://www.mohrss.gov.cn/gkml/xxgk/201701/t20170119_265262.html。

14.《李克强签署国务院令公布残疾预防和残疾人康复条例》,http://www.gov.cn/guowuyuan/2017-02/27/content_5171402.htm。

15.《残疾预防和残疾人康复条例》,http://politics.people.com.cn/n1/2017/0228/c1001-29111316.html。

16.《关于做好生育保险和职工基本医疗保险合并实施试点有关工作的通知》,http://politics.people.com.cn/n1/2017/0205/c1001-29058736.html。

17.《关于全面实施全民参保登记工作的通知》,http://www.mohrss.gov.cn/SYrlzyhshbzb/shehuibaozhang/zcwj/201703/t20170328_268661.html。

18.《关于 2017 年调整退休人员基本养老金的通知》,http://www.mohrss.gov.cn/gkml/xxgk/201704/t20170414_269473.html。

19.《统一和规范职工养老保险个人账户记账利率办法的通知》,http://www.mohrss.gov.cn/SYrlzyhshbzb/shehuibaozhang/zcwj/201704/t20170424_269935.html。

20.《关于做好 2017 年城镇居民基本医疗保险工作的通知》,http://www.mohrss.gov.cn/gkml/xxgk/201704/t20170428_270179.html。

21.《关于实施支持农业转移人口市民化若干财政政策的通知》,http://www.gov.cn/zhengce/content/2016-08/05/content_5097845.html。

22.《落户、加钱、不动地——解读国务院支持农业转移人口市民化最新政策》,http://www.gov.cn/zhengce/2016-08/05/content_5097909.htm。

23.《推动 1 亿非户籍人口在城市落户方案》,http://www.gov.cn/zhengce/content/2016-10/11/content_5117442.html。

24.《国家人口发展规划（2016 — 2030 年）》，http：//www. gov. cn/zhengce/content/2017-01/25/content_5163309.htm。

25.《国务院印发国家人口发展规划（2016—2030 年）》，http：//www. gov.cn/xinwen/2017-01/25/content_5163431.htm。

26.《发展改革委就〈国家人口发展规划（2016—2030 年）〉答记者问》，http：//www.gov.cn/xinwen/2017-01/25/content_5163470.htm。

27.《劳动人事争议仲裁办案规则》《劳动人事争议仲裁组织规则》，http：//www. mohrss. gov. cn/SYrlzyhshbzb/dongtaixinwen/buneiyaowen/201707/t20170713_273928.html。

28.《2016 年人力资源市场统计报告》，http：//www.mohrss.gov.cn/SYr-lzyhshbzb/dongtaixinwen/buneiyaowen/201706/t20170605_271972.html。

29.《人力资源社会保障部、国家发展改革委、财政部关于加快发展人力资源服务业的意见》，http：//www. mohrss. gov. cn/gkml/xxgk/201501/t20150121_149768.htm。

30.《〈人力资源服务机构能力指数〉国家标准正式发布》，http：//www.mohrss. gov. cn/SYrlzyhshbzb/dongtaixinwen/buneiyaowen/201706/t20170607_272070.html。

31. 陈玉萍：《国外人力资源服务业发展对我们的启示》，《理论月刊》2013 年第 4 期。

32. 秦浩、郭薇：《国外人力资源服务业的发展现状及趋势》，《商业时代》2013 年第 8 期。

33. 吴帅：《如何改进人才的"供给侧"》，《光明日报》2016 年 2 月 16 日。

34. 韩秉志：《我国人力资源服务业市场潜力大》，《经济日报》2016 年11 月 26 日。

35.《人力资源服务业市场规模超万亿》，http：//news. xinhuanet.com/fortune/201706/05/c_1121090872.htm。

36. 张建利：《房地产客户经营理论与策略研究》，博士学位论文，西安建筑科技大学，2007 年。

37. 杨林：《"以客户为中心"经营理念的深层次诠释》，http：//www.vsharing.com/k/2003-4/464470.html。

38. 余宁:《网络环境下客户关系管理研究》,博士学位论文,华中农业大学,2007 年。

39. 彭剑锋:《互联网时代的人力资源管理新思维》,《中国人力资源开发》2014 年第 16 期。

40. 鲁辉:《人力资源管理新思维——基于传统行业时代与互联网时代的比较》,《现代商业》2015 年第 9 期。

41. 宁家骏:《"互联网+"行动计划的实施背景、内涵及主要内容》,《电子政务》2015 年第 6 期。

42. 汪怿:《人力资源服务业的国际化发展方略》,《人力资源》2012 年第 7 期。

43. 宗月琴:《浅论互联网时代对人力资源管理的影响》,《人力资源管理》2015 年第 6 期。

44. 汪怿:《国外人力资源服务业:现况、趋势及其启示》,《科技进步与对策》2007 年第 7 期。

45. 李晋、刘洪、刘善堂:《"互联网+"时代的电子化人力资源管理:理论演化与建构方向》,《江海学刊》2015 年第 6 期。

46. 孟晓蕊:《人力资源服务业能否冲浪"互联网+"——访北京大学人力资源开发与管理研究中心主任萧鸣政》,《中国劳动保障报》2015 年 8 月 8 日。

47. 高唯天、庄文静:《人力资源服务业步入"升级期"》,《中外管理》2016 年第 2 期。

48. 来有为:《人力资源服务业发展的新特点与政策建议》,《发展研究》2010 年第 5 期。

49. 萧鸣政、李栋:《中国人力资源服务业蓝皮书 2015》,人民出版社2016 年版。

50. 温程辉:《人力资源标准化遇难题　未来需从多方面加以完善》,http://bg.qianzhan.com/trends/detail/506/170628-b799fd93.html。

51. GRAHAM-ROWED, GOLDSTOND, DOCTOROWC, et al., "Big data: science in the petabyte era", *Nature*, 2008, 455(7209): 8-9.

52. 张凯:《大数据时代背景下人力资源管理所面临的机遇分析》,《现代营销(下旬刊)》2016年第10期。

53.《人社部:依托大数据研判就业形势,实现就业服务管理信息化》,https://sanwen8.cn/p/5493FqK.html。

54. 亿欧、王玙珺:《当分析不再只是提供数据,大数据将如何为HR服务?》,http://www.iyiou.com/p/40124。

55.《金蝶移动HR解决方案》,http://www.xuanruanjian.com/art/112211.phtml。

56.《神州数码iQuicker移动与社交浪潮下企业EHR探路》,http://news.163.com/16/1219/18/C8LUQUTN00014JB5.html。

57. 吴峰:《企业大学:当代终身教育的创新》,《北京大学教育评论》2016年第7期。

58.《全球视野下的中国企业大学现状:由成长走向成熟》,http://money.163.com/12/1010/01/8DDSKEVM00253B0H.html。

59.《51猎头 & IBM"巧看"人工智能+人力资源的化学反应》,http://www.cctime.com/html/2016-6-6/1179741.htm。

60. 深圳市人大常委会关于修改《深圳经济特区人才市场条例》的决定(2017),《深圳市第六届人民代表大会常务委员会公告》第67号。

61.《珠海经济特区科技创新促进条例(2016年修订)》,珠海市人民代表大会常务委员会公告第35号。

62.《山东省经济开发区条例》,山东省人民代表大会常务委员会公告第144号。

63.《人力资源和社会保障事业发展"十三五"规划纲要》,http://www.pkulaw.cn/cluster_form.aspx? check_gaojijs = 1&menu_item = law&Encoding-Name =&db = lar。

64.《关于印发安徽省"十三五"人力资源和社会保障事业发展规划的通知》,皖人社发〔2016〕。

65.《北京市"十三五"时期人力资源和社会保障发展规划》,京人社规发〔2016〕112号。

66. 重庆市人民政府办公厅关于印发《重庆市人力资源和社会保障事业发展"十三五"规划的通知》,渝府办发〔2016〕186号。

67. 省政府办公厅关于印发《江苏省"十三五"人力资源和社会保障发展规划》的通知,苏政办发〔2016〕116 号。

68. 河北省人民政府办公厅关于印发《河北省人力资源和社会保障事业发展"十三五"规划》的通知,冀政办字〔2016〕153 号。

69. 山东省人力资源和社会保障厅关于印发《山东省人力资源和社会保障事业发展"十三五"规划纲要》的通知,鲁人社发〔2016〕42 号。

70. 广东省人力资源和社会保障厅关于印发《广东省人力资源和社会保障事业发展"十三五"规划》的通知,粤人社发〔2016〕160 号。

71. 湖南省人力资源和社会保障厅关于印发《湖南省"十三五"人力资源和社会保障事业发展规划》的通知,湘人社发〔2017〕1 号。

72. 山西省发展和改革委员会、山西省人力资源和社会保障厅关于印发《山西省"十三五"人力资源和社会保障事业发展规划》的通知,晋人社发〔2016〕。

73. 四川省人力资源和社会保障厅关于印发《四川省人力资源和社会保障事业发展"十三五"规划纲要》的通知,川人社发〔2016〕45 号。

74.《天津市人力资源和社会保障事业发展"十三五"规划》,津发改规划〔2016〕925 号。

75. 关于印发《新疆维吾尔自治区人力资源和社会保障事业发展"十三五"规划》的通知,新人社函〔2017〕216 号。

76. 福建省人民政府办公厅关于印发《福建省"十三五"人力资源和社会保障事业发展专项规划》的通知,闽政办〔2016〕43 号。

77. 湖北省人民政府关于印发《湖北省人力资源和社会保障事业发展"十三五"规划》的通知,鄂政发〔2016〕53 号。

78. 青海省人民政府办公厅关于印发《青海省人力资源和社会保障事业发展"十三五"规划》的通知,青政办〔2016〕125 号。

79. 人力资源社会保障部、国家发展改革委、财政部《关于加快发展人力资源服务业的意见》,人社部发〔2014〕104 号。

80. 江苏省委办公厅、省政府办公厅印发《关于加快人力资源服务业发展的意见》的通知,苏办发〔2012〕22 号。

81.《关于加快推进人力资源服务业发展的实施意见》,宁政发〔2014〕

316 号。

82. 常州市人民政府办公室印发《关于加快发展人力资源服务业的实施意见》的通知,常政办发〔2015〕155 号。

83. 浙江省人民政府办公厅《关于加快发展人力资源服务业的意见》,浙政办发〔2012〕130 号。

84. 台州市人民政府办公室《关于加快发展人力资源服务业的实施意见》,台政办发〔2013〕116 号。

85. 嘉兴市人民政府办公室《关于加快发展人力资源服务业的意见》,嘉政办发〔2014〕54 号。

86. 宁波市人民政府办公厅《关于加快发展人力资源服务业的实施意见》,宁政办发〔2016〕13 号。

87. 福建省人民政府办公厅《关于促进人力资源服务业加快发展若干意见》,闽政办〔2016〕12 号。

88. 厦门市人民政府办公厅转发《福建省人民政府办公厅关于促进人力资源服务业加快发展若干意见》的通知,厦府办〔2016〕105 号。

89. 厦门市人民政府办公厅《关于成立厦门市人力资源服务业发展工作领导小组的通知》,厦府办网传〔2016〕23 号。

90.《国内 HR 精英苏州"论剑"聚焦人力资源服务变革创新》,http://www.szdushi.com.cn/news/201701/148378884816624.shtml。

91.《第十五届中国国际人才交流大会周六开幕亮点多多》,http://www.sznews.com/news/content/2017-04/12/content_15964454.htm。

92.《2017 中国人力资源服务业大会暨培训发展论坛举行》,http://www.tj.xinhuanet.com/qyzx/2017-05/19/c_1121003188.htm。

93. 孙林:《人力资源服务业评价指标体系的构建与实践——以北京市人力资源服务业为例》,《中国市场》2015 年第 35 期。

94. 俞安平:《江苏人力资源服务业发展研究报告 2016》,南京大学出版社 2017 年版。

95. 张轩:《人力资源服务业统计指标体系研究》,硕士学位论文,北京大学,2012 年。

96. 萧鸣政、郭丽娟、李栋:《中国人力资源服务业白皮书 2013》,人民出版社 2014 年版。

97. 吴思寒:《网络招聘服务业发展与评价指标体系研究——基于北京市样本数据的分析》,硕士学位论文,北京大学,2016 年。

98. 李江帆:《第三产业的产业性质、评价依据和衡量指标》,《华南师范大学学报》1994 年第 3 期。

99. 单晓娅、张冬梅:《现代服务业发展环境条件指标体系的建立及评价——以贵阳市为例》,《贵州财经学院学报》2005 年第 1 期。

100. 李艳华、柳卸林、刘建兵:《现代服务业创新能力评价指标体系的构建及应用》,《技术经济》2009 年第 2 期。

101. 冯华、孙蔚然:《服务业发展评价指标体系与中国各省区发展水平研究》,《东岳论丛》2010 年第 12 期。

102. 魏建、张旭、姚红光:《生产性服务业综合评价指标体系的研究》,《理论探讨》2010 年第 1 期。

103. 邓泽霖、胡树华、张文静:《我国现代服务业评价指标体系及实证分析》,《技术经济》2012 年第 10 期。

104. 陈凯:《中国服务业增长质量的评价指标构建与测度》,《财经科学》2014 年第 7 期。

105. 刁伍钧、扈文秀、张建锋:《科技服务业评价指标体系研究——以陕西省为例》,《科技管理研究》2015 年第 4 期。

106. 洪国彬、游小玲:《信息含量最大的我国现代服务业发展水平评价指标体系构建及分析》,《华侨大学学报(哲学社会科学版)》2017 年第 1 期。

107. 王瓯翔:《人力资源产业园区建设刍议——以温州市为例》,《中国就业》2016 年第 8 期。

108. 李娟:《人力资源服务产业园区亟须关注的问题》,《中国劳动保障报》2016 年 6 月 18 日。

109. 吴帅、田永坡:《我国人力资源服务产业园区建设:现状、挑战与对策》,《中国人力资源开发》2015 年第 23 期。

110. 梁兴英:《烟台人力资源服务产业园区建设的路径选择》,《环渤海经济瞭望》2015 年第 11 期。

111.《京津冀人才一体化发展规划(2017—2030 年)》,http://www.cnr.

cn/tj/ztjjj/tj/20170707/t20170707_523837798.shtml。

112.《"互联网+人社"2020 行动计划》,http://www.mohrss.gov.cn/SYr-lzyhshbzb/dongtaixinwen/buneiyaowen/201611/t20161108_259042.html。

113.《人社信用评价体系》,http://www.mohrss.gov.cn/SYrlzyhshbzb/dongtaixinwen/buneiyaowen/201609/t20160926_247937.html。

114.《〈中国人力资源服务业蓝皮书 2016〉发布》,http://www.clssn.com/html1/report/18/1909-1.htm。

115.《人大举办中国人力资源服务业博士后学术交流会》,http://news.163.com/16/1027/11/C4COAMTC00014Q4P.html。

116.《冲刺创业板争当领头羊　企业应选择怎样的上市路》,http://finance.sina.com.cn/stock/cngem/gemview/20090511/12096208616.shtml。

117.《科锐国际冲击"猎头第一股""卖人"有多赚钱?》,http://epaper.bjnews.com.cn/html/2015-11/30/content_610376.htm? div=-1。

118.《科锐国际 6 月 8 日挂牌上市,万亿规模人力资源市场迎来第一股》,http://www.financeun.com/News/201773/2013cfn/175617539400.shtml。

119.《2016 中国人力资源服务战略发展大会在京召开》,http://news.xinhuanet.com/local/2016-12/01/c_129385414.htm。

责任编辑:李媛媛
封面设计:胡欣欣
责任校对:陈艳华

图书在版编目(CIP)数据

中国人力资源服务业蓝皮书.2017/萧鸣政 等编著. —北京:人民出版社,
  2018.3
ISBN 978－7－01－018898－0

Ⅰ.①中⋯ Ⅱ.①萧⋯ Ⅲ.①人力资源-服务业-研究报告-中国-2017
  Ⅳ.①F249.23

中国版本图书馆 CIP 数据核字(2018)第 027181 号

中国人力资源服务业蓝皮书 2017
ZHONGGUO RENLI ZIYUAN FUWUYE LANPISHU 2017

萧鸣政 等 编著

人民出版社 出版发行
(100706 北京市东城区隆福寺街99号)

北京市文林印务有限公司印刷 新华书店经销

2018 年 3 月第 1 版 2018 年 3 月北京第 1 次印刷
开本:710 毫米×1000 毫米 1/16 印张:20
字数:302 千字

ISBN 978－7－01－018898－0 定价:59.00 元

邮购地址 100706 北京市东城区隆福寺街 99 号
人民东方图书销售中心 电话 (010)65250042 65289539